EL NIÑO Y SU MUNDO

EL NIÑO Y SU MUNDO

El despertar al mundo de tu bebé

El niño como protagonista de su propio desarrollo

Chantal de Truchis

ONIRO

Título original: *L'éveil de votre enfant*
Publicado en francés por Éditions Albin Michel, Paris

Traducción de Myrtha Chokler y Rut Mijelshon

Diseño de cubierta: Valerio Viano

Fotografía de cubierta: © Cameron / The Stock Market / Stock Photos

Ilustraciones del interior: Hervé de Truchis

Distribución exclusiva:
Ediciones Paidós Ibérica, S.A.
Mariano Cubí 92 – 08021 Barcelona – España
Editorial Paidós, S.A.I.C.F.
Defensa 599 – 1065 Buenos Aires – Argentina
Editorial Paidós Mexicana, S.A.
Rubén Darío 118, col. Moderna – 03510 México D.F. – México

ISBN: 84-9754-053-0
Depósito legal: B-1.569-2003

Impreso en Hurope, S.L.
Lima, 3 bis – 08030 Barcelona

Impreso en España – *Printed in Spain*

A Gilles y a Manuel.
A Séverine.

Índice

~~~~~

Agradecimientos

Debo expresar aquí toda mi gratitud hacia Anna Tardos y Judit Falk, quienes conducen estas investigaciones en Hungría, hacia Myriam David y Geneviève Appell, que nos las han dado a conocer en Francia y las enriquecen con la profundidad de sus reflexiones. Gracias a su testimonio, sutileza de observación y su total respeto por los niños, nos han permitido, a todos, vivir algo extraordinario.

Mi agradecimiento asimismo para Agnès Szanto-Feder, quien desde el comienzo ha apoyado el proyecto de este libro y me ha ilustrado sobre no pocos puntos; a Claude Seys y a Michèle Bonnaud, que me han permitido dar profundidad a algunos capítulos.

Gracias a todos los padres, felices o con dificultades, a las asistentes maternas y a las personas que se ocupan de los niños pequeños, con quienes tanto he aprendido a lo largo de mi vida profesional. Gracias a aquellos que, desde 1996, han tenido la deferencia de comunicarme sus reacciones, preguntas y experiencias y gracias a quienes he podido elaborar esta segunda edición.

Gracias sobre todo a esos niños, muy pequeños aún, cuya vida he presenciado, y cuyas alegrías y tristezas a menudo he compartido, por lo que me han permitido descubrir en ellos y por la confianza en la vida que me han enseñado.

Gracias a Myrtha Chokler y a Rut Estela Mijelshon por su fiel traducción.

Prólogo a la edición en castellano

Ser testigo y, al mismo tiempo, participante activo del instante maravilloso en que un niño pequeño se abre al mundo, cuando sin pensarlo, sin saberlo siquiera, extiende su mano y se aferra a los dedos de otro que lo mira tiernamente, asombrado, y que a su vez le brinda su propia mano para iniciar el camino, es, creo, la experiencia más intensa, más significativa de la vida humana. Representa la concreción de un pacto por el que un *ser adulto* se compromete, se juramenta con un *ser bebé* a acompañarlo, protegerlo, apoyarlo, sostenerlo de mil maneras diferentes, a compartir la alegría, y también la ansiedad, a hacer frente a la dificultad, al dolor pero también al goce, de ese sendero por trazar, por construir y por afirmar que es la ventura y la aventura de su propia vida.

Pero del mismo modo que un sujeto adulto, conmovido por la presencia anhelante del bebé, se constituye en su apoyo, así también éste, recíprocamente, sostiene, orienta y da sentido al adulto en su papel de adulto.

Ardua tarea, comprometida, entremezclada de amor, de expectativas, de temores, de deseos, de obstáculos, de conflictos, de descubrimiento... Matriz social una y mil veces repetida e inaugurada desde la noche de los tiempos.

Este libro de Chantal de Truchis, cuya aparición en castellano convierte en realidad un sueño, un proyecto, una esperanza acariciados durante largo tiempo, acompaña, como una palabra amiga, disponible, serena y plena de reflexión, de modo ecuánime a los adultos, padres, madres y, por qué no, también a profesionales, interesados y personas preocupadas por el cuidado de la vida, el desarrollo y la educación de los niños más pequeños.

Tal vez la turbulencia actual de lo cotidiano, con los profundos cambios en los valores sociales, con la transmutación de las culturas, con la exposición incesante a situaciones de riesgo, ha ido devastando poco a poco los conocimientos ancestrales sobre la crianza y cuestionando saberes, creencias, metas y procedimientos.

En esta época de incertidumbres, de mensajes contradictorios, de manipulación publicitaria de conciencias, un libro como éste, basado en rigurosas concepciones científicas, en observaciones, investigaciones y aportes de una extremada riqueza –como los de la doctora Emmi Pikler y su equipo, entre otros– y en la propia experiencia de la autora como profesional y como madre, constituye un referente, un pilar indispensable.

De cada una de sus páginas emergen los valores profundos en los que se apoya: el absoluto respeto por el niño, por su maduración, por su autonomía, por sus iniciativas; el reconocimiento de la imperiosa necesidad de una permanente seguridad afectiva –que le es aportada por la trama de sus vínculos con los adultos– y también la necesidad de construir progresivamente la confianza y seguridad en sí mismo –registrada, sentida a cada instante en las fibras más íntimas de su cuerpecito. Premisas éstas esenciales para garantizar la calidad de sus vivencias primordiales en el maravilloso crisol donde se forja su *ser persona en el mundo*.

Hace muchos años, durante un congreso en París, tuve la oportunidad de asistir a una presentación de la doctora Agnès Szanto, ilustrada con películas del Instituto Pikler de la calle Lóczy de Budapest. El numeroso público que llenaba la sala me impedía acercarme a la disertante y escuchar mejor sus palabras. Pero de inmediato me sentí cautivada por la visión de niños muy pequeños –la mayoría de ellos ni siquiera caminaba– activos, interesados y compenetrados en sus juegos, con una gran soltura y plasticidad de movimientos y un notable ajuste en sus gestos muy poco frecuentes. Niños cuidadosos consigo mismos, respetuosos, cálidos y atentos con relación a los otros niños y a los adultos que los rodeaban. A muchos de nosotros nos hubiera encantado encontrar más a menudo esta calidad en las actitudes de las criaturas familiares y conocidas. Se trataba, sin embargo, de niños que habían sufrido penurias, carencias y abandono antes de ser acogidos en Lóczy. Pero su vitalidad, su inteligencia y la tranquila reflexión con la que desplegaban sus juegos señalaban un proceso distinto; algo especial, fundamental les había sucedido. Algo extraordinario, sustancialmente desconocido hasta entonces en niños criados muy tempranamente en instituciones, cuyas lamentables y frecuentes secuelas en el desarrollo emocional, social y cognitivo se han considerado hasta inevitables. Lóczy ponía de manifiesto una posibilidad antes impensada, un terreno prometedor pendiente de explorar en la crianza y en la educación de los niños pequeños que nos permitía vislumbrar y aportar nuevas reflexiones, nuevos conocimientos acerca de la constitución del psiquismo infantil.

A partir de 1986 comencé a visitar periódicamente el Instituto Pikler. Entonces recorría temprano las colinas de Buda para internarme ocho horas diarias en ese mundo calmo, ordenado, que bullía, sin embargo, con una intensa actividad. Uno de los elementos más impactantes fue poder transitar durante toda la jornada por un lugar donde convivían una cincuentena de niños muy pequeños y una veintena de adultos en una casa sin ruidos estridentes, sin corridas ansiosas, pleno de voces cantarinas, vivaces, alegres pero tranquilas, con un lenguaje incomprensible para mí, pero acogedor y lleno de sentido. Me maravilló siempre la suavidad y la disponibilidad de las jóvenes cuidadoras hablando con los bebés de pocos días como con verdaderos interlocutores. Se trata, como lo manifestaron G. Appel y M. David en su libro, de un «maternaje insólito» donde, en cada pequeño detalle de la vida de un pequeño, se respira el auténtico respeto otorgado a su persona.

Toda mi experiencia profesional como fonoaudióloga, psicomotricista y psicóloga en el acompañamiento de familias y de niños con dificultades en el desarrollo se vio entonces conmocionada y totalmente trastocada por los descubrimientos y las aportaciones de là doctora Emmi Pikler.

Esto me llevó a replantearme conocimientos y estrategias terapéuticas, a reformular tácticas y técnicas en el tratamiento integral de niños con trastornos, muchas veces severos, del desarrollo motor, del aprendizaje, de la comunicación y de la socialización. Desde entonces, como profesora en varias universidades de mi país y del extranjero, compartí con colegas, alumnos y amigos esta mirada diferente, esta impronta extraordinaria que va dejando huellas en jóvenes profesionales, en los padres de los niños, en las instituciones y sobre todo en nosotros mismos.

Pero faltaba un texto en castellano, que, con un lenguaje accesible, permitiera fundamentar científicamente las actitudes propuestas desde esta perspectiva, que lograra reafirmar y sostener a los padres en el descubrimiento de su hijo, en la organización cotidiana de la crianza, la cual, junto con los hallazgos y la alegría, siempre atraviesa, inevitablemente, situaciones de ansiedad y de conflicto.

Cuando Chantal de Truchis me propuso –sabiendo que compartíamos esencialmente una misma mirada y convicciones– que me ocupara de la traducción de su valioso y esperado libro después de dos versiones en francés y en otras lenguas, solicité con gran entusiasmo a Rut Mijelshon, colega, colaboradora y amiga desde los albores de la profesión, que me acompañara en la tarea, convencida del privilegio, el desafío y la importancia de llegar a transmitir así toda la sutileza de las ideas, la solidez de la experiencia y el afecto con que la autora acompaña a las familias, en este particular y apasionante recorrido que va abriendo el mundo a los ojos de un niño.

Dra. Myrtha Chokler[1]
Buenos Aires, septiembre de 2002

---

1. Doctora en psicología y en fonoaudiología, vicepresidenta de la Association Internationale Pikler-Lóczy, dirige las carreras de especialización en Psicomotricidad y en Atención Temprana del Desarrollo Infantil en universidades nacionales de Argentina.

Prefacio

~~~~~

El genio es la infancia recobrada a voluntad.

Charles Baudelaire

Desde hace algunos años, los medios de comunicación vienen haciéndose eco de descubrimientos sobre las competencias del lactante. El bebé está en un sitial o, por lo menos, de moda...

Sin embargo, en 1930, la doctora Emmi Pikler, pediatra de Budapest, ya había intuido estas «competencias», confirmadas en sus visitas domiciliarias, durante las cuales observaba a los bebés en presencia de sus padres. En particular, ella señaló hasta qué punto el bebé es un real interlocutor al que se le puede hablar y que es capaz de desarrollar sus posibilidades motrices si se le brinda la oportunidad. En 1946 E. Pikler asumió la dirección de una casa-cuna, el Instituto Lóczy. Esto le permitió profundizar y poner en práctica sus concepciones acerca del desarrollo pleno del bebé y definir cuáles son sus necesidades para crecer de manera armoniosa. En 1971, los Centros de Entrenamiento para los Métodos de Educación Activa (CEMEA) y, en 1973, el libro de Geneviève Appell y la doctora Myriam David, *Lóczy ou le Maternage insolite* (véase bibliografía al final de la obra) dieron a conocer en Francia los trabajos de E. Pikler y de su equipo.

Por aquel entonces yo era psicóloga de la primera infancia en un servicio de pediatría y en guarderías de la región parisiense. Primero con curiosidad y luego con creciente interés, miraba las películas, leía los artículos que provenían de Lóczy y, por fin, lo visité personalmente. Pude entonces observar las asombrosas capacidades de los bebés para actuar por sí mismos y realizar nuevas experiencias con un gran placer, pero con el ritmo propio de cada uno. Vi cómo progresaba cada niño de manera regular. Comprobé hasta qué punto esta posibilidad de «construcción activa de sí» era una carta de triunfo importante en el desarrollo armonioso de la personalidad.

A continuación durante ese período, en el que asistimos a un gran desarrollo de los lugares de atención de los más pequeños (guarderías, casas-cuna, servicios de pediatría), trabajé sobre estos descubrimientos con muchos otros profesionales de la protoinfancia. Numerosos niños que nos preocupaban comenzaron a mejorar; una gran cantidad de puericultoras recobraron el interés por su trabajo. Se publicaron algunos artículos pero, al presentar un carácter técnico, pocos se dirigían a los padres.

Por mi parte, aprendí a mirar a los bebés, a tratar de compartir su alegría de crecer, también sus pesares y hasta sus sufrimientos viendo de qué modo podía progresar un niño cuando se depositaba confianza en él. Al mismo tiempo, realizaba con el mayor interés varios seminarios con Françoise Dolto quien, a su vez, tenía un intenso aprecio por los trabajos de Emmi Pikler. Fue entonces cuando la vida me regaló dos hijos varones, extraordinaria confirmación de todo lo que había podido observar, pero también difícil cuestionamiento personal que convergía con lo que los padres (madres en particular) habían podido confiarme en el transcurso de mi vida profesional.

Esta concepción del niño como «protagonista de su desarrollo» (así como el respeto y las exigencias que la acompañan) es cada vez más conocida por los profesionales, tanto en Francia como en varios países de Europa y Sudamérica, y sirve actualmente como base para la organización de la vida de los niños en numerosas guarderías e instituciones infantiles.

Muchas puericultoras, en particular, pero también pediatras y psicólogos tratan de difundirla tanto entre padres como en los grupos de formación de asistentes maternas o de personal que se ocupa de los más pequeños.

Yo misma he participado en ese trabajo compartiendo el interés, a menudo apasionado, por todo lo que aportan a la reflexión las «ideas de Lóczy» y los resultados de sus investigaciones. En este sentido deseaba, a través del conjunto de mis experiencias profesionales y personales, comunicar estos descubrimientos y aportar elementos para responder a la pregunta: «*¿Cómo nosotros, siendo padres, podemos ayudar a nuestro hijo, concretamente, a ser un participante activo, actor de su propio crecimiento?* Y que todos estos conocimientos no permanecieran sólo como el privilegio de los especialistas, sino que fueran ampliamente difundidos a un público más diverso.

Ante todo, es una cuestión de confianza en el bebé –y en vosotros–, pero también se trata de un cierto «saber hacer» y de un «saber ser». El pequeño está ahí para guiaros.

Las indicaciones que vienen a continuación os permitirán mirarlo mejor y formaros vuestra propia opinión.

Observando a vuestro bebé, podréis comprenderlo mejor y saber lo que le conviene.

Sin embargo, veréis que la vida con un bebé también está acompañada de fatigas, incertidumbres e incluso angustias. Ilya Prigogine, Premio Nobel de Biología, escribió: «*Lo viviente funciona lejos del equilibrio*». Ningún niño crece sin sobresaltos, ninguna vida adulta es ideal y sin dificultades. La llegada de un hijo a una pareja cuestiona profundamente la manera de ser de cada uno de los padres, despierta profundas y antiguas emociones, a menudo inconscientes y, a veces, inesperadas.

Inevitablemente, surgen dificultades que uno atribuye ya sea al bebé o a uno mismo, a su cónyuge o al entorno. De manera forzosa, hay momentos de sufrimiento, de inquietud, de decepción quizá, la vida es así... Nadie escapa a ello.

Sin embargo, cada ser humano alberga en sí la capacidad de ser padre.

¡No temáis a todos esos especialistas de los que hablan en los medios de comunicación y no penséis que los profesionales harán las cosas mejor que vosotros! ¡Tened confianza! Los primeros años de la vida son importantes para el bebé pero también para sus padres. Descubriréis otras facetas de vuestra propia personalidad que quizás ignorabais: amor, ternura, atención, responsabilidad y todos esos sentimientos protectores que inspira un bebé... **Vuestro hijo os convertirá en sus padres**.

También encontraréis mucho placer con él, ese tipo de placer que recarga de energía.

Este libro es una conversación, con toda la espontaneidad, simplicidad y también con los límites de una conversación. Sería más simple si lo leyerais antes del nacimiento de vuestro bebé ya que podríais familiarizaros con estas ideas y hablarlas entre vosotros. Podéis también leerlo en familia si hay hermanos y hermanas mayores que esperan la llegada de un nuevo bebé: ellos encontrarán aquí ideas para ocuparse de él de un cierto modo. Es un libro para leer y releer; ¡en particular los días difíciles!

Siempre tengo presente en mi mente la gran diversidad de situaciones en las que se encuentran en la actualidad los más pequeños:

- En casa, con una mamá que, por el momento, no tiene actividad profesional externa, lo que puede satisfacerla o exasperarla, o, a menudo, ambas cosas de manera alternada; sentimiento que puede evolucionar con el tiempo.
- En la guardería, en un jardín de infancia o con una asistente materna (en algunos países se dispone de esta modalidad; para más información, véase la página 231), durante la jornada laboral de los padres, que pueden estar satisfechos o no con esta situación; también pueden quedar en casa al cuidado de una abuela o de otra persona.
- Está el hijo único y el hijo rodeado de hermanos y hermanas, las familias solas y aquellas donde hay una permanente circulación de gente, los abuelos jóvenes y presentes o, por el contrario, muy alejados...;
- Existen entre los bebés todas las diferencias: uno nace vivaz, rápido y se pondrá en movimiento de inmediato, otro es concentrado, más lento, más volcado hacia sí mismo; uno es fuerte y tiene buena salud, otro es frágil o más fatigable... algunos ya han pasado en su corta vida por momentos difíciles: prematuridad, enfermedad, hospitalización, alejamiento de sus padres.
- Existen, finalmente, todas las diferencias entre los padres, según la educación recibida, la historia de cada uno, las convergencias de criterio dentro de la pareja o, al contrario, grandes divergencias.

Algunos de vosotros encontraréis bastante evidente el «espíritu» de este libro y hallaréis en él una confirmación e ideas concretas para poner en práctica algo que ya veníais pensando. Otros os sentiréis sorprendidos, e incluso preocupados, ante la idea de que no es necesario estimular a vuestro hijo; os costará despegaros de la idea de precocidad, de competición. Algunos, más o menos conscientemente, le atribuyen un lugar importante a la autoridad. Otros piensan: «Ya veremos, todavía son tan pequeños...»; algunos son naturalmente confiados, otros inquietos también por naturaleza. Las situaciones materiales, profesionales, financieras, de vivienda, etc., tienen también una gran influencia sobre el modo de comportarse con los niños.

Éstas son múltiples razones para evitar la sistematización de un «método» que sería infalible. Debemos aprender a **escuchar,** a **mirar,** y seguir entonces, pero con una cierta destreza, el sendero que nos muestra **este niño,** puesto que ahora sabemos que lleva en él la energía vital que lo hará avanzar por su propio camino, aquél que le conviene.

Ésta es la primera edición en castellano del libro que apareció inicialmente en 1996 y luego en 2002.

Numerosos ecos me llegaron después de la primera edición tanto de parte de padres jóvenes como de profesionales que lo recomiendan a diario. Por lo tanto, actualizo este texto con un gran placer y les entrego algunos de los testimonios que he recibido. Me resultó absolutamente inesperado que una cantidad de jóvenes abuelas me dijeran que habían encontrado un libro de gran interés y que lo ofrecían como regalo a sus hijas y a sus nueras:

«El libro nos proporciona argumentos para decidir por nosotros mismos qué hacer. Y para mantenernos firmes frente a nuestro entorno.»

«Ahora puedo atreverme a hacer lo que siento.»

«Voy recorriendo este libro a medida que mi hijo crece y siento que me va acompañando. Es como si tuviera a alguien con quien hablar.»

«Al salir de la maternidad, estaba enloquecida por todo lo que había oído, me enfrentaba con mil contradicciones. Por fortuna, encontré este libro, me aferré a su lectura y me he mantenido firme. Ahora veo que hice bien.»

«Lamento no haber conocido este libro antes, cuando tuve mis primeros hijos (ahora de 9 y 6 años). No sabía que mi hijita podía descubrir tanto por sí misma. Le dejé tiempo para explorar, para probar, cosa que no había hecho con los mayores. Y veo que Audrey es mucho más tranquila, está más a gusto; ¡es formidable! ¿Por qué no se habla más de esto?»

Una mamá que ya tenía conocimientos de este tipo de educación me comentó: «Es mi primer bebé y me siento feliz de haber ofrecido este libro a mis padres y a mis suegros antes de que él naciera».

La continuidad de mi actividad clínica me ha permitido, a su vez, enriquecer y profundizar algunos aspectos por los cuales antes había pasado un tanto superficialmente. La actualidad nos obliga a interrogarnos con relación al origen de ciertas conductas como la ansiedad y la violencia y a investigar qué es lo que puede ayudar a nuestros hijos –que se van a transformar en los adultos del mañana– a inventar y construir un mundo que a nosotros, los adultos de hoy, nos cuesta mucho imaginar.

Pero podemos brindarles nuestra confianza. Los padres también pueden y deben confiar en ellos mismos, si tienen en cuenta ciertos elementos de la vida de los más pequeños y de su desarrollo que ahora se conocen muy bien y que no deben mantenerse en el dominio exclusivo de los especialistas.

Capítulo 1

Descubrir al bebé

«Muchas mamás aprenderán con asombro cómo se expresa la vida en un bebé hasta los 18 meses cuando no se lo cría en función de lo que está bien o de lo que está mal, sino en función de lo que al niño le gusta hacer, es decir, jugar con las dificultades. El ejercicio de sus actuales posibilidades es lo que hace de él un sujeto sano a quien, más tarde, se le podrán solicitar esfuerzos a los que accederá libremente, simplemente por el placer de sentirse vivir mejor.»

Síntesis de una conferencia dada en 1949 en la Escuela para padres, donde la doctora Françoise Dolto recuerda el «notable» libro –que, dice ella, acababa de descubrir– de la doctora Emmi Pikler (*Que sait faire votre bébé*, La Bibliothèque Française, 1948)

*E*l objeto de este libro es el descubrimiento del bebé, pero se tratará de su bebé en particular.

Por el momento, haremos una rápida reseña de los descubrimientos actuales sobre los que todo el mundo está de acuerdo, para ver, a continuación, lo que han aportado las investigaciones del Instituto Lóczy de Budapest y concluir este capítulo con algunas palabras sobre el placer del bebé... ¡y el de los padres!

Los recientes descubrimientos sobre los bebés

Prosiguiendo el trabajo de los psicoanalistas, los estudios recientes coinciden en sostener que el bebé es una persona que, desde el día de su nacimiento (¿quizás antes?) buscará activamente tomar conciencia de sí mismo y de su entorno.

Tomar conciencia, darse cuenta de la diferencia:

- Entre *él*, al que empezará a conocer, y el otro: mamá, papá, los demás;
- Entre *él* y el entorno, su cama, los objetos.

Debéis comprender que el bebé de pocas semanas no establece diferencia entre su cuerpo, sus brazos, sus piernas y su cama; entre él y el osito que colocáis siempre a su lado...; que no establece diferencia entre él y vosotros. La repetición regular de las sensaciones, de los movimientos, de los olores, de las palabras, le permitirá, de manera muy progresiva, determinar una sucesión de acontecimientos y luego diferenciar aquello que proviene de él, de lo que aparece sin que él sienta nada en su cuerpo (es decir, aquello que no es él).

Sabed que este trabajo no se realiza involuntariamente como el crecimiento físico, la digestión, etc. Desde el inicio de su vida, un bebé es **activo** y posee un atisbo de conciencia.

Cédric nació hace media hora; la enfermera lo higieniza de manera «activa» (!) bajo una luz intensa. Él llora y se encoge. Cuando ella se desplaza a un lugar más oscuro, para hablar con una colega, el papá, que lo observa detrás del vidrio, lo ve relajarse, levantar un párpado y dejar de moverse durante algunos segundos «como si se apresurara a mirar a su alrededor...»

El bebé muy pequeño ya intenta **comprender el mundo nuevo en el que se encuentra:** a los 3 o 4 meses lo veréis pasando el brazo delante del rostro cincuenta veces. No creáis que son gestos casuales e incoherentes. Está experimentando una cierta sensación (que nosotros, adultos, sabemos que es la sensación del movimiento del brazo) y otra (que nosotros, adultos, sabemos que es la imagen de su mano pasando ante los ojos).

Un bebé pasa su tiempo descubriendo algo por azar y luego relaciona este nuevo elemento con lo que ya conoce. Lleva a cabo una infinita cantidad de ejercicios tomando conciencia y buscando relaciones.

¿Qué relación existe entre la sensación de ese brazo y la imagen ante los ojos?

A continuación surgirá el acto voluntario: el bebé suscitará esa sensación por sí mismo (mover el brazo) y verá cómo la imagen aparece delante de sus ojos. Por la repetición del ejercicio, surgirá la noción de que el lugar de la sensación (el brazo) está unido a él, que sólo él mismo la puede crear...

Cuando veáis que vuestro bebé de pocos meses agita brazos y piernas, sabed que, al mismo tiempo, en cierta manera él «piensa»; que continuamente está sacando provecho, enseñanzas de lo que está viviendo.

Los miles de millones de células de su cerebro (neuronas), poco a poco, y de manera sucesiva, van siendo atravesadas por una suerte de corriente que las anima (como el circuito de un ordenador). Las neuronas conservarán huellas y cada nueva experiencia enriquecerá el conjunto de las precedentes. Se trata, pues, de una actividad absolutamente fabulosa que tiene lugar en el cerebro de vuestro bebé, que cada vez añade una ínfima pieza al inmenso rompecabezas que ha comenzado a construir.

Frente a un bebé que, por ejemplo, ha logrado aferrar un pequeño objeto con cada mano podéis sentir tanto respeto como admiración.

Sus movimientos, mal dirigidos, hacen que golpee un objeto contra el otro y que perciba un ruido. Observad su asombro, una especie de perplejidad en la mirada, y si estos dos objetos continúan en sus manos, torpemente agitará ambos brazos como para investigar lo que pudo suceder y quizá, intentar reproducirlo.

Si tratáis de representaros el intenso esfuerzo de comprensión por una parte y luego de dominio de la sensación y del movimiento por la otra, no podréis evitar impresionaros por el «trabajo» que esto representa y por la concentración que manifiesta. Lo respetaréis entonces lo suficiente como para no interrumpirlo...

Pero, así como no puede haber crecimiento físico sin alimento, no puede haber crecimiento motor, intelectual y afectivo sin seguridad afectiva y física. Se sabe desde hace mucho tiempo: desde el nacimiento, e incluso antes, el bebé es un ser de relación. Sólo puede desarrollarse en el seno de intercambios con los adultos (si hablamos de intercambios de amor, la palabra amor no tiene el mismo significado cuando se trata de los padres que cuando se trata de otras personas que se ocupan de él).

Como el bebé pequeño es activo en esta construcción y sus medios son muy limitados, sólo podrá construirse coherentemente si la cantidad de personas y de experiencias es limitada.

Françoise Dolto ha explicado magníficamente cómo el bebé irá elaborando la representación de sí, su identidad, enraizándose en la relación con sus padres, biológicos o no, con lo que ella llama «la persona tutelar»; para más comodidad, diremos «su madre y su padre».

Si el bebé no está suficientemente nutrido de atención en esta relación o si ésta se rompe bruscamente, durante tiempos cortos o largos, el bebé pierde, en cierto sentido, su sostén interno. En efecto, lo que mantiene su vida psíquica es la atención (en general el amor) de su madre y su padre hacia él. Esta atención es la que el bebé internaliza de manera tal que, poco a poco, se hará más sólida y, paralelamente, irá necesitando menos a su madre y a su padre.

El dinamismo interno del bebé sólo puede liberarse de modo pleno si él se siente en **seguridad afectiva** y física también, desde luego (lo cual no siempre es evidente).

En la medida en que el bebé trata de orientarse, de ir tomando un lugar y de desarrollar sus posibilidades, todo esto constituye para él un verdadero trabajo, fuente de fatigas pero también de ansiedad, en cuanto le resulta demasiado difícil.

Un bebé es frágil, puede inquietarse rápidamente o incluso angustiarse, no necesariamente a causa de «la angustia de su madre», tópico fácil, sin embargo, *sino porque no puede alcanzar aquello hacia lo cual se ve impulsado por su dinamismo interno*: comprender el mundo nuevo en el que se encuentra y desarrollar sus capacidades (porque es demasiado difícil o, a la inversa, el ambiente es demasiado pobre para permitirle emplear sus posibilidades).

Sabemos que sus capacidades de comprensión a través del lenguaje son asombrosas, aunque ignoramos qué mecanismos le permiten a un bebé de pocas horas integrar tantas cosas a partir de las palabras que se le dirigen.[2]

2. M. Szejer, *Des mots pour naître*, Gallimard, 1997.

Cuando usted le habla a un bebé dirigiéndose específicamente a él, él lo mira con gran intensidad. Usted siente que hay algo en él que trata de comprender y de comunicar.

Sabemos que el comportamiento de un bebé cambia cuando le explicamos de manera muy simple lo que está sucediendo: «ponemos palabras» a lo que él está viviendo. Veremos aquí muchos ejemplos concretos.

Posee entonces elementos para descubrir que los acontecimientos y las emociones tienen un sentido que comenzará a «comprender».

A estos descubrimientos recientes y reconocidos por todos, nosotros le aportaremos en este libro otro descubrimiento original y poco conocido: la capacidad del bebé para la actividad libre.

La capacidad del bebé para la actividad libre

EL DINAMISMO INTERNO DEL BEBÉ

Las investigaciones y los resultados de las observaciones que les voy a comunicar permiten afirmar lo siguiente: el niño no sólo es activo, sino que **alberga la capacidad de descubrir y de crecer por sí mismo**. Esto quiere decir que existe un dinamismo interno que induce el crecimiento intelectual y motor así como hay un dinamismo biológico que induce el crecimiento físico.

También verá que su hijo, en cuanto se encuentre fuera de su cama, buscará por sí mismo moverse, reptar, luego tratará de sentarse, de ponerse de pie y después intentará caminar. Él mismo realizará mil experiencias por día (como las que acabo de describir acerca del bebé que descubre su mano o el ruido de dos objetos al golpear uno contra otro).

De esta manera el bebé puede concretar, prácticamente sin pausa, un gran número de experiencias, interrumpiéndose de modo regular para integrar lo que acaba de experimentar, para cambiar de postura, para recargar energía y volver de inmediato a su actividad.

Se creía que era necesario estimularlo, agitar objetos, proporcionarle juguetes sofisticados. Bueno, no hay nada de eso. El descubrimiento científico es que un bebé, siempre en las buenas condiciones afectivas que detallaremos más adelante, es capaz de desarrollar por sí mismo:

- toda su motricidad global y fina (sentarse, ponerse de pie, caminar, trepar, tomar objetos pequeños...);

- todo el conocimiento de las personas, de los objetos que lo rodean y de las relaciones concomitantes en el espacio y en el tiempo.

Si el bebé vive las condiciones de seguridad afectiva a las que nos hemos referido, trata de desarrollar sus capacidades y, si se le ofrece esta posibilidad, adquiere de esta manera gran soltura y autonomía basadas en la confianza en sí mismo.

Se ha podido observar todo lo que le aporta al pequeño la libertad motriz, descubriendo cómo la vida psíquica y el desarrollo intelectual «echan sus raíces» en esta actividad motriz libre.

Se ha descubierto que el bebé tiene la capacidad de alternar sus momentos de actividad con sus momentos de reposo, dándose así tiempos de pausa para «recuperarse». Cuanto más se puedan «escuchar» las manifestaciones de un pequeño, mejor se desarrolla éste.

EL EJEMPLO DE LÓCZY

Los citados descubrimientos se apoyan en las investigaciones de una casa-cuna de Budapest, cuyo principio básico es permitir que los niños, muy acompañados afectivamente, vivan una total libertad de actividad y movimiento. Estos aportes son actualmente conocidos en muchos países de Europa, donde se está profundizando sobre ellos (el congreso de Budapest en Hungría en 1991 reunió a representantes de siete países europeos). Algunas observaciones habían sido practicadas espontáneamente por algunos padres, pero eran escasas y nada autorizaba hasta entonces a afirmar que estaban en lo cierto.

Emmi Pikler, pionera en este campo, nació en Budapest y allí ejerció la pediatría a partir de la década de 1930. Después de haber sido médica interna en el servicio de pediatría del hospital de Viena, ciudad donde existía una importante corriente de «educación moderna», ella formuló algunas ideas básicas: el bebé debería gozar de una gran libertad motriz; tiene aptitud para comprender el lenguaje que se le dirige y debe ser considerado, en particular durante los cuidados, como un interlocutor activo. Estas ideas eran completamente revolucionarias para la época.

Como pediatra, iba al domicilio de cada familia una vez por semana y observaba al bebé en presencia de su madre. Ambas discutían sobre su comportamiento. La mamá anotaba durante la semana lo que iba advirtiendo de la evolución de su hijo. Emmi Pikler pudo así, durante unos quince años, verificar algunas de sus ideas, experimentarlas, enriquecerlas y elaborar un conjunto de principios coherentes.

En 1946, el gobierno húngaro le solicitó crear un hogar para niños privados de sus padres. Allí recibió a lactantes y trató de organizar los cuidados y toda la vida de la institución de tal modo que los bebés pudieran tener un desarrollo lo más parecido posible al de los niños que había observado creciendo armoniosamente en el seno de sus familias. E. Pikler se sirvió, evidentemente, del conjunto de sus descubrimientos encontrando una nueva oportunidad para verificarlos y enriquecerlos con la colaboración de las personas que se ocupaban de los niños junto a ella, concediéndole una especial importancia a la seguridad afectiva del bebé.

Las observaciones sobre el desarrollo de cada lactante, con todas sus particularidades individuales, fueron consignadas con cuidado, primero para asegurarse de que el bebé progresaba y luego para percibir los pequeños detalles de su evolución. De este modo, Emmi Pikler pudo probar, al cabo de varios años, que su modo de concebir los grandes movimientos y la libertad motriz concedida al niño pequeño producía resultados satisfactorios tanto con relación a la soltura y a la seguridad como al desarrollo global de la personalidad. Se observaba una actividad rica, gran seguridad interior, confianza en sí mismo y una conciencia de sí ya precisas en los niños criados según sus principios.

Fue así como su casa-cuna se convirtió en un ámbito de investigaciones fundamentadas en numerosas observaciones, extremadamente minuciosas, concernientes a los diferentes aspectos del desarrollo del bebé. Pero la primera preocupación siguió siendo de manera absoluta el bienestar físico, afectivo y psíquico de cada bebé, la búsqueda de las condiciones óptimas para que, tal como es, pueda desarrollarse lo mejor posible.

Este hogar en la actualidad se llama Instituto Emmi Pikler, Instituto metodológico de educación y cuidados del bebé, adscrito a la Universidad de Budapest. Está situado en la calle Lóczy, de donde proviene el nombre por el que se lo conoce habitualmente. Los niños cambian, pero las observaciones se hacen siempre con el mismo respeto y las mismas exigencias, lo más discretamente posible, para no molestar; jamás hay experimentación, jamás se coloca a una criatura en una situación particular con el solo fin de estudiar un aspecto de su comportamiento; se lo observa en su vida cotidiana, al «natural».

Las observaciones redactadas por las mismas cuidadoras o por personas externas son cuidadosamente clasificadas y luego analizadas. Nos proporcionan, por lo tanto, datos confiables sobre lo que son capaces de realizar los bebés más pequeños cuando se crían en condiciones de seguridad afectiva y de libertad motriz «total». Nos enseñan mucho sobre el funcionamiento de los niños «en estado puro», por decirlo de alguna manera, cuando se encuentran poco influidos por las intervenciones directivas de los adultos.

Cuando vemos a los niños de Lóczy de cerca, o en las películas que nos llegan, nos sentimos impactados por la soltura motriz, rara en bebés pequeños, la armonía de sus gestos, su concentración, al mismo tiempo que por la alegría y el placer que manifiestan en los intercambios con los adultos.

Los resultados estadísticos de estas observaciones y su utilización concreta en la vida cotidiana han sido confirmados, y luego enriquecidos, en la mayor parte de los países de Europa, a través de la colaboración con profesionales de la protoinfancia, especialmente en lugares donde se trabaja con niños. No sólo concuerdan los resultados, sino que la plenitud y la alegría de vivir de los niños, la mejora en el comportamiento de aquellos con dificultades, el interés mostrado por los padres e incluso el cambio de clima relacional en las instituciones que los ponen en práctica «descolocan» a los más desconfiados...

La vida en ese hogar infantil ha sido descrita por primera vez en Francia en 1973 por Myriam David y Geneviève Appell en un libro titulado *Lóczy ou le Maternage insolite*. Allí decían las autoras:

> *Desde la entrada a la casa, uno se siente impactado por el aspecto de esos bebés resplandecientes, bronceados, sonrientes y animados. Niños con proporciones y movimientos armoniosos, empeñados la mayor parte del tiempo en actividades variadas, y en buena relación con los adultos, frente a los cuales se muestran poco dependientes. Los grupos son tranquilos, existen escasos conflictos entre los niños, aunque no faltan las interacciones que comienzan a los 4 o 5 meses.*

Ésta fue también mi impresión cuando pasé allí diez días en 1985.

Sin precipitación

Mirad a un bebé, discretamente, sin llamar su atención. Miradlo vivir. Cuando os aproximáis, aún sonrientes, esperad un poco. Las primeras reacciones provendrán de él: tomará la iniciativa y podréis entonces responderle sin adelantaros. Así tendrá el tiempo y el «espacio» para poder manifestar todo aquello que él **es** en este momento.

Una mirada diferente

Mejor que saber *a priori* lo que un bebé necesita, de lo que se trata es de **escucharlo, mirarlo**, para poder dar una respuesta inmediata a lo que él manifiesta.

Seguirlo, descubrirlo, tener confianza en él...

Son actitudes que se irán enriqueciendo a medida que el niño crezca pero cuyo principio básico sigue siendo válido, aunque la formulación deba cambiar un poco después de su segundo cumpleaños:

le serán necesarias entonces algunas informaciones más de parte de los adultos, pero la experimentación personal se mantendrá siempre como la base de un buen desarrollo intelectual e íntimo.

Estas afirmaciones pueden pareceros perentorias: mirar a vuestro bebé os permitirá formaros **vuestra propia opinión**. Los dos principios fundamentales de este libro son los siguientes:

LA CONFIANZA

Podéis tener confianza en vuestro hijo, pues nacerá con un potencial particular, siempre extraordinario, que él mismo tendrá el deseo y la capacidad de ejercer.

El problema ya no es entonces hacer corresponder al niño con parámetros que son los vuestros (o los de los médicos, los vecinos o las revistas especializadas...), sino brindarle la posibilidad de desarrollar sus propias capacidades, a un ritmo que es el suyo, de desarrollar su originalidad.

Después de haber observado a miles de criaturas, uno puede percibir que un niño en estas condiciones acrecienta su confianza en sí mismo, se vuelve menos dependiente de los adultos; que sus acciones son variadas, realizadas con plenitud, se siente que les brotan «desde dentro». Vuestro trabajo consistirá en rodear al niño de condiciones tales en las que pueda plasmar sus capacidades.

UNA RELACIÓN DE COLABORACIÓN

Os convertís así, en cierto modo, en los **colaboradores** del niño en el trabajo de descubrimiento y de construcción de sí mismo, los que lo sostienen, lo ayudan y lo hacen posible; y no los educadores a los que les compete «modelar» la personalidad (como se pensaba en otras épocas que era necesario proceder). Actitud mucho más «aliviada» que, no obstante, no disminuye en nada nuestra responsabilidad.

El niño es el **sujeto** de la aventura, el **ser activo** si le permitís serlo. Os mantenéis allí, como en segundo plano, para acompañarlo. Su total dependencia del inicio porta en sí el germen de la autonomía.

El placer: una noción bien conocida de la que se habla poco

Voy a contemplar esto con otra mirada más centrada en nosotros, los padres.

Cuando encontramos placer en un niño –placer de vivir con él, placer de mirarlo, admiración por lo que él es en su originalidad–, el niño está tranquilo, su alegría de vivir lo vuelve activo y se encuentra en las mejores condiciones.

Lo que es evidente cuando todo va bien, no lo es tanto cuando estamos cansados, angustiados, desilusionados... o, simplemente, en ciertos momentos cotidianos, ya que la vida con un bebé (como, por otra parte, con cualquier ser) se acompaña necesariamente de momentos de saturación, de desaliento, de gran fatiga, momentos de los que no siempre nos atrevemos a hablar.

Precisamente en esa ocasión hay que respirar profundamente (de no haber un problema médico particular, ¿quién nos lo puede impedir?) reencontrar el placer... quizá simplemente de vivir, de mirar a este niño, su belleza –¿qué niño no la tiene?

El placer nos acompañará a lo largo de todo este libro, surgirá ya sea de manera espontánea, evidente o buscado en forma voluntaria. Ya no se trata de una filosofía o de buenos sentimientos, sino de una realidad... ¡observable!

Podemos ver en esto una convergencia con ciertas reflexiones actuales: la necesidad de distensión corporal, el valor de la respiración, la utilidad de reencontrar las propias energías: yoga y trabajo sobre sí mismo, valoración de la vida psíquica y del deporte... *«No hay mayor placer que el de sentirse funcionando bien»*, ha escrito Bettelheim.

Este placer no corresponde a la propiedad sobre bienes materiales, ni a la satisfacción inmediata de las necesidades, sino a una especie de acuerdo, de armonía consigo mismo y con el otro. Es el placer de vivir, de mirar alrededor, aunque las condiciones sean difíciles...

Se instaura entonces el bienestar, mejora el funcionamiento y ello engendra, a su vez, placer.

Es un trabajo permanente que debemos hacer nosotros, padres, con nuestras angustias, nuestros infantilismos, nuestros deseos de poder... por los cuales no somos «culpables», ya que son también el fruto de nuestra propia construcción y de nuestra historia, pero que debemos ir superando poco a poco para ser un poco más nosotros mismos.

Justo entonces podemos recibir las informaciones de un libro como éste, reflexionar y **confiar en nosotros mismos**.

Aquello de esta obra que pueda penetrar en vosotros, os orientará y lo asimilaréis, pero conservando al mismo tiempo vuestra originalidad. Son demasiadas las riquezas en cada uno, diversas, múltiples, tanto en vosotros como en el bebé, como para no ponerlas de manifiesto... pero no de cualquier manera. No siempre basta con amor y sentido común.

La vida está demasiado alejada del equilibrio estático y es demasiado rica, demasiado compleja como para que exista un modelo de educación, un modelo de padres. Si hay amor y reflexión, confianza en el otro y en uno mismo, existirá placer y la vida nos orientará por el buen camino.

¿Podremos ayudar a nuestros niños a desarrollar de inmediato su personalidad original (ahorrándoles así un poco de trabajo en el futuro) y también a sentir placer en «funcionar», disminuyendo así su dependencia? Las actitudes educativas que se describirán aquí podrán permitirles un punto de partida mejor, una orientación más positiva.

Respirad, relajaos, tomaos el tiempo de sentir el aire que os colma: tomad conciencia del interior de vosotros mismos y del exterior que os alimenta permanentemente... descubrid a **vuestro** bebé e id más allá en el descubrimiento de vosotros mismos.

El decorado está puesto. Ahora, mirad a vuestro hijo.

Penetraremos en los pequeños detalles de su vida cotidiana.

> Os gustará sin duda tomar notas. Escribir de vez en cuando en el cuaderno qué hace vuestro bebé es muy agradable de releer más adelante. También es muy valioso en un momento difícil: uno se detiene, escribe y eso permite tomar distancia, como si se estuviera hablando con alguien.

Capítulo 2

~~~~~~

Los cuidados cotidianos,
momentos privilegiados de intercambio

El aire fresco de la mañana y la felicidad de estar vivo.
[...]
Estar ahí
En la paz del cielo gris
En el silencio inicial
De una vida nueva.

Christian Bulting, *Les Éléments des poètes,*
Hachette Jeunesse, 1990

*E*ncontrará muchos detalles concretos en los libros de puericultura, pero allí no hallará descritas estas **actitudes**, este abordaje global que consiste en **mirar** a su bebé, en tener confianza en él y en ofrecerle aquello que necesita, es decir, lo que puede orientarlo hacia una mayor confianza **en sí mismo**, hacia una mayor conciencia **de sí**.

Aunque parezca que están dirigidas sobre todo a las mamás, las siguientes observaciones les interesarán en la misma medida a los papás, a los hermanos y hermanas mayores y a todos aquellos que están en contacto con el bebé.

Cómo levantar y sostener a su bebé

Para un recién nacido, es importante experimentar el mayor bienestar posible: si sus primeras experiencias corporales son positivas, aguardará las siguientes con confianza. Está constituyendo la primerísima representación de sí mismo.

Elija de inmediato un modo de levantarlo y, luego, de sostenerlo, que evite que su cabeza caiga hacia atrás, y que le proporcione (también a usted) un sentimiento de seguridad. Al alzar a un bebé, generalmente la persona pasa la mano bajo sus hombros; esto hace que la cabeza caiga hacia atrás antes de que pueda volver a sostenérsela.

El despertar al mundo de tu bebé

Se da cuenta de que esto es desagradable para él, pero ¿cómo hacerlo de otro modo?

Si trata de alzarlo como se propone en los siguientes dibujos, comprobará seguramente que no sólo el bebé disfruta de esta posición. También para el adulto es muy agradable trasladarlo de esta manera: lo sentirá distendido y usted a su vez estará así porque él no corre el riesgo de deslizarse, y con su rostro cerca del suyo, puede sonreírle y hablarle.

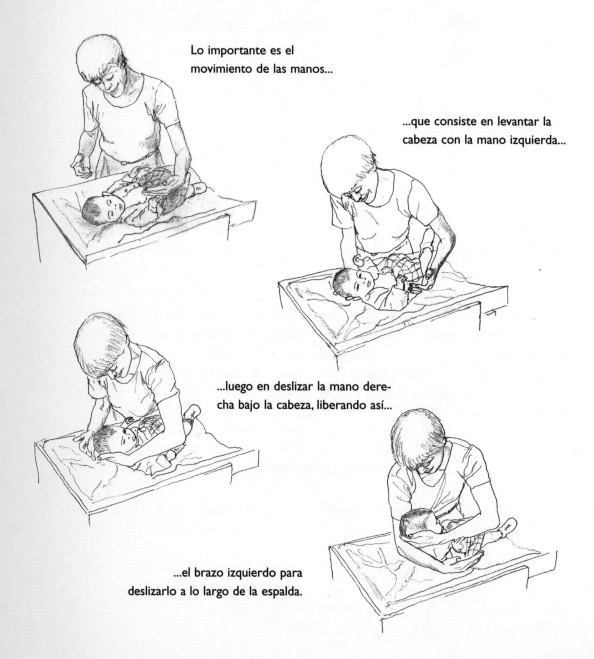

Lo importante es el movimiento de las manos...

...que consiste en levantar la cabeza con la mano izquierda...

...luego en deslizar la mano derecha bajo la cabeza, liberando así...

...el brazo izquierdo para deslizarlo a lo largo de la espalda.

Es cierto que la posición vertical contra su cuerpo puede ser preciosa para él cuando es muy pequeño y usted está enteramente a su disposición: un cuerpo a cuerpo, cuidando de sostenerle la cabeza, constituye un momento de encuentro íntimo y profundo. Pero muy pronto experimentará el placer de los intercambios a través de la mirada y observará que, apoyado sobre el brazo que lo sostiene, su columna vertebral está extendida en lugar de «apilada» como en la posición vertical y su respiración puede ser más profunda; él no realizará ningún esfuerzo, ya que no debe sostener la cabeza. Verá que, muy pronto, comenzará a girarla «libremente» y, sin duda, también a sonreír más a gusto. Es probable que, de esta manera, sienta una seguridad «profunda» y, en cierto modo, mayor libertad.

Usted apreciará esta forma de proceder cada vez que deba alzarlo y trasladarlo, llevarlo en brazos de su cama al baño, o a comer, porque así él se sentirá a gusto o, simplemente, cuando desee retenerlo también un poco con usted...

Durante un viaje en tren, observaba a una joven muy pendiente de su bebé de 4 o 5 meses. Lo tenía sentado en sus rodillas o de pie contra ella. Él «sostenía la cabeza», es decir que podía mantenerla erguida pero, a menudo, «se le bamboleaba» hacia delante o hacia atrás y la enderezaba enseguida. Permaneció así unos quince o veinte minutos y se puso a llorar. La mamá le habló con dulzura, lo cambió de posición. Al no comprender qué le pasaba, le ofreció un biberón, que él rechazó. Todavía no era la hora...

Ese bebé debía de sentirse fatigado por el permanente esfuerzo para sostener su cabeza: esto contribuía, si no bastaba, para explicar su llanto. Si lo hubiera mantenido totalmente apoyado, inclinado quizá, con la cabeza bien sostenida, le habría evitado el cansancio.

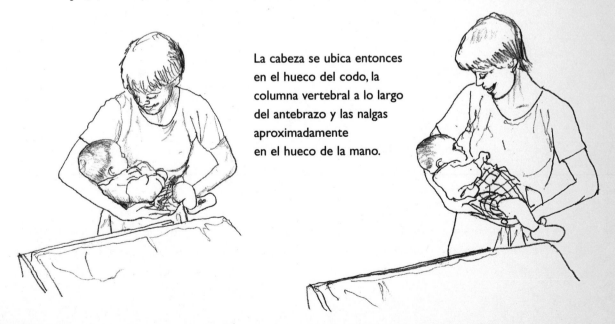

La cabeza se ubica entonces en el hueco del codo, la columna vertebral a lo largo del antebrazo y las nalgas aproximadamente en el hueco de la mano.

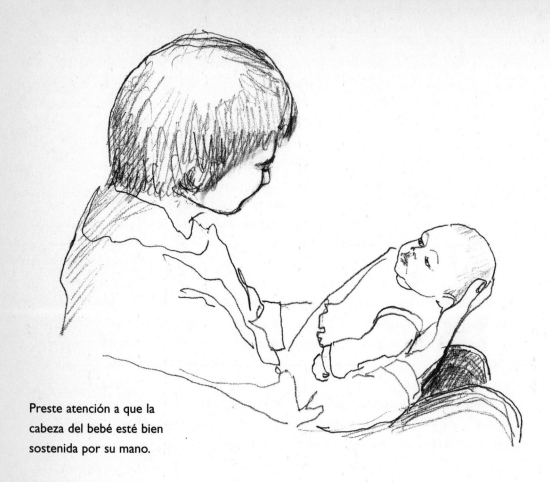

Preste atención a que la cabeza del bebé esté bien sostenida por su mano.

Si esto le sorprende, si duda: «*Pero así no desarrollará los músculos, ¡se quedará fofo!*», revise lo que diremos en el próximo capítulo acerca de la actividad del bebé cuando está acostado de espaldas. Lo comprenderá mejor y comprobará la multiplicidad de ocasiones de que dispondrá para desarrollar músculos y movimientos.

La cabeza de un bebé es muy pesada con relación al resto de su cuerpo. Como aún carece de fuerza, de suficiente capacidad de coordinación, sostener la cabeza durante largo tiempo le exige un considerable esfuerzo que lo fatiga.

Sin embargo, pasearlo así sostenido, mostrándole los árboles, las luces, los libros, o todo lo que le guste, es, a menudo, un verdadero placer. Pero si usted comprueba que él prefiere realmente otra posición, por ejemplo, estirado de lado, con la espalda apoyada en su pecho, no lo prive de ella. De todos modos, piense siempre en el peso de la cabeza y en la sensación de bienestar que procura una espalda bien extendida.

Los cuidados corporales

EL ASEO

Preparar el momento del aseo

El bebé está en su cuna, despierto, va a bañarlo o a cambiarle los pañales. Ubíquese frente a él para que pueda verlo/a y explíquele (aunque tenga sólo algunos días) qué va a hacerle usted. Observe sus reacciones. Espere unos segundos para que tenga tiempo de «percatarse» de que usted está ahí, de que le está hablando, de que algo sucederá. Luego álcelo con suavidad, siempre mirándolo.

Puede seguir hablándole y mientras lo observa: ¿parece contento? ¿inquieto? ¿cansado? Luego colóquelo suavemente sobre el cambiador con el mismo movimiento que para levantarlo: sosteniendo su cabeza con la mano derecha mientras va retirando el brazo.

**¿Existe una manera especial de hablar
a un bebé muy pequeño?**

Si retomamos lo que se ha dicho sobre su capacidad de comprensión, sobre el dinamismo para participar activamente en su crecimiento, la respuesta parece simple: hablarle del modo más sencillo, más claro posible, sin infantilismo y situándose bien frente a él para que lo/a vea sin dificultad.

Puesto que se trata de una persona total, a la que usted se dirige como a cualquier otra, por qué hablarle en tercera persona: «¡Oh! ¡A Emilia le duele algo, qué mal se siente!», o «¡Mamá ha preparado esto para Arturo!». ¿Acaso él es una cosa de la que se habla?

Diciéndole: «¡Cuánto te duele!», «Mira lo que preparé para ti», va a situarse en una relación mucho más directa, simple y auténtica con él.

A partir de esto, cada uno se dejará llevar, evidentemente, por su propia manera de hablarle al bebé: la propia ternura, esas palabritas que son un poco el secreto compartido entre ambos, toda esa dulzura que sólo se vive con un bebé y de la que sería muy triste que ambos se privaran.

La tarea le llevará cierto tiempo; procure, por lo tanto, que todo esté bien preparado, que el cambiador no esté ni demasiado alto ni demasiado bajo y colóquese, de ser posible, frente al bebé, para que ambos puedan verse bien. Puede también mostrarle lo que ha preparado para el aseo, luego desvestirlo sin dejar de mirarlo y, suavemente, decirle lo que va haciendo: «*Alzo tu brazo, te quito la batita… mira este algodón, te lo voy a pasar por la carita, por la mejilla, por la otra mejilla…*».

Más tarde, solicitará: «*Dame el pie para que te quite el zapatito…*».

Pero no le hable todo el tiempo. **Piense en escucharlo, en mirarlo,** en dejarle tiempo para manifestar sus propias reacciones: reciba, déjese penetrar por lo que él le aporta… Poco a poco sus mímicas, sus vocalizaciones, se harán cada vez más ricas. No caiga en el exceso del «baño de palabras» en que se habla sin escuchar al bebé y sin preguntarse si tiene tiempo de comprender algo de lo que se le dice.

Pues el bebé **le dice** cosas a través de sus vocalizaciones, de sus movimientos, de sus gestos. Usted lo siente, pero tal vez crea que son ilusiones. ¡En absoluto! Saboree esos momentos… la plenitud que vive su hijo a través de su placer y de su escucha.

Ya puede captar lo que él le brinda. Usted se siente colmado/a por el bebé nuevamente, pero ahora le deja la iniciativa, le da «cuerpo» a lo que proviene de él.

Una intimidad beneficiosa para dos

No permita que demasiada gente alrededor los distraiga. Es un momento privilegiado para ambos, un momento íntimo, tranquilo. Comprenderá poco a poco por qué, para su hijo, es tan precioso vivirlo así.

> Un bebé, que se inicia ignorándolo todo, comienza ya a constituirse activamente una primera representación de sí mismo completa y únicamente a través de esas pequeñas experiencias cotidianas que vivirá.

Por el contrario, un bebé al que se le habla poco y al que se manipula quizá con habilidad, amablemente, pero rápido y sin entrar en relación con él, no puede experimentar que él es importante y que se lo tiene en cuenta.

Difícilmente pueda sentirse colmado del bienestar que proporciona una sensación de plenitud.

Participación creciente del bebé

Poco a poco puede intentar responder a sus vocalizaciones en lugar de ser siempre el/la primero/a en hablar: verá entonces cómo ya le está ofreciendo a su hijo la ocasión de desarrollar una **actitud de iniciativa** en la expresión (quizá ya iniciativa en el pensamiento) y no sólo una **actitud de respuesta**, activa, es verdad, pero secundaria a la intervención del otro. En el Instituto E. Pikler de Budapest se ha realizado una serie de observaciones sobre el modo en que los bebés, desde los 2 o 3 meses, pueden «llamar» al adulto y cómo comienzan a manifestarse por sí mismos y a tomar la iniciativa en la interacción.

Su hijo crecerá y usted podrá dejarle tocar, asir o jugar con algunos objetos que están al alcance de su mano (el paquete de algodón, el cepillo para el pelo...).[3] Sin embargo, pronto comprenderá que le resulta más útil sin duda mantenerse atento a lo que usted le hace (ponerle crema en el rostro, quitarle los pañales...) que distraerse con objetos, en cuyo caso él se dejaría manipular como un paquete, totalmente absorbido por otra actividad.

Estos pequeños gestos pueden parecerle insignificantes, pero irá comprendiendo mejor su relevancia a medida que lea este libro.

Cuando tenga que ponerlo boca abajo, por ejemplo, para desabotonarlo, gírelo con suavidad, avisándole previamente; verá que, si usted le libera el brazo del lado en que va a girar, colocándolo en la prolongación del cuerpo por encima de la cabeza, su bebé continuará el movimiento no sólo sin dificultad alguna, sino con una activa participación.

A medida que él crezca, disminuirá la ayuda que usted deba brindarle y será él mismo quien realice la mayor parte del movimiento. El espíritu siempre es el mismo: tratar de ofrecerle la posibilidad de participar en lo que se le está haciendo para que no se acostumbre a ser un objeto que se deja manipular, en forma agradable, quizá, pero pasivamente.

Un momento intenso en la vida del bebé

Usted captará rápidamente que el tiempo de desvestirlo y el aseo se convertirán en momentos muy intensos tanto para el bebé como para usted.

Si usted le dice: «*Dame tu mano, tu pie*», él experimentará en el mismo instante una sensación en esa mano o en ese pie.

Si usted logra mantenerse discreto/a, podrá ver las manifestaciones de su interés.

Emilia, de 6 o 7 meses, está intrigada por el cambio de su pie cuando se le pone el zapatito. Mira cada pie en forma alternada en el mayor de los silencios. Cuando es posible, se le permiten algunos

---

3. En el Instituto E. Pikler de la calle Lóczy el cambiador está rodeado de pequeños barrotes que permiten al niño darse la vuelta de espaldas o sobre el vientre sin peligro y luego ponerse de pie cuando ya es capaz.

instantes necesarios para que observe. Un poco más tarde, ella misma hace salir sus dedos de la manga, riéndose, con un gran placer.

Dese cuenta de que usted puede acompañar así a su hijo en el **descubrimiento de su cuerpo.** El descubrimiento de ese cuerpo que es el suyo y que es **él mismo,** se produce con placer y **dentro de la relación con usted;** con placer y con amor. ¿Puede existir un mejor comienzo? Pues ésta es la primera conciencia que él tiene de sí mismo y de su cuerpo, conciencia que se hallará inscrita en el interior de sus células y que conservará en lo más profundo de sí durante toda la vida.

Por eso, si no puede ocuparse de él totalmente, organícese para que sea usted quien lo asee y le dé de comer lo más a menudo posible. Durante estos momentos, es cuando, a través de los contactos corporales, las caricias, las palabras que adquieren sentido, el bebé experimenta los límites de su cuerpo, su piel, la diferencia entre él y el otro... allí se alimenta de intensidad y de fuerza la relación con usted.

Es evidente que si su bebé ha vivido períodos difíciles (enfermedad, hospitalización, separación...) usted «cultivará» los momentos de placer compartido para permitirle rehacerse, recuperarse, con esta relación en la que usted se muestra enteramente disponible para él.

Pude observar a un bebé de 4 meses que había estado hospitalizado durante todo su primer mes de vida.

Alzado con suavidad por su cuidadora, se veía sin embargo agitado, sacudía brazos y piernas en todas direcciones, sin mirar al adulto, quien, no obstante, le hablaba.

A medida que se lo fue higienizando, «en escucha», tal como describí antes, pasándole un poco de crema lentamente en las articulaciones, vi cómo el bebé relajaba poco a poco sus piernas, sus brazos; luego estiró todo su cuerpo; justo al final su mirada se sumergió en la del adulto quien, en ese momento, no la había solicitado especialmente. La niñera lo contuvo entonces, siempre acostado de espaldas con las dos manos abiertas a lo largo del torso; él la miraba, semiinterrogador, semifeliz, ¿podemos saberlo? pero visiblemente «pleno», reconstituido, tranquilo, comenzando, probablemente, a percibir su cuerpo como unidad.

Gran cantidad de observaciones de este tipo muestran que un bebé «escuchado» de esta manera realiza por sí mismo ese trabajo de «reestructuración». Pero necesita una actitud receptiva por parte del adulto para que sea **él** quien concrete dicho trabajo.

Un bebé se construye lentamente **a través de numerosos acontecimientos repetidos.** Si su bebé no tiene problemas, lo logrará de todas maneras, pero si ya ha vivido experiencias perturbadoras, si, por ejemplo, fue adoptado por usted, se verá muy favorecido si se le permiten estas experiencias cien veces renovadas. Verá cómo, de inmediato, su bebé logrará jugar solo y dormir tranquilamente. Justo en ese momento usted podrá hacerse sustituir por otra persona sin perjuicio para él.

¿Puede saber usted cómo actuaba su propia madre? ¿Era muy atenta, contenedora, o lo/a dejaba más librado a sí mismo/a? Sin hacer un juicio de valor, uno se comprende mejor a sí mismo si sabe qué ha vivido en su niñez.

Vestir, desvestir

Procure plegar la ropa a lo largo de los brazos o de las piernas del bebé antes que tironear de sus miembros. Muy rápidamente podrá mostrarle la batita, los zapatitos, el pañal que le va a poner, incitándolo a colaborar con usted: «¿Me das tu brazo?, ¿me das tu pie?». O bien: «Por favor, dame el brazo...».

Espere un poco y quizá pueda aprovechar el momento en que tenga el brazo levantado para ajustarle la manga. Con el correr de los días, verá que eleva el brazo cada vez con mayor frecuencia, y llegará el día en que, realmente, lo extenderá hacia usted. Por supuesto, no siempre deberá esperar a que el brazo del bebé se encuentre levantado para ponerle la manga, pero sentirá que ésa es una manera de permitirle colaborar en lo que usted hace, una manera de mantenerse activo, participando en los hechos que le afectan.

A medida que vaya creciendo, observe qué sucede si usted le permite realizar nuevas acciones de las que es capaz: girarse boca abajo o volverse de espaldas con muy poca ayuda, tironear del peto que le está poniendo, quitarse los zapatitos, etc.

Llegará el día en que sepa ponerse de pie solo y, más tarde, caminar. Si usted quiere permitirle utilizar sus nuevas capacidades, podrá vestirlo parcialmente mientras él se encuentra de pie, ya sea instalando a su altura una pequeña barrera para que no corra el riesgo de caerse o bien sentándose usted en un taburete y vistiéndolo en el suelo.

Muy pronto percibirá que esta actitud suya tiene más valor para él que ser vestido acostado cuando ya sabe mantenerse muy bien de pie. Sin embargo, solemos ver a niños de dos años muy listos, pero que aún no tienen control de esfínteres, ser trasladados por la madre, colocados sobre la mesa y cambiados con las piernas al aire como un lactante...

Un aprendizaje esencial

Si usted se deja guiar por los progresos de su hijo, obtendrá no sólo un gran placer sino también un inmenso interés en ello: los cuidados ya no son algo mecánico que hay que hacer bien y lo más rápidamente posible, sino un momento de **intensa relación,** durante el cual se percibe al bebé realizando un aprendizaje muy profundo y muy íntimo, precioso para él, para su futuro. Usted le está proporcionando un elemento importante que se convierte en una cualidad del ser: «habitarse» plenamente.

Estas actitudes no impiden que el aseo sea un momento de juego, en el que se canta, se sonríe y se obtiene mucho placer.

Después de algunos días en los que se necesitan ciertos momentos de atención y una especie de control sobre sí mismo/a como para «aprender» los gestos más adecuados, usted adquirirá la suficiente soltura como para volver a encontrarse en calma.

Suele haber entonces una cierta alternancia entre momentos de escucha, de gran tranquilidad, en los que usted eventualmente se controla un poco para poder «captarlo», y momentos más espontáneos en los que juegan.

Le llamaré la atención sólo sobre ciertos juegos un poco ruidosos, o sobre las **cosquillas**... que pareciera que a veces (¿a menudo?) le dan placer, sobre todo al adulto y menos al bebé, quien se muestra más excitado que realmente contento.

El niño se convierte entonces en un objeto, un juguete para el adulto. También aquí trate de mantenerse atento/a a las reacciones, a las respuestas de su bebé. Cada criatura es diferente y usted no puede saber si su hijo se siente muy a gusto con esos juegos, o medianamente, y es tan distinto según el momento... Una vez más, ¡escúchelo!

El baño

A menudo es un momento que inspira temor y, luego, de gran placer para las mamás.

¿Quizás ahora entienda mejor cómo hacerlo?

Al comienzo, coloque poca agua en la bañera del bebé o en el lavatorio y sosténgalo como le hemos indicado: sobre el brazo de usted, con la cabeza en el hueco de su codo. Luego deje que las nalgas se deslicen hacia el fondo de la bañera: la cabeza se apoya en su antebrazo y su mano izquierda (si usted es diestro/a) lo sostiene firmemente desde la axila, la parte alta del brazo y el hombro. Verá que, de este modo, puede estar dentro del agua casi por completo pero, al encontrarse bien sostenido, no experimentará ninguna inquietud, pues no habrá riesgo de que resbale ni se sienta incómodo y usted mismo/a no tendrá ningún miedo por él.

Con su mano disponible échele un poquito de agua sobre el cuerpo: así el bebé se familiarizará con la situación poco a poco. Ni siquiera es necesario soltarlo para sacarlo del agua y colocarlo otra vez sobre la toalla; simplemente realice el movimiento inverso: la mano izquierda desciende a lo largo de su espalda, hasta sostenerlo a la altura de las nalgas; así su cabeza descansa en el hueco del codo y sigue estando cómodo.

De este modo en ningún momento del baño su cabeza ha quedado sin sostén y con la mano derecha habrá podido enjabonarlo con suavidad. ¡Un bebé no está tan sucio!

Se dará cuenta de que él experimenta un gran placer –y sin duda usted también– al enjabonarlo directamente con la mano, sin guante de baño, de tal modo que resulta toda una caricia; es una nueva ocasión para que el contacto corporal provoque un mayor placer. En muy poco tiempo, usted se dará cuenta de que, si su cabeza está colocada cómodamente en el hueco de la mano o del brazo, el bebé no corre ningún riesgo (tenga cuidado con las uñas, para no lastimar el cuerpo del bebé).

Cada niño tiene **reacciones muy particulares** respecto al baño. A algunos les gusta mucho, a otros menos. Algunos adoran flotar, otros prefieren que haya poca agua. Así, una madre de dos adolescentes me comentaba su asombro frente a las diferentes reacciones de cada uno cuando eran bebés. Al primero le encantaba pasarse largo rato en el baño, estirándose en el agua, agitando las piernas, los brazos... Daba pena sacarlo. El segundo, por el contrario, se encontraba bien durante algunos instantes, luego se movía de manera un tanto tensa, comenzaba a crisparse y entonces ella comprendía que era ya suficiente y que él no deseaba permanecer más rato en el agua.

Si quiere que su bebé vaya formándose un buen concepto de sí mismo, intente aceptarlo tal como es: el que disfruta del agua tendrá un baño más largo; al otro, por el contrario, se lo bañará más rápido.

Lo importante es el bienestar del bebé en función de sus deseos y aptitudes. Sin palabras y sin demasiada conciencia, vivirá la experiencia de verse respetado en sus gustos y atendido en sus demandas (y con respecto a usted mismo ¿cómo reaccionaban los demás a sus propios gustos cuando usted era pequeño/a?).

Por el momento, no se preocupe demasiado por el futuro: de los dos adolescentes que he mencionado, y que cuentan en la actualidad 15 y 18 años, no sabría decir cuál de ellos nada mejor ni cuál se enfrenta con mayor placer a las olas del mar.

Respire, ¡relájese! Puede confiar en usted mismo/a, verá que, en realidad, no es tan difícil... pero trate de seguir estas pocas indicaciones, en particular, sosteniendo bien al bebé. Deslizamientos inesperados, jabón en los ojos... pueden dejar recuerdos que tarden en borrarse, en él y en usted...

Al igual que en el cambiador, pero más aún porque está en el agua, verá que el bebé se relaja si lo necesita y luego se reorganiza con tranquilidad, seguramente, si le dan tiempo.

Piense, cada tanto, en nombrarle las partes del cuerpo: «Ahora, *enjabono tu brazo, tus nalgas, tu espalda, tus piernas...*». No tardará en encontrar el tono, las sonrisas, incluso el humor, con su toque personal.

El bebé crecerá, usted se sentirá a gusto e irá viendo con toda naturalidad qué puede permitirle hacer, cuándo soltarlo completamente (por supuesto sin dejar de mirarlo), cuándo dejarlo jugar, cuándo dejarlo sentado solo. Así él podrá utilizar el jabón, la esponja... participando de manera activa.

Al igual que otras situaciones de aseo, el baño es, en general, un momento de intensa relación en el que se dialoga, se comparten vivencias y donde el bebé está implicado por entero en lo que hace y en lo que se le hace. Su cuerpo está relajado y parece sentirse realmente muy bien.

¿Requieren mucho tiempo estos cuidados?

A lo mejor usted piensa que este modo de proporcionar los cuidados cotidianos va a requerirle mucho tiempo. En realidad, esto no es para nada así. Quizás al comienzo es un poco más largo que si manipulara rápidamente al bebé, pero muy pronto él podrá cooperar y participar en lo que se le hace, manifestando entonces muy poca oposición; el desarrollo de los cuidados se vuelve armonioso, usted «no pierde tiempo» y se fatiga menos cuando, de este modo, el bebé se mantiene tranquilo y distendido.

Algo importante que la ayudará mucho es preparar todo antes de levantar al bebé de la cuna. Enumere todo aquello que puede necesitar: el pañal, la batita, la crema, diversos productos, el algodón, etc. Verifique que no se le olvida nada y así evitará mucho cansancio, nerviosismo y hasta angustia. Tenga todo al alcance de la mano; de este modo no deberá dejar solo al bebé en el cambiador o llevarlo con usted para ir a buscar un pañal justo en el momento en que, obviamente, hace pis sobre su brazo.

A menudo, resulta fácil disponer algunos estantes, quizá provisionales, por encima del cambiador. Los objetos necesarios no pesan ni estorban y el hecho de poder cogerlos fácilmente, incluso con una sola mano, permite estar más relajado/a, más disponible para la escucha y el placer: ¡esto bien vale dos horas de bricolaje y algunos agujeros en la pared!

LOS CUIDADOS DESAGRADABLES

Cortar las uñas, limpiar la nariz, poner un supositorio..., momentos de aprensión que ahora me hacen sonreír.

Hay dos soluciones opuestas:

- llegar subrepticiamente y hacerlo muy rápido;
- mostrarle al bebé el «cuerpo del delito» y prevenirlo: *«Esto te molestará un poco, no te gusta... pero trataremos de hacerlo rápido, y ya está»*.

Como estas situaciones son frecuentes, pude practicar las dos... ¡al comienzo!

Primera solución: al principio parece eficaz, pero poco a poco el niño empieza a esperar que lo desagradable llegue en cualquier momento; corre el riesgo, por lo tanto, de que esté permanentemente inquieto y un poco tenso. También tenemos la impresión de estar traicionándolo.

Segunda solución: se pone tenso en el momento en que usted le advierte acerca de lo desagradable del momento que le espera. Mientras le muestra el algodón, el apósito... puede decirle que comparte su malestar: *«Entre los dos tenemos que hacer esta tarea...»*. Tal vez llore y manifieste su descontento pero luego: «¡Ya está!», y es un alivio para ambos.

El bebé comprende qué le sucederá, lo prevé, luego siente la contrariedad... pero **junto a usted**. Experimenta de un modo casi consciente que «no es tan terrible», que el sufrimiento no lo destruye. Aprende a conocerlo en un clima de seguridad y ternura, soportará menos angustia si un día debe enfrentarlo con mayor dureza.

«*¿Por qué todas estas precauciones?*», pensarán algunos. Porque durante la primera etapa es el momento de acumular buenas experiencias para formarse una idea positiva de la vida y de sí mismo y hacerse «más fuerte» cuando luego se vea confrontado con situaciones cada vez más difíciles...

Dos actitudes posibles

Estas dos actitudes se encuentran con frecuencia en el adulto, que puede:

- Asumir la posición de ser el único que domina la situación, el que sabe, que protege, frente al que debe someterse –por su propio bien, además;
- Optar más bien por la colaboración. Por supuesto, uno es más fuerte y «sabe» qué hacer, pero el otro no tiene por qué someterse pasivamente; puede participar con todas sus potencialidades actuales.

En cuanto a mí, me impresionaba el alivio que yo experimentaba. Me veía menos «mala», más alentadora, más positiva y me encantaba la alegría compartida del «¡Ya está!».

La participación del niño se torna cada vez más eficaz. Él sostiene la bolsa del algodón o la caja de supositorios. Más tarde, él será quien saque el supositorio de la caja o quien sostenga la pipeta de solución fisiológica al mismo tiempo que su mamá; ella sólo apretará un poco más fuerte para ayudar a que salga la solución.

El bebé, muy participativo en su vida personal, asume con más facilidad las situaciones difíciles cuando puede tomar parte activa en ellas: se siente más fuerte y menos a merced del otro. Tiene un cierto dominio de la situación, puede hacer algo... Volvemos a encontrar aquí nuestra idea básica: el bebé es un ser activo y no un ser que sólo busca ponerse en las manos de alguien que lo atienda...

A menudo he observado una diferencia en los momentos siguientes: el niño advertido y participante parece reponerse más rápido. ¿Habrá, en el caso contrario, una inquietud latente de que todo vuelva a comenzar?

Aquel que, a lo largo de las semanas, experimenta que las sensaciones dolorosas siempre son anunciadas (salvo, por supuesto, algunos imprevistos) no imagina que puedan ocurrirle en cualquier momento. Por lo tanto, no está a la defensiva, sino confiado. Y cuando sabe que el momento desagradable está por llegar, tiene derecho a llorar, a que no se lo regañe por eso, sino a que se comparta la situación con él. El bebé sabe que «eso tendrá un fin». En cierto modo, puede dominar la situación utilizando sus competencias.

Una regla de oro
Piense siempre en prevenir a su hijo (en la medida de lo posible) acerca de aquello penoso (o quizá no tanto) que le vaya a suceder y cumpla siempre lo prometido, ya sea agradable o desagradable. Verá que para él esto es una fuente de gran seguridad y, por lo tanto, una posibilidad de mantenerse más tranquilo y relajado apoyado en su confianza.

LOS CUIDADOS MÉDICOS

Cada vez son más los médicos que se dirigen directamente al niño, por pequeño que sea. Resulta evidente que es bueno explicarle:

- qué va a pasarle;
- si le dolerá, dónde, y si durará mucho o no;
- por qué se lo lleva al médico: porque le duele el vientre o porque tiene tos; o, al contrario, para que se mantenga siempre como un niño o una niña sano/a.

Si la afección es más seria, explíquele lo que sucede con sus propias palabras, las más simples, y en función de lo que le parezca necesario: «*Te has tragado algo que puede hacerte doler la tripa, tengo que llevarte a ver qué pasa*»; «*Tienes algo en tus pulmones que no te deja respirar bien. La señora o el señor (kinesiólogo) te palmeará la espalda y el pecho para que expulses lo que te molesta; es muy desagradable pero luego te sentirás mejor*». O también: «*El agua fría no es agradable, pero tu cabeza está muy caliente, tenemos que refrescarla, si no te va a doler más*» (en el caso de un baño de agua tibia cuando tiene mucha fiebre).

¡Cuidado! Estas palabras no suprimirán el sufrimiento o el miedo; pero **le darán a su hijo me-**

dios para enfrentarlos que podrá utilizar, misteriosamente quizá, si es muy pequeño... no sabemos por qué mecanismo.

No crea que su hijo dejará de llorar o de rechazar el tratamiento. Aun así, será una persona no agobiada por lo desconocido, lo inesperado, la aprensión; será capaz de manifestar activamente sus sentimientos de enojo, rechazo, miedo... u otros.

Se tiende a decir con mucha frecuencia: «*No es nada, ¡no llores!*», o bien a distraer al bebé para que no se dé demasiada cuenta. Tal vez, por el contrario, usted pueda encontrar palabras para hablarle de su sufrimiento y de su miedo. Entonces él no se sentirá abandonado sino comprendido. Sólo en ese caso los juguetes familiares podrán ayudarlo a soportar la situación dolorosa y, a menudo, desconocida.

Si espera que él pueda hacerse cargo de lo que le sucede, no trate de negar o minimizar el miedo, el desagrado o el sufrimiento. En general, el llanto resulta necesario para descargar tensiones. Él requerirá de su atención, de su protección (seguridad) y, probablemente, de su contacto físico; téngalo en brazos unos instantes: llorará el tiempo necesario para descargarse.

Intente ponerse un poco en su lugar e imaginar cuáles pueden ser sus sentimientos, pero dejándose guiar por él, porque su manera de sentir es absolutamente personal. Utilizar la ayuda que usted le ofrece es decisión suya. Usted puede brindarla, pero será él quien la utilice. Aunque usted fuese la mejor madre o el mejor padre del mundo, no podría actuar en lugar de él y, si ello fuera posible, no le haría, de todos modos, ningún favor.

Nos encantaría tener el poder de suprimir el sufrimiento o la tristeza. La vida no es así. El poder que tenemos es el de ofrecerle medios factibles que pueda utilizar. Después, a él le toca realizar el trabajo: el niño, por más pequeño que sea, es un ser independiente de nosotros. Nuestra función es «acompañarlo». Para algunos de nosotros es duro pero, a la vez, puede resultar muy tranquilizador.

Si podemos vivirlo así, el niño tiene todas las posibilidades de ir convirtiéndose en un ser cada vez más responsable de sí mismo.

Si la situación le resulta a usted muy dolorosa, piense que los niños se reponen rápido, en general, del sufrimiento físico. De lo que no se reponen es de la angustia, sobre todo si no es compartida o comprendida por otro.

Los contactos corporales

UN MEDIO PARA «IR CONOCIÉNDOSE»

Tal vez le resulte natural tener a su bebé desnudo contra usted, igualmente desnudo/a (¿por qué no sería también válido para el papá?). Piénselo, sobre todo en la maternidad, aunque pueda escandalizar a algunas enfermeras. Se trata de un contacto íntimo, sin problemas, cuando el bebé está dormido o despierto, totalmente relajado y acariciado suavemente por su mano. ¡Dese el gusto!, y dele a él también ese alimento en el cual el bebé reencuentra su piel, su olor, los latidos de su corazón y todo lo que usted irradia.

Y si ha adoptado a este bebé, aunque ya tenga algunos meses, no dude en hacerlo.[4] En tal caso, tomará conocimiento igualmente de su piel, de los latidos de su corazón y de todo lo que irradia de usted, que no es lo que él había conocido hasta entonces, pero que es similar y es además aquello con lo que convivirá a partir de ahora. ¿Existe una manera más íntima, más llena de paz para arrancar la nueva vida?

Suele tratarse de un deslumbramiento tan grande y fuente también de una calma tal, de una vuelta en cierto modo a un equilibrio, como si su respiración y los latidos de su corazón nos colmaran otra vez...

Si, por una cuestión personal, estos contactos tan cercanos la/o incomodaran (pero, ¿por qué no atreverse a intentarlo solo/a, sin espectadores?)..., seguramente encontrará otros contactos. Un bebé crece, se construye en la interrelación con sus padres tal como él es y tal como cada uno de ellos es. Las modalidades de interrelación pueden ser muy diferentes, pero seguramente serán «buenas» si responden a su personalidad más auténtica.

LOS MASAJES Y LAS CARICIAS

Los masajes me han agradado profundamente desde siempre. Los he practicado utilizando el libro *Shantala* de Frédérick Leboyer (véase Bibliografía), sentada en el suelo, con las piernas extendidas y el bebé recostado sobre el regazo de la madre. Pero también se los puede hacer sobre el cambiador o en otro lugar conveniente para ambos.

El bebé está frente a uno mientras se lo masajea ligeramente (estos masajes están explicados en el libro de manera muy simple) con las manos suavizadas con aceite de almendras tibio. Uno de mis hijos, algo hipertónico cuando era pequeño, se vio un poco sorprendido al comienzo, y no le gustaba que se lo hiciera todos los días. Luego, con el transcurso de las semanas, se fue relajando. También esos momentos fueron intensos y de gran comunicación. En suma, debería intentarlo. Este libro tiene la ventaja de dar ideas, pero con o sin método, sus propias caricias-masajes resultarán igualmente preciosas.

4. Pero no lo haga de golpe, tómese su tiempo...

Si su bebé está un poco tenso, nervioso, crispado o agitado, tómese la costumbre de acariciarlo lentamente. Estos buenos momentos contribuyen a hacerle amar ese cuerpo que es él y que gradualmente va descubriendo.

Poco a poco, al crecer, le gustará tocar, acariciar él mismo su cuerpo, sus zonas genitales. Usted se las irá nombrando, simplemente, como las otras: vulva, pene, testículos (u otros términos que no sean desvalorizantes).

Llegará el día en que le dirá con ternura y/o humor, que es así porque es una mujercita como mamá o un varoncito como papá. Si uno puede ser testigo de sus descubrimientos con ternura y benevolencia, las pocas palabras acordes a la edad surgirán naturalmente: todavía no es necesario darle explicaciones muy «complicadas».

No tiene sentido disertar aquí sobre las caricias diarias, los besos o los contactos corporales a medida que el bebé va creciendo, que representan situaciones alegres y plenas de ternura. Sin embargo, también exigen una reflexión: Los niños los aprecian de manera muy diferente según la naturaleza de cada uno, pero, además, el placer varía según los momentos y los períodos.

Miremos a una criatura de algunos meses, bien tranquila. Un adulto la levanta, la hace saltar, le hace cosquillas, se ríe, lo cubre de besos: el bebé también se ríe, pero ¿no halla usted que se percibe a veces cierta tensión, algo un poco artificial, un poco forzado?[5]

Tendemos a creer con facilidad que estamos «bien» (a su nivel) con un niño pequeño cuando sabemos hacerle reír... ¿Y si estuviéramos «bien», de la misma manera, cuando sabemos dejarlo vivir, como él lo desee?... Podemos llegar a provocar dependencia en el bebé si se habitúa a esos momentos que, a veces (¿a menudo?) son fuente de placer... en primer lugar para nosotros. Estas situaciones pueden irritar, molestar al bebé: algunos niños saben darlo a entender apartándose por medio de un gesto o una mirada. Esto constituye un mensaje y es una ayuda para nosotros.

Si miramos con cierta perspectiva, podemos darnos cuenta de que generalmente actuamos durante mucho tiempo como si conserváramos un cierto derecho sobre el cuerpo del niño: acariciarle la mejilla o el pelo, palmearle la espalda, las nalgas, afectuosamente, por supuesto... Pero cuando él ya es mayor y está ocupado en sus juegos, **a veces lo siente como una invasión** o como una molestia. No por el hecho de ser padre o madre, uno puede tener o encontrar siempre la actitud justa. Una criatura sabe, siente lo que le conviene... y tiene los medios para expresarlo. Pero, ¿sabemos escucharlo cuando nos lo muestra? En suma, compartimos la responsabilidad, entre él y

5. Incluso un bebé muy pequeño muestra a veces un aspecto sorprendido y no forzosamente encantado.

nosotros –quizás ésta sea un poco mayor de nuestro lado. Pero, aun así, es necesario que le dejemos ejercer su parte de responsabilidad.

Quiero recordar aquí las rimas y otros juegos infantiles («la pulguita que sube, sube... te pica la tripita», «qué linda manita», «tortitas de manteca...», «este dedito encontró un huevito, este otro le hizo un agujerito... y el más chiquitito se lo comió...», etc.) y acompañados siempre por los mismos ritmos y gestos que el bebé llega a reconocer y reencontrar con la mayor alegría. Estos momentos de activa ternura que permiten anticipar, esperar, descubrir su cuerpo... son tesoros que remontan a la noche de los tiempos y que sobre todo no hay que descuidar.

El sueño

Es hermoso y reconfortante ver a un bebé dormir en paz, confiado, antes de reemprender su actividad de exploración.

A usted le gustaría que ése fuera siempre un buen momento para él, como para el chiquillo de 3 años que decía: *«Mmm, mi cama es mi mejor amigo».* Es un momento de reencuentro consigo mismo y con su pasado con todo lo que tiene de bueno, pero también es un momento de separación, de soledad, un poco inquietante y, algunas veces, «triste».

Por lo tanto, usted pondrá atención, naturalmente, para que, desde los primeros días, su cuna sea un espacio protegido y protector donde encuentre los olores familiares (objeto «transicional» que la representa, quizás alguna prenda liviana que haya vestido), una suave calidez (puede acostarlo en uno de esos sacos de dormir para bebés, de donde puede sacar los brazos pero sin taparse el rostro).

También deberá cuidar, durante las primeras semanas, de que su cuerpo no se encuentre en una especie de «vacío»: los bebés, aún al ir creciendo, suelen necesitar que la cabeza, y a veces la espalda, se apoye contra algo, sin duda para sentirse «sostenidos», para registrar que hay una «envoltura». Una vez más, observe al suyo y comprenderá lo que le gusta.

¿De espaldas o boca abajo?
Acuéstelo de espaldas, o ligeramente de costado, evitando a cualquier precio la posición ventral (aunque haya sido preconizada durante mucho tiempo por numerosos médicos). Desde hace varios años, se vienen realizando estudios en diferentes países que han demostrado que hacer dormir siempre a los lactantes en posición dorsal disminuía de manera significativa los accidentes durante el sueño. En Francia, bajo la dirección del Ministerio de Salud, se ha emprendido una gran campaña que recomienda acostar siempre a los lactantes de espaldas y cuidar que no tengan mucho calor mientras duermen.

La cuna será un lugar tranquilo. Por eso, hay que evitar poner juguetes, sobre todo si incitan al movimiento y al ruido (como veremos más adelante). Por supuesto, los niños tienen ritmos de sueño muy diferentes unos de otros. Necesitan períodos de reposo más o menos prolongados y, si están bien, su cuerpo disfruta del descanso y de la tranquilidad. Hemos descrito la capacidad de una criatura durante el juego para alternar, por sí misma, momentos de acción y momentos de reposo. Pero en ciertos períodos –de gran actividad, de deseos de mostrarse como el/la más fuerte, de inquietud–, un niño pequeño puede negarse a ir a la cama o a dormirse. La firmeza benevolente y la confianza que se le brinda, ayudarán a «soltar la presa», y prolongarán tanto las siestas como el sueño nocturno.

Si los problemas persisten, quizás se encuentren entre las situaciones que abordaremos más adelante a propósito del llanto (véanse págs. 136 y ss.) o de diversas dificultades (véanse págs. 181 y ss.).

Podemos considerar las alteraciones del sueño desde la perspectiva de su beneficio: ellas representan un buen indicador de pequeñas o de grandes dificultades que el niño experimenta o que él percibe en usted o en la relación entre ambos.

Evidentemente, es una lástima que existan, uno podría vivir perfectamente sin ellas. Pero ya que están, hay que tratar de mejorarlas o resolverlas enseguida: es tiempo, energía y placer ganados para todos.

Las comidas

Comer, introducir algo sabroso y tibio en el cuerpo parece ser de capital importancia para los bebés (aquellos que, en algunos momentos, tienen dificultades al respecto, sin duda experimentan alguna molestia. Volveremos sobre esto). Se trata de una nueva ocasión para contactos corporales y maravillosos momentos de intercambio.

PREPARAR EL MOMENTO DE LA COMIDA

Cuando lo busque para comer, hágalo con el mismo cuidado que cuando lo alza para el aseo, colóquese frente a él explicándole qué sucederá y, si aún es muy pequeño, sosténgale bien la cabeza manteniéndolo horizontalmente. Ya puede igualmente ponerle su babero: Audrey, de un mes, se agita cuando su mamá se lo muestra y se lo coloca; ¿lo habrá reconocido como una señal de la comida que se acerca?

Si le está dando el pecho, observe su postura y pregúntese si lo ve cómodo: si no estará un poco sofocado con la nariz demasiado pegada al pezón, con dificultad para respirar... Mire si su cabeza está bien sostenida, si los brazos y manos están libres (a los bebés no les gusta tener los brazos bloqueados bajo el babero o bajo el cuerpo), si el cuerpo está extendido y relajado. Cuando beba del biberón, tenga cuidado de retirarlo cada tanto para permitirle respirar mejor.

Instálese de modo tal que **ambos estén en una posición cómoda**: un buen asiento con respaldo, a una altura que le permita tener las piernas ni demasiado altas ni demasiado bajas (con un taburete para apoyar los pies o, en todo caso, un asiento más bajo); que ninguno de los dos tenga ropa muy delicada y que esté bien protegida (el temor de ensuciar ese vestido limpio que a una le gusta tanto, realmente arruina el placer); por otra parte, tenga a mano un trapo o una esponja que le permita hacer frente a los pequeños accidentes sin tener que levantarse, y que el microondas o el calienta-biberones estén cerca. De la misma manera que para el aseo, realice el inventario de lo que necesita antes de empezar.

¡Prepárese para un buen momento!

UN ALIMENTO AFECTIVO Y PSÍQUICO

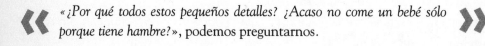

«¿Por qué todos estos pequeños detalles? ¿Acaso no come un bebé sólo porque tiene hambre?», podemos preguntarnos.

Contrariamente a lo que todavía se piensa con demasiada frecuencia, la comida de un bebé muy pequeño no es únicamente el momento en el que absorbe un alimento material.

Calma y regularidad de las comidas

Este bebé bien «sostenido» en una relación tan próxima con usted, confiado, relajado, va a encontrarse **igualmente alimentado en todo su ser afectivo y psíquico**: cuatro o cinco veces por día tiene la posibilidad de experimentar un bienestar casi total. Se encuentra con sus primeras percepciones de la vida y, si sus primeros descubrimientos están ahí, tiene grandes posibilidades de ser más tranquilo, más sosegado y de guardar en lo profundo de sí una especie de confianza en la vida, de idea positiva de su cuerpo, de sí mismo y del entorno.

A menudo nos quejamos de la gran cantidad de niños «nerviosos, agitados, inestables». Las causas son múltiples y diferentes para cada criatura. Pero debemos comprender que un bebé puede ser conducido por ese camino si se lo interrumpe mientras come, si los vecinos vienen a charlar, si uno se está moviendo constantemente o lo hace de manera brusca porque la posición es incómoda; si se levanta de golpe porque el bebé acaba de regurgitar sobre la camisa limpia. Se trata de permanentes sacudidas, de un malestar reforzado por el hecho de que no es siempre la misma persona la que le da el biberón y, por lo tanto, no tiene el mismo ritmo, la misma manera de sostenerlo, de resolver los pequeños problemas...

Verá más adelante cómo los profesionales han reflexionado sobre este «problema» y han encontrado soluciones, en particular en las guarderías y jardines de infancia.

En el Instituto E. Pikler no se puede molestar a una cuidadora, salvo por una urgencia, obviamente, ni hablarle mientras le está dando de comer a un bebé menor de 12 o 15 meses.

Incluso en situaciones de incomodidad, un niño pequeño puede beber y comer cantidades considerables y satisfacer a los adultos. Pero a él se lo priva de otra cosa, que es una experiencia en paz, con un profundo bienestar, una ocasión de «reconstitución» interna, de ejercer su capacidad para conocerse, para comprender e incluso para prever lo que le sucederá, todo lo cual contribuye a hacerlo sentir interiormente tranquilo y un poco más firme.

La comida: continuidad del lazo afectivo

 Todavía oímos decir con demasiada frecuencia: *«Cualquiera puede darle el biberón... hay que permitirle al bebé que muy tempranamente se familiarice con diferentes personas».*

Nunca nada es absoluto ni rígido, pero las observaciones demuestran que los niños muy pequeños **necesitan continuidad**, elementos semejantes para poder hacerse una composición de lugar, y comenzar muy pronto con los aprendizajes no es garantía de éxito, sino todo lo contrario.

Hasta los 3 o 4 meses, trate de darle de comer siempre usted misma/o. Después, cuando usted no lo pueda hacer, que sea, en todo lo posible, la misma persona, aunque el bebé no proteste, pues, en efecto, puede habituarse a permanentes cambios, aceptarlos, pero nadie se da cuenta de lo que le está faltando...

Si usted desea que su bebé sea tranquilo y, al mismo tiempo, activo piense en lo que significa la comida para él: es la recuperación de sus recursos repetida una y otra vez. Usted puede entender que si ésta transcurre en paz, en calma, con una constancia que le permita orientarse en el desarrollo de los hechos, su bebé obtendrá de ello una experiencia muy especial.

Si usted tiene mellizos, es importante que cada uno disponga de su momento de relación plena. Intente entonces permanecer sólo con uno a la vez, todo/a para él, esforzándose por responderle al otro sólo discretamente, aunque éste se manifieste con vehemencia, pero explicándole que ya llegará su turno. Cuando se le explica a cada uno de manera regular y clara, los niños se habitúan en general bastante bien, como si cada uno sintiera que, en realidad, en su momento recibirá lo que le corresponde. (Se da cuenta entonces de que sería una lástima darles de comer a los dos juntos, alternando una cucharada a cada uno.)

Si me permite darle un consejo para el futuro de su bebé, no escatime la calidad del ambiente en el que le da de comer cuando todavía es muy pequeño, trate de ser usted, su madre –o su padre, como continuidad de usted– quien le ofrezca la comida lo más a menudo posible.

Una vez más, si para esto necesita ayuda, solicite que alguien prepare la comida, pero désela usted misma/o.

> *«Pero cuando una madre está tensa, ansiosa, torpe, ¿no es mejor que sea otro, de vez en cuando, quien le dé de comer, aliviando así al bebé de la angustia de su madre?»*

Puede ser... pues lo importante es **la experiencia de seguridad** y de bienestar: quizás, en efecto, se le pueda solicitar ayuda a otra persona. En ese caso, que esta/s persona/s se refiera/n siempre a la mamá: *«Tu mamá es la que me pide que te dé de comer porque piensa que así vas a estar mejor».*

O sea que no debe haber ambigüedad: su madre es la fuente de su bienestar, aunque éste le llegue a través de otra persona. El contacto entre ellos no se rompe, el otro sólo es un intermediario. La madre también puede estar presente, preparar la comida con la otra persona; así él las ve a ambas. Lo importante es que, regularmente, esa comida le sea ofrecida en un clima de calma y bienestar.

¿Les parezco tal vez demasiado estricta? «Cuando hay muchas personas, y quizás amigos, a algunos de ellos les encanta darle de comer al bebé. Es un momento simpático y él participa de este modo en la vida de todos...»

Sí... pero observe al bebé, a su bebé: ¿cómo está? ¿está relajado? ¿cuáles son sus gestos? ¿cómo es la mirada? ¿y su entusiasmo para comer?... ¿está contento? Lo/la está mirando a usted mientras aprovecha al otro que lo alimenta, ¡y tanto mejor!

También con frecuencia –si usted se permite mirarlo sin prejuicios– verá que él no sabe cómo ponerse, se retuerce un poco, se desliza, su rostro no tiene la misma expresión que cuando es usted quien le da de comer... siente malestar y una especie de perplejidad.

Piense siempre que él es una persona completa y que, antes de un cambio, tiene que prevenirlo y **tenerlo en cuenta** como le gustaría que hicieran con usted. No es un juguete, un objeto para gratificar a los adultos.

Dicho esto, y pensándolo bien, ¿por qué no permitirle cada tanto experiencias diferentes, incluso un poco desagradables? A usted le corresponde evaluarlo...

Pero si el bebé es muy pequeño, usted percibirá sin duda que es mejor evitar la experiencia.

¿Y si es mayor? ¿Es una buena ocasión para que descubra que otro puede ocuparse de él con amabilidad o acaso se le impone este relativo malestar para darle el placer a un adulto? ¿Le estamos quitando, o no, un precioso momento de «recarga» para él?

Sí, usted es quien debe tomar la decisión... Cada bebé es diferente de los demás, cada familia también. Pero tome siempre las mismas precauciones: «Hoy no te voy a dar yo la papilla, te la dará Carolina. Mira, le estoy diciendo cómo te gusta acomodarte... Yo me quedo aquí».

En algunos bebés, el apetito fluctúa mucho según el bienestar o malestar que sientan.

No creo conocer a ninguna madre que soporte fácilmente el hecho de que su bebé coma mal. La espiral puede entonces instalarse con rapidez: el rechazo del bebé aumenta la tensión de la madre que aumenta, a su vez, el malestar del bebé. Dejarle a otro el cuidado de darle a veces de comer puede ser sensato siempre y cuando se tomen las precauciones que comentamos.

Yo no les doy recetas sino, por el contrario, intento recordarles una información basada en gran cantidad de observaciones: cuanta mayor seguridad, bienestar y regularidad experimente un lactante, mayores posibilidades tendrá de mantenerse tranquilo y abierto al mundo, a la vida... y, por lo tanto, de tener buen apetito.

Voy a mencionar aquí un punto que retomaremos más adelante: la relación de una madre con su bebé puede ser tan intensa que a veces resulte difícil de sobrellevar para alguna de vosotras que se siente sola y aislada en esa tarea y, por lo tanto, también al bebé le resulta difícil. Estar sola con su hijo durante todo el día porque el padre no regresa hasta la noche, o no regresa en absoluto en el caso de la madre que lo cría sola, puede resultar penoso, sobre todo, obviamente, si el bebé manifiesta un malestar o cualquier tipo de oposición. Si éste es su caso, sin duda no sucede porque usted sea demasiado frágil o ansiosa: es indispensable tener otras relaciones en casa o fuera para evitar sentirse siempre en soledad frente al niño.

Para expresar todo el dinamismo del que estamos hablando, el pequeño necesita «espacio»; tómese usted el suyo propio, sitúese también un poco a distancia. Que él no sea «el único objeto» de su... interés. Piense entonces en salir por usted misma, ¡su bebé comerá –y dormirá– mejor!

LA PARTICIPACIÓN ACTIVA DEL BEBÉ

Usted se va dando cuenta de que puede seguir las iniciativas del bebé en mayor medida que lo propuesto en los manuales.

Iniciativas del bebé durante la comida

Observe el momento en que comienza a tocar y luego a sostener su biberón, después el vaso, el trozo de pan o de pastelillo, la cuchara.

Muéstrele siempre el biberón, antes de dárselo: espere, si es posible, que abra la boca antes de introducir la tetina. Si él quiere tocar el biberón, no se lo impida. A algunos bebés, ya muy tempranamente, les complace ponerse y sacarse el biberón de la boca, mucho antes de poder sostenerlo solos. Déjelo hacer.

Esta voluntad de dominio probablemente pertenece a su carácter y no tiene nada de peligroso, ¡al contrario! Usted puede confiar desde ahora en lo que le muestra ya de su capacidad. Sus iniciativas son un lenguaje que usted puede comprender y al que puede responder como lo hace con cualquier persona que le habla... No se apresure demasiado: propóngale el vaso o la cuchara y observe qué hace en lugar de preguntarse: «*¿A qué edad debe beber del vaso o comer con la cuchara?*».

Cuando usted vea nacer una posibilidad, déjela desarrollarse adaptando lo necesario. Cada uno tiene un ritmo que le es propio, rápido en un área, más lento o menos activo en otra (estoy pensando en un bebé muy desarrollado en el plano motor que comía sin ensuciarse pero que no bebió solo del vaso hasta los 14 o 15 meses).

Confíe en su hijo tal cual es: descubrirá que su dinamismo interno le permitirá atravesar todas las etapas de su crecimiento de la mejor manera posible (verá muchas otras ilustraciones al respecto en el próximo capítulo). No vale la pena empujarlo: él seguirá manifestando sin cesar nuevas posibilidades.

Las cuidadoras del Instituto E. Pikler sostienen el biberón por su extremo inferior para que el bebé tenga todo el espacio para poner las manos. Biberones y vasos son siempre transparentes para permitir que el bebé vea el contenido.

El bebé sabe si tiene hambre

Déjese guiar por el apetito del bebé: las observaciones han demostrado que un bebé por sí mismo puede regular la cantidad de leche y de alimento que necesita.

> *Estábamos preocupados –cuenta una madre– porque nuestro hijo de 5 meses estaba algo gordo; una amiga puericultora de gran experiencia me dio entonces este sorprendente consejo: «Déjale tomar todo lo que le apetezca aunque sea el doble; después se regulará solo».*
>
> *Luego de reflexionar, le dejé tomar dos biberones seguidos, eso me preocupó mucho y a mi marido aún más: «se volverá obeso...». Durante siete u ocho días prácticamente duplicó la cantidad. Después, para nuestro gran alivio, sin dejar de ser muy «goloso» y, a veces, hasta voraz, fue disminuyendo **por sí mismo**, poco a poco, las cantidades ingeridas. De todos modos, habían sido necesarias algunas llamadas telefónicas a nuestra amiga puericultura para mantenernos firmes. Seis meses más tarde, no comía más que otros niños de su edad. A los 7 años, sigue siendo un niño al que le place comer pero se controla solo, tiene más apetito en algunas comidas que en otras y es capaz de re-*

chazar postres que, sin embargo, le encantan. Es un muchachito delgado y esbelto al que ya no le quedan rastros de las redondeces del bebé.

«Desde que dejamos que los niños decidan por sí mismos sobre la cantidad de su alimento, no hemos tenido más obesos ni anoréxicos en nuestras guarderías», dicen las puericultoras que, desde hace largos años han adoptado esta actitud.

A la inversa, deje de alimentarlo cuando él le hace comprender que no quiere más. **Está utilizando un lenguaje,** usted lo comprende y lo tiene en cuenta; cuanto más lo comprenda sin duda más le «hablará» él... (médicos, abuelas o amigas le dirán cosas diferentes..., trate de formarse su propia opinión y de seguirla).

El médico le indicará una norma promedio, pero usted puede entonces «lanzarse», como aquella mamá que confió en su bebé. Déjele tomar lo que le conviene, deténgase cuando él no quiera más. Tendrá probablemente la misma experiencia que ella (no estoy hablando de horarios, sino de cantidad de alimento).

Este descubrimiento es importante no sólo por lo que respecta al peso del niño, sino también por su profundo impacto: «Al *vivir esto* –dijo la madre–, *di un gran paso en la confianza que podía tener en las posibilidades de mi bebé. Creo que toda mi concepción sobre el niño cambió un poco desde entonces. Fue una asombrosa y muy útil toma de conciencia».*

El bebé se vive a sí mismo como un ser *activo:* el hecho de que se acepten sus iniciativas contribuye a que pueda formarse una imagen de sí positiva. Aprende a escuchar su cuerpo, sus necesidades y a seguirlas; sin duda, esto significará una gran ventaja para el futuro.

A la inversa, algunos **trastornos del apetito en los bebés** pueden representar una protesta de su dinamismo que no logra manifestarse de otro modo.

Estoy viendo a María, de 8 meses, en el hospital, internada por anorexia[6] desde hace ocho días. Todos los estudios resultaron negativos. La observo durante una comida con su madre: ésta le ofrece un yogur con cuchara mientras le sujeta firmemente los brazos «para que no los meta en todos lados». El bebé rechaza el alimento apartando la cabeza con obstinación. Hablamos entre nosotras. Mientras nos vamos aflojando le propongo observar qué hace María si se dejan libres sus movimientos… De inmediato María toma el vaso de yogur y bebe golosamente.

El trabajo que realicé con esta mamá fue simplemente mostrarle que tenía una chiquita precoz, muy hábil y que reivindicaba su autonomía. Y además que no corría ningún riesgo dejándola utilizar sus competencias. María dejó el hospital y entre quince días y tres semanas después el apetito volvió a ser normal (consulta de psicología en un servicio de pediatría).

6. Rechazo del alimento; el bebé aumenta de peso poco o nada.

No todas las anorexias se resuelven con tanta facilidad, pero este ejemplo ilustra la protesta de un niño vivaz a quien no se le brinda suficientemente la posibilidad de manifestarse en actos que están a su alcance.

El deseo de jugar con la comida

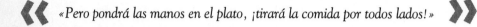

«Pero pondrá las manos en el plato, ¡tirará la comida por todos lados!»

Hablaremos de esto más adelante.

No se preocupe, la **maduración neurológica y motriz** sucede independientemente de usted y lo que hoy no es posible lo será dentro de una semana o dentro de un mes... *Con seguridad ¡logrará comer sin ensuciarse!* ¿Qué importancia tiene que sea a los 12 o a los 18 meses si no es por el amor propio de los padres? Éste no tiene demasiado que ver con el ritmo de la criatura.

Entonces, una vez más, téngale confianza, no le pida que logre aquello de lo que aún no es capaz: ¡sufrirá usted y lo hará sufrir también a él! Si le exige demasiado, él corre el riesgo de hacerse a la idea de «no ser gratificante para sus padres y que no se halla a la altura de sus expectativas».

Cuando comienza a querer servirse de la cuchara, el niño «tranquilo» puede tener una que emplee a su ritmo y usted usar otra, más «eficaz».

El niño «inquieto», o todavía poco hábil, también puede sostener una cuchara, pero el adulto sostendrá el plato y el niño sólo la hundirá allí cuando la mamá crea que es capaz de llevarse algo a la boca. Puede darle también un trozo de pan o de queso para tener en la mano y que pueda llevarse a la boca cuando lo desee. Así, el bebé podrá disponer de una cierta autonomía dentro de límites aceptables. A menudo se puede limitar el estropicio utilizando un material bien adaptado: por ejemplo un plato con cereales más alto y menos ancho que un plato sopero y más estable que un bol corre menos riesgos de que se lo vuelque.

Pero, frente a idénticas actitudes de los padres, dos niños no responden de la misma manera. A veces es conveniente retirar los objetos del entorno de un niño muy impulsivo; así se pueden limitar las ocasiones de conflicto y esperar para proporcionarle instrumentos suplementarios a que llegue el momento en que prácticamente pueda manipularlos con éxito. El bebé tiene deseos de crecer y de actuar como lo ve hacer; no se preocupe, no se enoje y no se forme ideas negativas sobre él.

Cuando el chiquillo se mantiene bien sentado solo en la silla, se lo puede colocar para las comidas frente a una mesa baja con sus pies tocando el suelo de manera que pueda sentarse y levantarse solo.

En la mayoría de los niños las experimentaciones peligrosas duran poco, si se les explica con claridad que ése no es el modo de proceder. Cuando comienzan a querer «chapotear» en el plato, resulta bastante fácil decirles: *«No, ¡eso no se hace!»*, y mantener el plato alejado.

Por el contrario, pueden sostener el vaso o el pastel y comer trozos con las manos. Los gestos se van ajustando y se vuelven menos torpes. Los niños, en general, van deshabituándose poco a poco a meter los dedos en la papilla. Y si no, fuera del tiempo de la comida, vea la posibilidad de permitirle al suyo que juegue con agua, en la bañera o en una gran palangana, que juegue a «chapotear» con arena, con arroz, si no lo lleva demasiado a la boca (en ese caso, en general, después de dos o tres experiencias, le desagradará el gusto y no tendrá muchos deseos de recomenzar...).

Algunos adultos piensan que meter las manos en el plato es una manera de conocer la comida.

«Pensé que mi hijito debería tener necesidad de tocar la papilla, el queso blanco, el yogur, pero para conocer tocando, no espurreando», cuenta una mamá. Así, la primera vez que quiso, pudo meter el dedo en la papilla con tranquilidad y observar el efecto producido. «Bueno, ahora ya sabes lo que es; la papilla se come con la cuchara y no con las manos.»

Después de una o dos experiencias similares y de recordárselo con dulzura y firmeza: «Ahora ya lo conoces», el asunto quedó concluido. «Quizá tuve suerte... pero no tuve que ponerme una máscara ni lavar el suelo después de cada comida.» ¿Suerte? Sin duda... esta mamá tuvo después un segundo niño que no tenía el mismo carácter y que comió durante mucho tiempo con las manos: «Podría alimentar a tres pollos con lo que cae debajo de tu silla», le decía ella, esforzándose por reírse, y luego comenzando a regañarlo, exasperada.

Los niños se apropian de manera diferente de todo aquello que se les propone.. Esto quiere decir que ¡siempre puede ser bueno intentarlo! Pero, cuando usted haya decidido algo, esfuércese en mantenerlo: él está formando así su primera representación mental de la noción de autoridad.

Abordaremos este aspecto con más detenimiento en el capítulo sobre el **aprendizaje de las reglas sociales**: pero, a modo de avance, es preciso adelantar que numerosas conductas que provocan nuestra exasperación desaparecen sin que nos demos cuenta realmente (arrojar la cuchara al suelo, «chapotear» en la comida, llenarse demasiado la boca y, más tarde, inundar el baño al bañarse). Un buen día, uno se dice: *«Mira, ya no tengo que luchar más contra esto».* Y sí, ¡la etapa está superada!

No se jacte demasiado: ¡su hijo tiene deseos de crecer! Puede confiar en él: no (siempre) es usted la causa de sus progresos. Acompañe entonces a su propio hijo, permítale realizar aquello que va pudiendo hacer y no lo compare con otras criaturas, salvo que se trate de observar con interés las características de cada uno. Si usted está muy apresurado/a para que su niño progrese, ¡pregúntese por qué!

Los niños se sienten muy dependientes del deseo de sus padres. Lo verá cada vez más a medida que crezcan; como las situaciones de los niños pequeños son más fáciles de resolver, puede ser alentador darse cuenta pronto...

Cuando las exigencias les pesan mucho, los niños sienten que no logran satisfacer a sus padres y experimentan una disminución de la confianza en sí mismos. En esos casos se observa:

- o bien un esfuerzo por adaptarse a los deseos parentales (provocando una tendencia a la sumisión);
- o bien una oposición para «afirmarse» frente a ese deseo (con los riesgos de provocar lentitud en el desarrollo, al menos en esta área particular o, por el contrario, muy a menudo, comportamientos de oposición en todos los terrenos);
- o bien cierta desdicha: a algunos niños, el no sentirse capaces de poder satisfacer a sus padres les provoca mucha tristeza. Una joven recuerda cuán enormemente pesado le parecía el tenedor cuando era pequeña y cuánto se reprochaba a sí misma cada vez que lo dejaba caer.

Se ve entonces que uno mismo puede colocar a su hijo en situación de dependencia o de autocuestionamiento cuando, en realidad, si se le permitiera actuar a su ritmo, lograría lo exigido, un poco más tarde, pero de manera armoniosa.

> Ya que, finalmente, *su hijo beberá solo del vaso, comerá solo con la cuchara y después con el tenedor y sin ensuciarse*, entonces, ¿para qué ganar un mes? Si usted lo presiona, pregúntese seriamente qué le incita a hacerlo.

Si bien algunos padres no permiten que sus hijos revelen sus posibilidades, otros, por el contrario, se muestran siempre insatisfechos y encuentran que los progresos son demasiado lentos. Se trata, a veces, de los mismos padres que lentifican algunas áreas y son exigentes respecto de otras.

Y si usted es partidario de educarlo «como es debido», sepa que también hay mucho placer y se aseguran cartas de triunfo para el futuro al escuchar a su hijo y compartir el placer con él.

COMPOSICIÓN DE LAS COMIDAS

¿Un niño debe comer de todo?

Eterna pregunta. Desde el punto de vista que hemos adoptado, siempre es útil apoyar a un niño en sus descubrimientos. Incitarlo a **probar nuevos alimentos** parece orientarnos en este sentido.

Insistir un poco cuando es reticente y ya es mayor, ¿por qué no? Pero si insistimos, tengamos bien presente que es duro para él y procedamos de modo tal que capte nuestra afabilidad.

¿Es realmente útil querer que un niño coma de todo? Los gustos cambian. Aquello que una criatura nos reclamaba todos los días puede ser rechazado al año siguiente o viceversa.

Piense siempre que su hijo es curioso por naturaleza y que un día querrá probar: ¿quizás en ese momento le parecerá rico?, ¡sobre todo si es en casa de un amigo y no en la propia!

Recuerdo el grito de victoria de mi hijito de 4 años: «Mamá, ¡ahora me gusta la ensalada!». No se preocupe: llegará el día en que él lo pedirá cuando no sienta que probar o degustar cosas nuevas es resultado de una publicidad de su parte.

Pequeña reflexión sobre un tic de lenguaje

Quién de nosotros no le ha dicho a un niño que está comiendo un plato de verduras: «Mmm, ¡qué bueno!», con una convicción ejemplar.

Reflexionando, parece un poco ridículo, ¡sobre todo dirigido a un niño que no se lanza sobre esas verduras! Es él quien está comiendo. Sólo él puede saber si le parecen sabrosas o no.

Es así como, sin darnos cuenta, tratamos de convencerlo de algo sin considerar el hecho de que «él es quien siente».

Podríamos decir mejor: «¡Parece sabroso este puré!», o también «¿Es sabroso el puré?». «¿Lo encuentras bueno?» es una verdadera pregunta que asume el riesgo de una respuesta negativa.

A él, ¿le apetece? ¿O le va a apetecer?

Plantear la pregunta sin un *a priori* sobre la respuesta es considerarlo y mostrarle concretamente que lo vemos como a una persona íntegra; es darle a entender aún más la idea de que es una persona autónoma con gustos y deseos que pueden ser diferentes de los nuestros, que tiene derecho a ello, que incluso eso es reconocido como algo interesante, hasta como una parte de su riqueza personal.

Que las verduras no estén muy sabrosas no quiere decir que no las coma; a veces nos vemos obligados a comer lo que no nos gusta. Pero, al menos, habrá podido decirlo (no hacer «como si...»). La verdad es que comió algo que no le apetecía. Ya hablaremos del reconocimiento de los sentimientos y las emociones...

Me he dado cuenta también de que esta actitud implicaba un riesgo, pues no me gustaba que me dijeran que lo que yo había preparado no era sabroso..., ¡sobre todo cuando podía ser cierto!

No está prohibido intentar algunos ajustes en función de su paladar: endulzar, salar, agregar un poco de salsa de tomate (sin que esto se convierta en un juego en el que el niño tiraniza a la mamá). Como los gustos cambian, no existe un verdadero peligro de habituación...

Si al niño (que entra al mundo de los adultos y no a la inversa) no le gusta lo que usted le ha preparado, no entre en el juego que consiste en intentar sucesivamente todo lo que él le pide: le permitiría ejercer sobre usted un poder excesivo...

Al ir creciendo podrá aprender también a comer un poquito de lo que no le gusta: cada familia encuentra sus actitudes. Tal vez estos pocos elementos de reflexión ayudarán. Pero parece indispensable que el niño tenga el derecho de decir: «¡Esto no me gusta!». Después de lo cual, se le puede reconocer el esfuerzo y evitar dárselo demasiado a menudo.

LOS HORARIOS

¿Hay que imponerle horarios de comida al niño?

En esto también **el entorno y la educación recibida** por nuestros padres son de gran importancia. Sin embargo, no es necesario explayarse largamente para darse cuenta de la contradicción existente entre confiar en el niño con respecto a la cantidad de comida y no **confiar en cuanto al ritmo** con el que incorporará esa comida, *cuando aún es muy pequeño*. Todos los que conviven con lactantes le dirán que, si al principio se les brinda libertad respecto al horario, ellos van regularizándolo poco a poco. Por lo tanto, es preferible alimentar a un bebé a demanda.

Pero si la edad importa, **la organización de la vida también**. A medida que un niño va creciendo: 3, 5, luego 8 meses, va integrándose cada vez más a la vida social. Su madre está un poco menos «totalmente disponible para él». Para que el bebé vaya adquiriendo poco a poco su vida autónoma, es necesario que ella comience a tener, por su parte, una vida autónoma.

Parece entonces lógico, hacia los 4 o 5 meses (o antes, usted deberá verlo...) considerar los horarios que el bebé elige más seguido y lo que le conviene a usted. Más tarde, *usted decidirá* los horarios que fijará. Y luego, cuando se halle demasiado ensimismado en su juego o continúe dormitando en su cuna, usted le propondrá comer, sin esperar a que él se lo pida.

Entre la rigidez que consiste en pautar al bebé «porque es la hora» y la total libre elección en la cual nada puede organizarse durante la jornada porque no se sabe a qué hora se va a despertar y comer, seguramente queda espacio para una tercera posibilidad, con horarios previstos, con un cierto margen, pero previstos al fin.

Cuando al pequeño se le deja una libertad total durante demasiado tiempo, la madre se siente «el objeto» de ese bebé, incapaz de hacer proyectos. Su exasperación y la continuidad del sentimiento de omnipotencia del bebé –que, efectivamente, hace con ella lo que él quiere– son igualmente peligrosos.

Entre la escucha total de las primeras semanas y la vida organizada, hay un período «bisagra» que no es fácil de acomodar porque uno se pregunta qué es lo mejor para uno, para el bebé, qué es lo que hay que privilegiar, etc.: «¿Hago ruido para que se despierte o lo dejo dormir el mayor tiempo posible?». Ése es uno de los momentos en que una mirada externa es muy útil, no la mirada del que «aconseja», dispuesto a hacerle sentir que él sabe y usted todavía no, sino la mirada que permite tomar distancia, hablar del bebé, de sus horarios, de su sueño, de sus juegos... y de lo que usted, por su parte, tiene deseos de hacer, de lo que siente, de las preguntas que se plantea.

De esta manera usted puede descargarse un poco de todas las emociones del momento (el deseo de hacer todo bien, el cansancio, el fastidio de sentirse «atada»...) y, a continuación, decidir con más conocimiento de causa, con un poco de perspectiva.

Prestar atención a los mensajes del bebé

Mientras le proporciona todos los cuidados a su bebé, lo importante es, entonces, la relación ,que vive con una personita que ya se manifiesta con toda claridad: su hijo se volverá más vivaz y expresivo cuanto más lo escuche y tenga más en cuenta lo que él le «dice».

Usted debe escucharlo con un doble objetivo:

- que se sienta bien: en el bebé no se trata aún de aprendizaje, está totalmente centrado en el descubrimiento de lo que es la vida, su cuerpo, el exterior (que todavía distingue apenas de sí mismo); está constituyendo las bases de la imagen que se hará de sí y de la vida;
- que sus iniciativas sean tomadas en cuenta de modo tal que, por una parte, se le responda de la manera más ajustada posible a sus necesidades y que, por otra, se vaya haciendo a **la idea de que sus manifestaciones personales son importantes**. Va a «aprender» que aquello que emana de él es interesante y reconocido como tal.

Esto no le impedirá descubrir que está creciendo también en medio de personas que vivían antes que él y que siguen viviendo ahora independientemente de él. No es el centro del mundo por quien todo va a hallarse absolutamente trastocado.

Los bebés son más o menos cooperantes y están más o menos dotados para ello. Si usted logra hacer algo de lo que hemos descrito, es probable que él pueda desarrollar muchas de sus capacidades. Usted le está dejando el máximo espacio para reaccionar, para manifestar lo que siente y, por lo tanto, para ser más enérgico. Podemos pensar que las «torpezas» de los adultos no le impedirán manifestarse y, en consecuencia, no lo van a aislar. Quizá le toca a usted escucharlo con simplicidad para poder mejorar su propio modo de actuar.

Es reconfortante pensar que, desde el nacimiento, un bebé tiene capacidad de respuesta si uno está dispuesto a oírlo. Participa *activamente* en su crecimiento, lo que significa que no todo depende de nosotros, los padres: él tiene su parte. Somos dos o tres en su educación: nosotros y él.

> «La satisfacción de las necesidades naturales, primarias, aporta al niño una seguridad, una confianza y una alegría de vivir fundamentales que, reunidas, constituirán la base de una capacidad para establecer relaciones positivas.»
>
> J. K. Stettbacher[7]

Dejémosle entonces su parte y sintámonos con ello un tanto aliviados.

7. *Pourquoi la souffrance. La rencontre salvatrice avec sa propre histoire*, prefacio de Alicia Miller, Aubier, 1991.

Capítulo 3

~~~~

Mientras el bebé está despierto,
o la libertad de movimiento y de actividades

La plena explotación de la actividad espontánea y libre permite conocer mejor las sorprendentes capacidades del bebé de actuar por sí mismo, su placer de hacerlo, el interés que pone en ello, el ardor que despliega para llegar a su meta y obtener su dominio.

Anna Tardos y Myriam David, «Un travail à l'Institut E. Pikler», revista *Devenir*, 1991

La capacidad de estar solo constituye uno de los signos más importantes de la madurez del desarrollo afectivo.

D. W. Winnicott, *Escritos de pediatría y psicoanálisis*, Laia, 1979

Acabamos de hablar de todo aquello que su bebé puede recibir de usted durante los cuidados y las comidas. Veremos ahora lo que puede vivir por sí mismo cuando está despierto y bien «instalado», conservando en su interior algo de todo el amor y la atención que usted le ha brindado.

«Se las arregla solo»

Sí, se trata de un sorprendente descubrimiento: «Se las arregla solo», mucho antes de poder decirlo...

Ahora se sabe que no hace falta enseñarle a sentarse, a ponerse de pie, a caminar para que un pequeño lo logre. Si vive en un clima de seguridad afectiva, alberga en él un dinamismo tal que puede realizar por sí mismo todas estas primeras grandes adquisiciones –sin que el adulto tenga que intervenir para mostrárselas– con bienestar, plenitud y, a veces, hasta con regocijo.

Qué podemos observar

Estas observaciones me llenaron primero de admiración y me deslumbraron; luego alimentaron toda mi experiencia familiar y profesional. Concretamente, esto es lo que vemos:

DE ESPALDAS, TODOS LOS BEBÉS SON ACTIVOS

Un lactante de 3 o 4 meses acostado de espaldas mientras está despierto y, si es posible, fuera de la cuna, pasa mucho tiempo descubriendo sus manos, sus dedos, luego la variedad y sutileza de los movimientos posibles. Se interesa espontáneamente por los objetos que están a su alrededor. Algo más tarde, dirigirá las manos hacia ellos, tratará de tocarlos, luego, de asirlos. Nos damos cuenta de que **un bebé colocado boca arriba dispone libremente de toda su energía,** su cuerpo está relajado, la columna vertebral bien derecha, la cabeza puede girar sin esfuerzo a derecha e izquierda.

En estas condiciones, *todos* los bebés son activos y las actividades se van enriqueciendo por sí mismas con el paso de los días. Cuando los adultos (cuya necesaria calidad de atención y amor hemos visto) no los incitan a hacer tal o cual cosa, no tratan de enseñarles lo que fuere y no los ayudan prácticamente nunca, se registra un hecho asombroso: **los bebés se ven impulsados por una fuerza interior, un deseo de experimentación de su cuerpo y de los objetos que los rodean.** Se observa una progresión permanente y el pasaje por una sucesión de etapas comunes a todos los niños.

El espejo está colocado allí para mostrar la intensidad del esfuerzo del niño. Vea el estiramiento de la diagonal: pierna derecha, brazo, mano, dedo izquierdos.

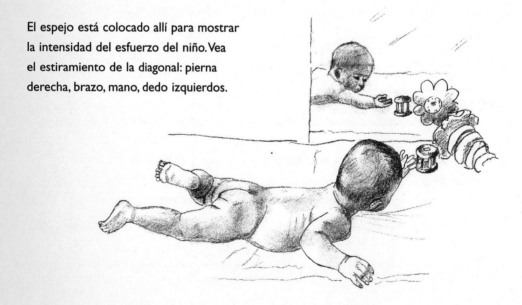

Los pies son tan activos como las manos.

Esta nenita jugará largo tiempo golpeando el barco contra la palangana, luego escuchando el ruido cuando la haya dejado caer adentro, asombrada, atenta. De inmediato, muy intrigada por el silencio cuando un movimiento brusco haya forzado a salir al juguete, ella intentará muchas veces reproducirlo. Concentrada en su actividad, no apela a su mamá, quien, sin embargo, la está mirando muy cerca.

Qué maravilla, pero, también, cuánta discreción necesaria, frente a Tomás, de 8 meses, que comienza a darse vuelta de boca arriba a boca abajo. Extiende la mano hacia la jirafa rodeada de aros que le encanta, y que se encuentra a unos centímetros de la punta de sus dedos. Se estira al máximo, lanza grititos guturales; la jirafa sigue demasiado lejos. Con la punta de los dedos, parece rozarla pero no la puede alcanzar. Impulsándose desde la cadera gira sobre la espalda; la jirafa queda del otro lado; la busca con la mirada, la «encuentra», extiende la otra mano… sigue estando demasiado lejos.

La mirada es intensa. Todo el cuerpo está implicado. Prosigue con sus esfuerzos pero no tiene éxito. Permanece inmóvil durante unos segundos, se chupa el pie y luego vuelve a ponerse boca abajo, pivota un poco y se encuentra junto a la jirafa, que queda entonces a su alcance. La toma, la chupa, la agita, luego mira a su alrededor como para comprender desde dónde llegó la jirafa hasta sus manos.

Tuvo la posibilidad de sostener un esfuerzo prolongado, intenso, de proseguir con su «idea» a pesar de las interrupciones, de forjarse probablemente un comienzo de representación de ese objeto que anhelaba. Parece ya haber tenido un «proyecto».

Máximo, de 7 meses, comienza a reptar. Atrapa una jabonerita de plástico amarillo y veo que la golpea contra el suelo, escucha el ruido, espera, vuelve a empezar; la suelta y la jabonerita se desliza, él se estira y repta para volver a tomarla. Su mirada se detiene sobre otra caja de la misma forma y del mismo tamaño pero de diferente color. Se percibe entonces un tenaz intento de reflexión: su mirada va de una caja a la otra, vuelve a golpear contra el suelo la que tiene en la mano mirando fijamente la otra; se detiene, golpea otra vez ¿intrigado por...? ¿el movimiento de una y la inmovilidad de la otra? ¿la intuición de la semejanza-diferencia? ¿el ruido?

Marina, de 9 meses, en el ámbito familiar, sabe ponerse de pie sola, cogiéndose a una mesa o un estante. La he observado varios días consecutivos mientras pasaba más de media hora cogiendo uno tras otro esos aros que se ensartan en un vástago y haciendo miles de experiencias: reptar y hacer rodar el aro lejos; ponerse de pie sosteniéndose en la mesita, recoger el aro del suelo, lo que supone asirse con una sola mano, dejar el aro en el borde de la mesa, mirarlo rodar y caer, hacer un nuevo esfuerzo para alcanzarlo, volver a pararse, volver a dejarlo sobre la mesa. Esta vez, el aro se encuentra en el centro y no cae. Gesto involuntario del brazo sobre la mesa: el aro, empujado, cae al suelo y rueda un poco más lejos. Marina se deja caer, va gateando a buscarlo y lo encuentra entre otros juguetes; vuelve hacia la mesa, se pone otra vez de pie, frota el aro sobre la mesa sin soltarlo y golpea con él la mesa.

He contado más de ocho experiencias diferentes pautadas por los descensos al suelo. Marina no se ocupa de lo que sucede a su alrededor y, de pronto, guardándose el aro, se pone de pie apoyándose en la pared y camina por toda la habitación frotando el aro. Escucha el ruido sordo y sale al balcón sosteniéndose en la puerta vidriera. Marina parece notar la diferencia de ruido cuando el aro frota el cristal. Llega a la terraza: nota que, contra la pared de piedra, el ruido es estridente... Sigue hasta el final de la terraza.

La actividad ha durado más de media hora. Gestos precisos, reflexión intensa. Impacta la armonía de los gestos, la seriedad de la mirada. En ciertos momentos, la respiración se vuelve rápida, como si la intensidad fuera mayor.

Ningún adulto les ha enseñado nada a estos niños, que no son excepcionales. Todos los que son criados en estas condiciones reaccionan de esta manera.

Un ritmo propio de cada niño

Las adquisiciones se van sucediendo en un orden común pero según su propio ritmo (la precocidad no permite prejuzgar respecto del futuro y no siempre es signo de capacidades superiores).

La pequeña Karina, de 5 meses, está tumbada de espaldas. Durante seis minutos, la observo: se pone de costado, basculándose hacia la posición ventral, pero no logra alcanzarla por completo porque el brazo izquierdo queda bajo su cuerpo y no consigue liberarlo a pesar de todos sus esfuerzos. Su mirada está concentrada, ensimismada. Cada tanto, sus movimientos arrastran todo el cuerpo, que queda bien extendido, boca arriba. Luego, con un impulso de la cadera, se vuelve a colocar «casi» en posición ventral. Al sexto minuto, encontrándose, una vez más, de espaldas, ve una caja con dibujos rojos: pivota sobre la espalda para que su mano se acerque a la caja y comienza a acariciarla gorjeando.

Vemos que reencuentra siempre el equilibrio, una posición en la que se halla bien.

Dos días más tarde, ella sola logra colocarse boca abajo. Volver a colocarse de espaldas le supondrá muchos esfuerzos más…

Así, poco a poco, y **por sí mismo**, un bebé se irá poniendo cada vez más a menudo boca abajo, luego tratará de reptar, de mantenerse sobre tres puntos de apoyo y, finalmente, de sentarse.

Una criatura a la que nadie ha ayudado a sentarse, intenta, y luego logra, sentarse por sí misma. Al comienzo no permanece sentada mucho tiempo y se deja caer con suavidad sin hacerse daño. Uno lo ve entonces ejercitarse gran cantidad de veces para adoptar esa postura vertical y dominarla progresivamente. De entrada, no intenta jugar mientras está sentada. Después, poco a poco, al sentirse más cómoda, comienza una pequeña actividad cuya duración irá aumentando...

Me encantaba observar a Karina. Tres semanas más tarde, se mantenía sobre tres puntos de apoyo y pasaba largo rato jugando con pequeños objetos. Luego, se la veía erguirse, primero de vez en cuando, después con mayor frecuencia, tratando de sostener su espalda vertical. Se apoyaba un poco sobre los glúteos y en los talones, y luego se extendía otra vez. Muchísimas veces, con diferentes intervalos, repetía el movimiento, a menudo un poco más alto, hasta el momento en que su cuerpo pudo mantenerse erguido y ella se encontró «sentada», cosa que, la primera vez, no duró mucho: se desplomó de costado, pero esta caída, que parecía familiar, no le preocupó. Karina se vio en el suelo y esbozó una sonrisa. Como llevada por el impulso, rodó sobre el vientre, empujó una pelotita, se mantuvo inmóvil unos tres segundos, volvió a sostenerse sobre tres puntos de apoyo y se irguió nuevamente manteniendo uno o dos segundos la posición sedente.

¡Qué emoción para el observador!… Uno capta en ese momento lo que puede estar grabándose en ella: confianza en sí misma, capacidad para imaginar situaciones desconocidas y de experimentarlas sin ponerse en peligro.

Con frecuencia, su mamá estaba presente, sintiendo una gran emoción ante cada nuevo progreso, pero absteniéndose de intervenir. Karina parecía muy feliz de sentirse observada en esos momentos, pero no pedía nada, prosiguiendo con su actividad. Era una alegría compartida, intensa, silenciosa, pero no una actitud dependiente (lo que no impedía que, en otros momentos, encontrara los brazos protectores en los que se hallaba tan bien…).

En todos los jardines de infancia donde, en la actividad de los niños, se respeta la libertad de este modo, se ve cómo, sin ninguna incitación ni estímulo de parte de los adultos, los bebés se colocan en cuadrupedia, tratan de ponerse de pie, buscan apoyos para elevar el torso hasta alzarse en bipedestación, bordean las paredes, usan todo lo que pueda servirles de soporte, sueltan una mano, luego la otra, se sueltan durante más tiempo y… ¡dan sus primeros pasos!

Esto, sin que sea necesario alentarlos (aunque, en familia, evidentemente lo hagamos, porque no podemos contener nuestra alegría y nuestro deseo de compartirla con él) y sin que necesiten modelos para imitar, pues **la progresión es la misma si se trata de un pequeño educado únicamente en el seno de su familia.**

Este bebé se mantiene perfectamente estable sobre sus tres puntos de apoyo: los pies, el dedo mayor, la rodilla por una parte, el costado y la pierna derecha se afirman sobre el suelo, mientras el brazo derecho extendido apoyado sobre la mano conforma un amplio «polígono de sustentación». El hombro, el brazo y la mano izquierdos están totalmente disponibles para una fina manipulación o, como sucede aquí, captar con los dedos la suavidad de las diferentes hebras de lana de la alfombra.

Usted se sentirá sorprendido/a durante todo este recorrido por la calma, por la soltura sin brusquedad de los movimientos y por la gran concentración del rostro: no mira lo que ocurre a su alrededor, ya que todo su ser está implicado en lo que está viviendo. La mímica y la sonoridad de la voz asociadas a su esfuerzo son muy emocionantes.

Se sorprenderá también por el tiempo prolongado que media entre el momento en que un niño es capaz de adquirir por sí mismo una postura –sentarse solo, por ejemplo– y el momento en que la utiliza para jugar con comodidad: a veces varias semanas. Va asimilando progresivamente sus nuevas adquisiciones, las afina, las varía infinitamente, como si «saboreara» todas esas etapas intermedias... Sólo las utilizará de manera habitual cuando estén verdaderamente integradas. Pareciera que lo que le resulta «natural» es entonces tomarse un tiempo para *sentirse completamente cómodo*, en armonía en una nueva postura o en un nuevo movimiento, en lugar de pasar rápidamente al siguiente...

Veremos más adelante que estos niños, perfectamente a sus anchas en los movimientos, no se aventuran en empresas que los superan y no se lastiman...

> **Es interesante saber que el ritmo de las adquisiciones es el mismo que el de los niños «estimulados por los adultos».**

Las fechas de adquisición de las grandes etapas de la motricidad son muy variables según los bebés, pero a lo que uno puede ser sensible, es a la *calidad* de esta adquisición: con qué seguridad, con cuánta armonía y riqueza el pequeño podrá ejercitarla...

Así, haber adquirido el estadio de la marcha puede significar:

- dar los primeros pasos, o
- dirigirse caminando hacia el lugar que ha elegido sin tener que preocuparse por su equilibrio. Su objetivo es entonces el desplazamiento que ha decidido realizar.

Ahora bien, estos niños que gozan de una total libertad de movimiento, tal vez den sus primeros pasos un poco más tarde, pero caminan con placer y soltura antes que los otros, sin aferrarse ni caer.

MANIPULACIONES FINAS

Se verá sorprendido por la *riqueza de las finas «manipulaciones»* de las que los bebés son capaces. Hemos observado a Tomás, a Máximo, a Julián..., usted verá al suyo.

Los bebés actúan primero con un solo objeto, que manipulan sosteniéndolo: mirar, tocar, llevar a la boca, hacer girar, alejar, golpearlo en el suelo, pasarlo de mano... Verá la soltura, la delicadeza de movimientos de los dedos, la suavidad e incluso la sutileza de ciertos gestos, a veces la fuerza o la brusquedad.

Hacia finales del primer año, las actividades se enriquecen: el objeto ya no exige ser sostenido, hay una especie de interacción con el objeto que el pequeño aleja, busca, hace girar esperando que su movimiento se detenga totalmente. Da comienzo muchísimas veces a la misma experiencia y los contactos pueden tener lugar con la punta de los dedos o con toda la mano... Suele también dirigir su atención a dos objetos a la vez, golpearlos uno contra otro, tratar de encajar uno dentro del otro (sin tener aún ninguna noción de tamaño), tomarlos alternadamente, luego al mismo tiempo. Con frecuencia parece compararlos.

> Ofrecer demasiados objetos a un bebé para que los manipule puede impedir u obstaculizar el descubrimiento de todas las sutilezas de los movimientos de las manos y de los dedos.

Donde echa raíces la inteligencia

¿Se da cuenta usted ya de qué modo el desarrollo de la inteligencia echa raíces en esta actividad a la que llamamos sensoriomotriz y cómo todo el cuerpo participa en ella? La expresión del rostro, la seriedad, la concentración muestran bien que comienzan a surgir los pensamientos.

A través de todas esas experiencias, jamás interrumpidas por el adulto, el bebé construye «representaciones mentales»: retiene en sí la imagen del juguete que ya no ve, se plantea preguntas, comienza a evaluar físicamente, con su cuerpo, la proximidad y la distancia, la desaparición y la posibilidad de reencontrar; «experimenta» las diferentes cualidades del tacto, del peso, de la resistencia, de los olores, de los gustos, etc. Parece tener objetivos, proyectos. Busca soluciones por sí mismo y se da cuenta de que, a menudo, ¡puede encontrarlas! ¡Qué trabajo! A esto se lo ha llamado un «modo corporal de pensar»: toda la energía y los movimientos del cuerpo están implicados.

En suma, el bebé se entrena para poner a punto mecanismos «activos» de su pensamiento, amplios, estables, que irá utilizando cada vez más según la progresión de su crecimiento y de la ampliación de sus posibilidades, así como del «campo de experimentación». Podemos pensar que estos mecanismos serán una preciosa herramienta para su vida escolar y para toda su vida intelectual.

La riqueza de sus experiencias emocionales

Durante este tiempo, nos sentimos impactados por la energía, la determinación, por los esfuerzos que manifiesta, por la gran riqueza y variedad de sus experiencias emocionales.

Con frecuencia, percibimos en él un gran interés, como un placer «visceral», pero también puede existir enojo, fastidio o júbilo, gritos de victoria o de alivio –al llegar a lo alto del peldaño o aferrando, finalmente, el cubilete deseado– preocupación o hasta inquietud al no hallar el juguete que tenía y asombro, alivio al reencontrarlo...[8]

Veremos más adelante que las emociones provenientes de sus vivencias: alegría, cansancio, tristeza, excitación..., pueden también ser expresadas sin restricciones y aliviarse en el transcurso de esta actividad totalmente libre.

La capacidad de autorregulación

Por otra parte, observamos que toda esta actividad está pautada por tiempos de detención o de reposo: vemos que, periódicamente, el pequeño vuelve a tumbarse, estira el cuerpo, apoya con frecuencia la cabeza en el suelo durante un rato más o menos prolongado para luego retomar la misma actividad u otra.

Mientras la actividad se desarrolla, a veces durante bastante tiempo, el bebé cambia frecuentemente de postura: hace grandes movimientos, se pone boca abajo, luego otra vez de espaldas, pivota, se tumba de lado apoyándose sobre el codo, etc., lo cual no le impide proseguir con su actividad, sino que, por el contrario, parece permitirle cierta relajación general.

Se trata aquí de otro descubrimiento: la «capacidad de autorregulación» cuya presencia, común a todos los bebés, se ignoraba, y que les permite regular por sí mismos los momentos de actividad y los momentos de recuperación.

El adulto, presente, puede observar –y respetar– el reinicio de la actividad. Si la pausa se prolonga, es a menudo signo de cansancio; el bebé necesita que lo acuesten, cosa que le podemos explicar: «Creo que estás fatigado y necesitas dormir un poco».

Esto se vincula curiosamente con otras ocasiones de autorregulación:

- la capacidad de comer la cantidad de alimento que le conviene, tal como hemos mencionado.
- la alternancia que observaremos también, más tarde, entre los momentos de actividad agitada o ruidosa y los momentos tranquilos o silenciosos (que, a veces, pueden ser sorpren-

8. El placer que un bebé encuentra en esos movimientos (en todo su cuerpo) y en esas finas manipulaciones es una feliz compensación –y a menudo útil– en el período del destete o del pasaje a la utilización de la cuchara.

dentes por sus contrastes: «¿Por qué te agitas tanto si hace un momento estabas tan tranquilo?»);

- la autorregulación de un pequeño «cuerpo-mente» que alberga en sí posibilidades de intensa reflexión y, a la vez, una energía pulsional a veces desbordante.

Esto puede ayudarnos a aceptar ritmos a veces sorprendentes. Pero, sobre todo, el bebé puede aprender a seguir sus propios ritmos, a respetarlos. ¡Qué carta de triunfo para el presente y para el futuro! Saber escuchar a su cuerpo y poder ir a dormir o a descansar cuando se siente la necesidad y no sólo cuando los padres lo exigen.

Más adelante, estos niños serán más proclives a escuchar las necesidades de su cuerpo y a tenerlas en cuenta que aquellos cuyos padres, con mucha devoción, sin duda, hubieran decidido todo por ellos.

SEGURIDAD INTERIOR

Los niños adquieren, por autorregulación, una seguridad interior que explica en parte, sin duda, esa calma y ausencia de tensiones que nos impactan.

Recuerden a Karina cuando comenzaba a rodar boca abajo. Muchas observaciones como ésa nos demuestran que el bebé que realiza la experiencia algo incómoda de encontrarse de costado, en desequilibrio, siente que, en cualquier momento, puede volver por sí mismo a la posición de espaldas, cómoda y conocida –y lo hace. Repite una sucesión de experiencias gran cantidad de veces, reencontrando una y otra vez su equilibrio, del cual *está seguro,* puesto que siempre es así: vemos a todas las criaturas hacer movimientos cada vez más difíciles, pero sólo *un poco más* difíciles, nunca más allá de un punto donde no se sintieran capaces de reencontrar ellos mismos su equilibrio.

Cuanto menos dependan de otra persona, los bebés pueden recobrar por sí mismos su propia comodidad y, por lo tanto, sentirse más tranquilos. **Durante los cuidados cotidianos viven la seguridad por la presencia del adulto: en este caso, experimentan otra seguridad que, esta vez, proviene de ellos mismos.**

Verán la misma situación cuando un bebé se mantiene tumbado de lado y todavía no sabe sentarse solo: se sostiene en tres apoyos, luego se levanta, se mantiene un poco sobre los glúteos con el apoyo de los talones, y luego se tumba otra vez. Los niños que experimentan esta libertad muchas veces vuelven a erguirse, cada vez más alto, hasta el momento en que logran mantener el cuerpo derecho y se descubren «sentados»; generalmente, esto no dura mucho tiempo. Si caen entonces de lado, ya conocen esta caída, no es preocupante para ellos, se vuelven a encontrar acostados, listos para reproducir la experiencia. No necesitan llamar a un adulto.

Caer al suelo, incluso desde la posición vertical, forma parte muy pronto de sus experiencias naturales: saben caer con soltura, a menudo orientándose hacia el costado, con la cabeza un poco hundida entre los hombros. Lloran poco cuando se caen y nunca se hacen mucho daño.

Quizá no sean necesarias palabras suplementarias para que usted se dé cuenta de qué es lo que queda grabado en ellos: confianza en sí mismo y capacidad para asumir pequeños riesgos que no los pongan realmente en peligro.

El otro puede estar presente, sintiendo una gran emoción frente al nuevo progreso: el bebé parece sentirse muy feliz de que se lo observe en esos momentos, silenciosa alegría compartida, pero no dependencia... Es lo contrario de estar «en soledad»; la intensidad de la emoción admirativa, estimulante, que él evidentemente siente, lo nutre, le hace vivir su cuerpo en movimiento con un gran sentimiento de felicidad –pero es su propio cuerpo, no es «manipulado» por los adultos.

Junto al adulto, es entera y plenamente él mismo.

Un niño es capaz de sentarse solo sin que nunca se lo haya puesto en esa posición; es capaz de ponerse de pie solo sin que se lo haya puesto de pie; es capaz de caminar solo sin que nunca se lo hayan enseñado.

Nunca (o casi, ¡nada es absoluto!) un adulto le había propuesto a los niños que observamos que hicieran algo de lo que no fueran capaces. Nunca nadie les dijo: «¡Vale, anda, prueba otra vez!». Nunca nadie los incitó a alcanzar un objetivo propuesto por un adulto: «Mira qué pelota tan bonita, anda, atrápala... vamos, pero sí, otra vez...».

Es, entonces, con toda propiedad, un descubrimiento «increíble» y, sin embargo, tantas veces observado: los bebés muy pequeños albergan en sí un dinamismo tal que, si el entorno les brinda la posibilidad, van de experiencia en experiencia y progresan sin cesar con una armonía y una determinación sorprendentes para los observadores.

Mientras los adultos no hubieron practicado este tipo de actitud de manera sistemática, no pudo saberse que los bebés tenían tal capacidad. Los niños que nos lo han enseñado no eran precisamente bebés favorecidos, ya que vivían en una casa-cuna, porque sus padres no podían o no querían ocuparse de ellos.

Veremos nuevamente al final del libro hasta qué punto es propio de nuestra «naturaleza» de seres humanos el albergar en nosotros un potencial original y único, la energía y el dinamismo que nos impulsan, a lo largo de toda nuestra vida, a capitalizar, a expresar este potencial, que es nuestra riqueza... Este potencial y este dinamismo, en acción ya en el bebé, ¡exigen que se les permita desarrollarse!

Por lo tanto, observe a su bebé y haga también la experiencia; verá que han acertado al confiar en él...

Qué aporta la libertad de movimientos [9]

LA ARMONÍA DE LOS GESTOS

Lo que a uno le impacta ante todo es la armonía, la plenitud de los gestos, que son tranquilos, seguros.[10] Estos pequeños se mantienen bien erguidos y caminan bien plantados sobre ambos pies. Saben protegerse de las caídas, pues aprenden desde los primeros movimientos a contar sólo consigo mismos: es otro elemento de observación notar que no se aventuran (casi) nunca a situaciones demasiado difíciles para ellos. Han hecho mil experiencias con su cuerpo en todas las posiciones, con una concentración mental que ha debido ayudarlos a adquirir una «conciencia» precisa de lo que pasa en sí mismos.

¡Cómo comunicarles el asombro, la emoción que se siente al observar a estas criaturas evolucionar así, adquirir una soltura corporal, una elegancia incluso, una tranquilidad, una prudencia que sorprende a los observadores? Sus gestos se vuelven precisos, el sentido del equilibrio es cada vez mayor. ¡Y qué ventaja para el futuro se les brinda de este modo! Por el contrario, observen la actitud de ciertos adultos: los que ayudan al bebé incluso antes de que haya comenzado a moverse, los que ya tienen miedo de que el niño se caiga, los que prohíben sin cesar: «¡No corras, te vas a caer!». Verá que los bebés muy controlados o demasiado ayudados por los adultos se lanzan, a veces, a aventuras irreflexivas; los adultos se ven obligados, entonces, a seguirlos por todas partes, ya que pueden correr serios peligros.

Julián, de 22 meses, al llegar a una costa bretona, se puso a escalar rocas mucho más altas que él con calma y determinación, pero también con júbilo inesperado para sus padres, puesto que nadie lo había hecho aún delante de él. Obviamente los padres lo seguían de cerca, pero Julián no pidió ninguna ayuda: era sorprendente ver que cuando la roca por enfrentar era demasiado elevada o no le ofrecía «agarres» que le parecieran suficientes, no se obstinaba sino que buscaba otra vía. Sólo se de-

9. Las filmaciones ponen de manifiesto, más que las palabras y las fotos o dibujos estáticos, la soltura con la que estos niños efectúan sus movimientos.

10. Observe a su alrededor: uno ve muchos niños de 10, 12, 14 meses o más caminar en puntas de pie, con la parte posterior del cuerpo muy hacia atrás, con las piernas separadas y, a veces, arqueadas. Muchos se caen con frecuencia y piden ayuda en cuanto se van al suelo. Se dice que son temerarios y se cree que tal es su carácter.

jaba deslizar cuando veía el suelo cerca de sus pies. Dio comienzo a esta aventura varias veces y era absolutamente asombroso ver a ese pequeño alpinista trepando grandes paredes más altas que él: «Aaa, éfiiiichi… Aaa… éfiiiichi»: «¡Ah! ¡Qué difícil!». El padre, alelado, estaba muy cerca, listo para detener una caída, pero cuidándose bien de intervenir, y Julián no parecía estar pendiente en absoluto de su presencia.

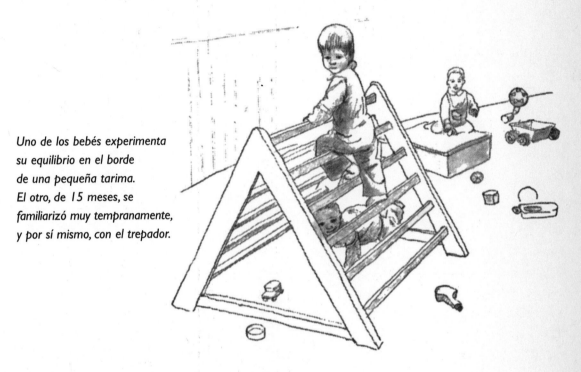

Uno de los bebés experimenta su equilibrio en el borde de una pequeña tarima. El otro, de 15 meses, se familiarizó muy tempranamente, y por sí mismo, con el trepador.

UN ESQUEMA CORPORAL MUY PRECISO

Estos chicos, al realizar una multitud de experiencias, desarrollan un esquema corporal muy preciso. No se golpean, o muy rara vez; pueden pasar bajo las mesas, bajo las sillas con gran habilidad y sin lastimarse. La noción de espacio se hace más exacta.

Coline, de 14 meses, que está comenzando a caminar, atraviesa una habitación sosteniendo una escoba casi horizontal sin romper nada y la saca por una puerta de tamaño normal sin chocar con el marco. Un poco más tarde, será capaz de empujar un triciclo en un plano inclinado.

Los niños están muy atentos a todo lo que sucede en su cuerpo y a su alrededor y uno se asombra de sus descubrimientos.

Julián tiene 2 años cuando descubre por primera vez la hamaca. La mamá lo deja treparse solo, lo que le lleva un buen rato, luego lo empuja suavemente una sola vez para que se familiarice con el balanceo. Permaneciendo junto a él, lo deja entonces arreglárselas solo. Julián mueve todo su cuerpo tratando de mover la hamaca tocando el suelo con los pies. Poco a poco, va descubriendo el gesto que le permite hamacarse solo; de este modo, experimentó por sí mismo ese movimiento de la espalda y de las piernas.

El niño mide sus posibilidades

Hemos visto cómo un pequeño que puede hacer movimientos por sí mismo y a su ritmo se coloca rara vez en una posición peligrosa que no domina. Uno se da cuenta de que él «siente» sus posibilidades y entonces no va más allá de ellas.

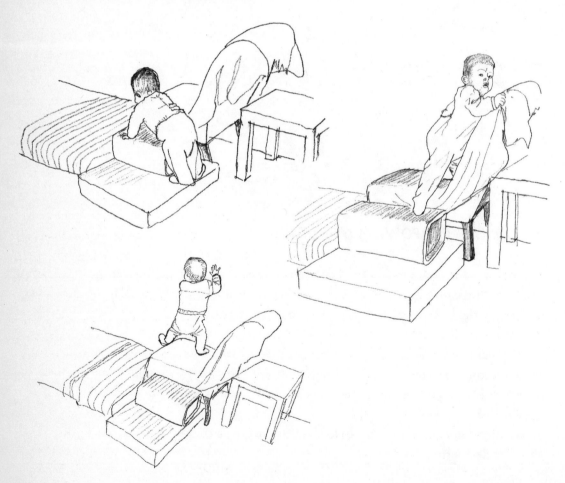

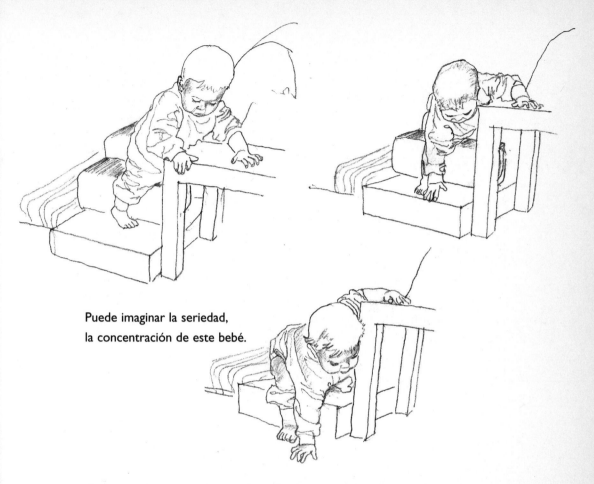

Puede imaginar la seriedad,
la concentración de este bebé.

Julián tiene 8 meses, y está explorando el primer peldaño de una escalera improvisada.[11] Logra subir y llega al segundo. Lo toca con las manos y vuelve a bajar inmediatamente a la alfombra. Durante varios días consecutivos, repetirá esta exploración sin subirse encima de la silla, que constituye el segundo escalón. Justo tres semanas más tarde se atreve a llegar arriba, ponerse de pie y tratar de bajar por el costado donde no hay escalón intermedio: boca abajo sobre la silla, estira la mano hacia abajo e intenta tocar el suelo. No lo logra y entonces se deja deslizar progresivamente hacia la primera grada y luego al suelo. No se arroja al vacío. Dos días más tarde, estando una vez más sobre la silla, logra tocar el suelo con la yema de los dedos y, en ese momento, se deja deslizar muy suavemente por el costado donde no hay escalón intermedio. Sus manos van apoyándose poco a poco en el suelo y así logra descender.

11. Más adelante, le daré ejemplos de adaptaciones fáciles de realizar en casa (véanse págs. 108 y ss.). Aquí se trata de una escalera constituida por un envase de detergente lleno, colocada delante de una silla baja, rellena y bastante ancha.

Es el mismo que, a los 10 meses, llegando a una casa desconocida para pasar una semana, aunque todavía no camina, se desplaza gateando por el gran descansillo, de donde desciende una escalera de piedra. Se acerca al primer peldaño hacia abajo, lo golpea con las manos y apoya un pie en ese escalón. Julián se altera y parece algo inquieto. Vuelve a subir al descansillo y así experimenta varias veces el primer escalón. Parece tener muchas ganas de bajar, pero, cada vez, vuelve a subir. Durante varios días, se aproximará a este primer escalón, mirará hacia abajo, balbuceará como diciendo que realmente le encantaría lanzarse pero que es demasiado difícil por el momento y volverá al descansillo. Nunca se arrojará al vacío por la escalera.

Vemos hasta qué punto los niños criados de este modo son esencialmente prudentes. Volveremos sobre esto. Estos niños tienen muy pocos accidentes, y un impresionante ejemplo ilustrativo es el hogar infantil de Lóczy que, después de cuarenta años de funcionamiento,[12] sólo vio a un único niño lastimarse por una caída (que había llegado al mismo cuando ya sabía caminar solo, y por lo tanto no se había beneficiado de todas esas experiencias). Todos los niños pueden, en ciertos momentos, desplazarse libremente, incluso por las escaleras, mucho antes de saber caminar. Cuando se caen, lo que es bastante raro, pero puede llegar a suceder, se lastiman menos que muchos otros porque ya han adquirido un reflejo de autoprotección de la cabeza (la hunden de cierta manera entre los hombros) y gracias a su soltura general, a la altura del tronco en particular, y a la sorprendente coordinación de sus movimientos.

ESCASAS VIVENCIAS DE FRACASO

Estos niños experimentan escasos sentimientos de fracaso, ya que no se les pasa por la cabeza proponerse objetivos irrealizables (somos nosotros quienes los impulsamos a ello al proponerles subir dos escalones, ponerse de pie o bajar del sofá donde nosotros mismos los hemos encaramado...).

Su propio objetivo es explorar y, a medida que exploran, mejoran sus posibilidades de desarrollo. Se ven llevados entonces a explorar más allá y así en lo sucesivo. No se observan en estos niños —o son muy pocas— reacciones de vergüenza o de furia tan fuertes como en aquellos a quienes se les exige mucho y se sienten muy humillados cuando se caen.

Tenemos una película muy bonita de un niñito que se pone de pie por primera vez sin apoyo, en el centro de una habitación. La secuencia dura trece minutos: el pequeño se pone de pie, se cae equis veces, al principio con bastante seriedad y luego riendo cada vez más y manifestando evidente placer.

12. ...y de observaciones rigurosas hechas durante todos estos años.

La mamá, que lo filmó discretamente, no intervino en absoluto. Sus miradas no se cruzaron. El muchachito concretó esta experiencia con inmensa alegría, sintiendo sin duda la presencia materna y, quizá, también su gran emoción, pero en una especie de silenciosa comunión que no tenía nada que ver con la estimulación. Este niño nunca había experimentado que un adulto lo tomara de la mano y lo ayudara a mantenerse de pie, ni que lo alentara a intentarlo solo.

Los niños, desde este punto de vista, no tienen ni buena ni, sobre todo, mala opinión de sí mismos. Están satisfechos, puesto que realizan lo que su propio dinamismo los lleva a hacer (veremos en el próximo capítulo el importante papel de los adultos en el acondicionamiento del ambiente). Sin duda sienten menos impotencia que aquellos a quienes el entorno estimula sin cesar. La mayoría son tranquilos, independientes y, en resumen, de agradable convivencia...

Como no tienen la experiencia de la intervención habitual del adulto, salvo, por supuesto, en caso de grandes dificultades (pero vemos que rara vez se colocan en tales situaciones), son autónomos y no están todo el tiempo colgados de los adultos. No piden ayuda en cuanto se caen corriendo por un jardín o si han trepado a una piedra un poco alta... Los vemos mirar y tratar de buscar la solución... Les encanta la compañía de los adultos y juegan a menudo con ellos... o a su lado, pero no son «pegajosos», quejicas ni tratan de llamar la atención a cualquier precio.

CONCENTRACIÓN Y CREATIVIDAD

En el plano intelectual, hemos visto su capacidad de concentración, su interés por experimentar, su imaginación en la búsqueda de soluciones, su creatividad e inventiva, las cuales les proporcionan buenas bases para el futuro.

LA CAPACIDAD DE ESTAR SOLO

Mirar a un niño, dejarlo descubrir por sí mismo, no ayudarlo, no significa no ocuparse de él, echarlo de alguna manera al abandono. No es así, lea bien, verá que hay mucha atención, mucha «presencia» en esta discreción. No se trata tampoco de no jugar nunca con él. En esos momentos de placer compartido, que todo el mundo conoce, sentados en el suelo, uno le devuelve la pelota, o esconde una jirafa, canta y se mueve con él, pero justamente se trata entonces de seguir su iniciativa más que la nuestra... ¡Por supuesto, él tiene necesidad de risas, de canciones, de actividades en común, de las expresiones de ternura!

Vemos del mismo modo a los chiquillos adquirir esta extraordinaria capacidad de estar solos en presencia del otro que permite que uno se sienta feliz de que el otro esté allí, pero sin depender en absoluto de él: uno vive y se pone en acción por sí mismo. Por otra parte, cuando se presenten ocasiones de intercambio con otros niños o adultos, ¿puede haber una mejor preparación para las relaciones sociales que liberarlas del carácter de dependencia o de poder que a menudo tienen?

Es evidente que otras criaturas poseen estas cualidades sin haber sido criadas de una manera específica y vemos muchos otros que luego también son hábiles con su cuerpo, tienen inventiva y concentración. Inversamente, ciertos niños criados en familias o en lugares compenetrados con esta concepción no manifestarán más tarde todas estas cualidades. Siempre intervienen factores personales (unos nacen con gran capacidad de atención, de calma; otros son explosivos e impacientes...) y, sobre todo, influye la historia familiar, los acontecimientos de la vida (salud, separaciones, cambios, etc.).

Siento inmensos deseos de comunicaros estos descubrimientos porque me parece que podríamos, al utilizarlos, **brindarle más posibilidades a un niño:** si empieza teniendo más autonomía, confianza en sí mismo y en sus capacidades, se halla en mejores condiciones de tener más fuerza para enfrentar las dificultades inevitables, las insuficiencias de nuestra parte.

Y como los niños no tienen todos las mismas aptitudes, queremos ofrecer a cada uno las condiciones que le permitan desarrollar al máximo las potencialidades que le son propias, más aún cuanto más carencias presenta. Hay niños y familias lo suficientemente mimados por la suerte como para que, al final, todo salga bien. Y hay otros para quienes la vida es más difícil y, quizá, es sobre todo para ellos para quienes quería escribir este libro.

En el Congreso Internacional de Lóczy, Budapest, en 1991, una participante alemana mostró que ella obtenía muy buenos resultados con los niños discapacitados practicando estos mismos principios: los niños discapacitados albergan en sí, exactamente de la misma manera que los otros niños, un potencial de vida, un deseo de desarrollar por sí mismos sus posibilidades: éstas son diferentes, pero igualmente reales; hablaremos de esto en un párrafo especial al final del capítulo.

Concretamente, ¿cuál es el papel de los padres?

Quizá tenga usted la impresión de que no le queda gran cosa por hacer... Sin embargo, «uno tiene tantas ganas de enseñarle todo a un bebé», me dicen a menudo... ¡Tranquilícese! Ya acompañarlo en su camino le exige a usted una gran atención. En forma de cuatro reglas de oro, veremos ahora lo que le «queda por hacer»: qué actitudes, bien concretas, bien visibles, debería usted tener y aquellas actitudes que son más profundas.

Esto no es necesariamente simple: a algunos puede parecerles sorprendente confiar así en un bebé y en la confrontación cotidiana con él nos descubrimos a veces muy diferentes de lo que hubiéramos creído. Verá que estas «reglas de oro» son válidas en todas las situaciones, tanto si usted misma cría a su bebé, como si lo deja en una guardería durante el día o si lo cuida una asistente materna.

Un niño pequeño, repitámoslo, sólo puede desarrollar tal actividad libre si se siente envuelto en una relación de confianza y ternura, la que vive, generalmente, con sus padres —o con las personas que los sustituyen si éstas son suficientemente atentas.

Después de los momentos de intercambio que se viven con mucha intensidad durante los cuidados, el bebé lleva en él una fuerza que le permitirá actuar luego por sí mismo. A medida que vaya creciendo, el tiempo de actividad impulsada por su propia iniciativa irá aumentando.

Encontraremos largo tiempo esta alternancia entre momentos de intercambio, de relaciones casi exclusivas, y momentos en que el bebé, llevando en él algo de su madre, de su padre o de la persona que se ocupa de él, se descubre a sí mismo, solo.

Todo lo que corresponde a la adecuación material, la elección de los juguetes y de los objetos que podrá experimentar, este aspecto esencial, como habrá podido notar, será el objeto del próximo capítulo.

Las «reglas de oro» que podrán guiar sus actitudes si usted ansía ofrecerle a su hijo esta libertad de acción, son la continuación directa de todo lo que acabamos de descubrir.

NO COLOQUE JAMÁS A SU BEBÉ EN UNA POSICIÓN QUE ÉL NO DOMINE

Esto significa, que usted nunca lo colocará sentado, calzado entre almohadones, antes de que él no se haya sentado por sí mismo; nunca lo pondrá de pie antes de que él pueda hacerlo solo. En caso contrario, usted le impedirá vivir la situación de libertad motriz que acabamos de describir con todo lo que ella puede aportar a su hijo de conocimiento del propio cuerpo y de adquisiciones fundamentales y/o sutiles. Sintiéndose incómodo o preocupado de no moverse demasiado, verá limitadas sus experiencias.

La total disposición de sus medios

Imaginemos que Laurita acaba de llegar a la familia. En cuanto comienza a interesarse por el mundo exterior, usted puede colocarla sobre una superficie suave y firme, bien acostada sobre la espalda, teniendo en cuenta, por supuesto, la nuca y tomando las precauciones que hemos descrito en el capítulo 2. Este corto tiempo de transición (y, más tarde, la presencia de juguetes convenientemente elegidos, vea el próximo capítulo) es importante.

Se abre entonces para ella una nueva etapa de vida, **sosegada** y con total disposición de sus medios, **sin crispación, tensión o recelo**. Usted verá por otra parte que, con frecuencia, se pondrá de inmediato en actividad, al principio observando objetos, colores, puntos luminosos... que llaman su atención. Luego, comenzará a parlotear, moviendo las piernas, a girar la cabeza sin fatiga alguna. Luego, descubrirá sus manos, las moverá; al no estar trabados, ambos brazos se pondrán en movimiento. Muy pronto, todo su cuerpo se moverá y habrá que empezar a acomodar juiciosamente el espacio para ella.

Cuando tenga 6, 7 u 8 meses y comience a reptar sobre el vientre, siga poniéndola, de todos modos, de espalda: ella elegirá la posición que más le convenga para el movimiento que intenta emprender.

Inconvenientes de la posición de pie demasiado precoz

《 *«Pero a los bebés les gusta que los pongan de pie».* **》**

Sí, a menudo les place, como a nosotros, adultos, el chocolate, el tabaco o el alcohol. No todo lo que nos gusta necesariamente es bueno y, a veces, incluso es nocivo. Lo que no quiere decir que uno no coloque a un niño cada tanto de pie cuando está sobre nuestras rodillas. De lo que se trata es de evitar, sobre todo, que eso se convierta para él en una necesidad.

Muchos padres se sienten orgullosos cuando su vástago, muy tempranamente, se yergue sobre sus piernas o reclama que se lo tenga de pie. En parte los comprendemos: el niño es vivaz, arriesgado; son actitudes que se valoran mucho. Pero no se dan cuenta de que su hijo, puesto de pie y tan contento, debe esforzarse para no caer, limitando considerablemente sus posibilidades de exploración.

Observen lo que sucede entonces: el cuerpo se arquea, la cadera tiende hacia atrás. El niño se mantiene a menudo de puntillas sin ninguna soltura para evitar las caídas. Sin duda, lo más enojoso es que el bebé en esa situación **no puede explorar las mil posibilidades de su cuerpo**, ni poner a prueba su equilibrio ni su centro de gravedad y no hace la experiencia de rodar sobre sí mismo. La primera representación de su cuerpo, que corre el riesgo de quedar grabada fuertemente en él, es la del esfuerzo, la de la crispación para sostenerse, la de la tensión; no es la soltura, la distensión, el placer. Y mientras está ocupado así, tratando de mantenerse erguido, no puede descubrir el placer de explorar, de manipular diversos objetos que están a su alrededor. Aprende a depender de los adultos, ya que los necesita para levantarse.

Una vez más, diremos que luego intervendrán demasiados factores como para que podamos establecer estrictas reglas causa-efecto, pero estos niños pueden llegar a sufrir las consecuencias en su cuerpo durante largo tiempo, pueden llegar a sentirse menos seguros de sí mismos físicamente, a caerse y hacerse daño con mayor frecuencia. Son criaturas que de inmediato piden ayuda. Algunos tal vez serán buenos «deportistas» en el futuro, pero más desde el voluntarismo que desde la armonía...

Inconvenientes de la posición de sentado demasiado precoz

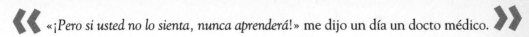

«*¡Pero si usted no lo sienta, nunca aprenderá!*» me dijo un día un docto médico.

Hemos comprobado que esto es inexacto y cómo los niños son capaces de descubrir esta posición por sí mismos, dominarla perfectamente y ello aunque no haya otros niños a su alrededor.

Por lo tanto, evite a cualquier precio calzarlo entre almohadones. Observe a un bebé en esa situación: cuando uno ha visto a un niño criado en libertad motriz, aquél nos da pena, limitado en sus actividades, con el riesgo constante de caerse o deslizarse, inquieto o pasivamente satisfecho de su inmovilidad. Él solo no puede alcanzar el juguete que tiene al frente o a su lado sin caerse, con todo el cuerpo torcido. Le resulta entonces muy difícil hallar una posición más agradable y se ve obligado a solicitar ayuda sin cesar.

A una simpática velada llegaron unos padres con su hijita de 8 meses. La instalaron en su parque, encajada entre almohadones, con un osito y algunos pequeños objetos familiares, esperando disfrutar de la presencia de los amigos…

Julia nunca quiso quedarse en el parque. Dejándose caer y luego deslizando por los almohadones, acabó pasando de mano en mano de los adultos. La chiquita de mirada sagaz no tenía evidentemente el hábito de mantenerse en actividad sola en el parque, ni los mayores acostumbraban a dejarla que encontrara las soluciones por sí misma. Y la mamá decía: «En verdad, ¡qué pesado es un bebé! Con ella, nunca dispongo de un momento para mí». Eso, quizá, sea sólo el comienzo, señora… Pero, ¿cree usted que Julia era la única responsable de esa situación? Permítale descubrir otros placeres que ella pueda manejar por sí misma y muchas cosas cambiarán…

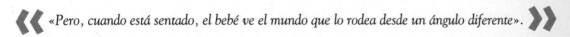

«*Pero, cuando está sentado, el bebé ve el mundo que lo rodea desde un ángulo diferente*».

Es posible. Nada es perfecto en este mundo traidor… También ve el mundo de una manera diferente cuando se pasea en sus brazos, pero no está más activo y más cómodo. ¿Es realmente necesario, para que vea cosas diferentes, obligarlo a experimentar sensaciones desagradables? Si usted le permite evolucionar libremente poniéndolo de espalda, tendrá una multiplicidad de visiones diversas y no tardará en sentarse solo. ¡Ahí tendrá esa otra visión del mundo!

Inconvenientes de la posición sobre el vientre

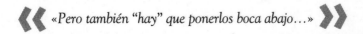

«*Pero también "hay" que ponerlos boca abajo…*»

¿Por qué, salvo los breves momentos en que puede tener cólicos y en los que usted siente que esa posición lo alivia? ¿Para hacerlo «trabajar», porque con esto lo obliga a levantar la cabeza? Porque quizá usted piensa que en una posición cómoda ¡no «trabajará»! ¡Lo estamos acusando de haragán o de casi haragán!

Hemos visto que el argumento no se sostiene: el bebé sano *se pone más en actividad cuando se siente a sus anchas*. Ahora bien, al margen de la cabeza que levanta con esfuerzo, de los brazos en los que trata de apoyarse, ¿qué hace «trabajar» estando acostado boca abajo? Observe las manipulaciones y los gorjeos en ambas posiciones y usted mismo/a verá la diferencia.

Se ha comprobado, por el contrario, que los bebés colocados siempre de espaldas pueden girar la cabeza hacia ambos lados muy tempranamente, porque estos movimientos no les exigen ningún esfuerzo. Desarrollan así una musculatura dorsal superior, bien simétrica, que corresponde a la variedad de los movimientos que ya pueden realizar: elevan los brazos en el espacio tanto como «quieren» y de delante hacia atrás. Todo esto sin la tensión y el cansancio que supone el hecho de alzar y girar la cabeza cuando se está boca abajo: no olvidemos que la cabeza es muy pesada con respecto al conjunto del cuerpo. Este movimiento agota una gran parte de energía en tanto que podría aprovechársela para descubrir y manipular objetos; el placer sería mayor al igual que la sensación de bienestar en todo el cuerpo.

La musculatura ventral también se desarrolla, puesto que las piernas están a menudo en el aire y pueden también «batir» de derecha a izquierda (el bebé «hace abdominales» ¡durante todo el día!). Todo ello al propio ritmo y, por lo tanto, en total armonía. La soltura así adquirida permite a estos pequeños integrar otros movimientos cuando, por sí solos, se pongan boca abajo o se sienten, o cuando luego se pongan de pie, con gran firmeza, capaces de una rica variedad de posiciones y de una agilidad que los ayudará a controlar la manera de caerse si llega a sucederles, evitando hacerse mucho daño.

Nosotros observamos, y los profesores de gimnasia lo confirman, que los niños puestos habitualmente boca abajo tienen un cuerpo mucho más rígido. En el caso de una caída hacia atrás, tienen tendencia a desplomarse como un pedazo de madera, con los brazos pegados al cuerpo; y la cabeza, sacudiéndose aún más hacia atrás, golpea el suelo con fuerza. Si la caída es hacia delante, los brazos permanecen rígidos y, a menudo, se lastiman el rostro.

Los que se han criado al principio tumbados sobre la espalda, suelen adelantar de inmediato brazos y manos si caen hacia adelante y, si es hacia atrás, hunden la cabeza entre los hombros, flexionan las rodillas y caen con frecuencia sobre las nalgas. Así, la cabeza está protegida. Vemos bien de qué modo se pueden controlar las caídas al disponer de mayor soltura en el conjunto de los miembros y también la economía de tiempo cuando, más tarde, deban aprender a caer, por ejemplo, en los deportes de combate...

Los bebés colocados habitualmente boca abajo conservan movimientos frecuentemente más torpes en el conjunto de su cuerpo, un poco rígidos, bastante incoordinados unos respecto de otros. Los pies están, en general, ligeramente rotados hacia el centro. Estos niños pueden llegar a ser activos trepadores pero, a menudo, con tensión y corriendo riesgos, o bien si no se atreven demasiado, quizá, más tarde, miren a los otros con envidia.

EVITE TODO AQUELLO QUE PUEDA TRABAR SU LIBERTAD DE MOVIMIENTO

Sillitas y tumbonas

Muchos padres, sensibles al hecho de que el bebé vea bien lo que sucede alrededor, piensan que eso vuelve más fácil la comunicación. Sin duda, pero desde la óptica de lo que acabamos de decir, estos asientos resultan muy poco deseables.

Usted puede ver que el chiquillo sujetado:

- No puede explorar todas las posibilidades de su cuerpo ni hacer grandes movimientos.
- No puede explorar el espacio.
- Tampoco puede manipular pequeños objetos que sostiene en sus manos, que se le caen fácilmente y que no logra recoger solo.

De este modo, se encuentra en completa dependencia del adulto.

Muchos bebés se habitúan bien a esos complementos, se quedan tranquilos y, a veces, pasivos durante el tiempo en el que permanecen allí o buscan constantemente la relación con el adulto. Más tarde, a menudo, los padres se asombran o se fastidian: *«Quiere siempre que alguien se ocupe de él»*. Eso es, efectivamente, lo que ha conocido. Por el contrario, piense en esta posibilidad de alternancia entre momentos de intercambio y en momentos en que el bebé se estimula por sí mismo.

- Para transportar a los niños, se utilizan actualmente esos asientos como butacas redondeadas (a menudo de la marca Maxi-Cosi, que se ha convertido en el nombre genérico) que se fijan fácilmente en los automóviles. Observe a su bebé instalado en ese asiento: el cuerpo plegado en dos, las piernas hacia arriba, la columna vertebral y los músculos aplastados y el estómago comprimido... ¿Qué le parece? A menudo se halla incómodo, prácticamente no se puede mover y no tiene posibilidad de realizar ninguna actividad o juego autónomo...

  Como está incómodo, tiene tendencia a rezongar, entonces se le cierra la boca con el chupete, así no protesta más y espera que «eso pase»... Además, cuando uno ha llegado, tiene la tentación de dejarlo allí porque duerme o está tranquilo.

  Usted puede darse cuenta de hasta qué punto es importante limitar la utilización de este utensilio estrictamente al tiempo de transporte y colocar de inmediato al pequeño en su cuna o sobre su alfombra.[13]

Por lo tanto, se deben reservar esos asientos estrictamente para el lapso del viaje y, aun así, que el bebé permanezca en ellos el menor tiempo posible, evitando utilizarlos dentro del coche de paseo.

Para los trayectos largos, sería mejor volver a las cunas de viaje, en los que el bebé puede estar acostado.

- El **asiento que se adhiere con ventosas**, al fondo de la bañera, no tiene otra ventaja que permitir la tranquilidad de los padres –lo que, a veces, puede ser útil–, pero inmoviliza al niño, que debe jugar con lo que le queda al alcance de la mano... Y pierde así la ocasión de experimentar su cuerpo en libertad en el agua, los deslizamientos, la recuperación de su equilibrio: la ocasión de no contar más que con las posibilidades de su propio cuerpo, pero con todas ellas. Por lo tanto, adhiera antideslizantes en el fondo de la bañera y, sin perder de vista al pequeño, dosifique la cantidad de agua que va a colocar.

- Supongo que ahora considerarán los **andadores** más «desterrables» todavía, así como los **asientos de sube y baja** con elásticos y resortes. Un pediatra me decía: «*Los niños habituados al andador parecen no conocer la parte inferior de su cuerpo*». El bajo vientre, sostenido artificialmente, no puede alcanzar la movilidad propia de la diversidad de sensaciones, las piernas flotan, los pies están poco en contacto con el suelo, todo el cuerpo está en parte suspendido, dependiendo de un objeto material. Las sensaciones pueden ser excitantes, a algunos bebés les encantan, pero a ellos les costará más desarrollar firmeza, seguridad y habilidad y por lo tanto también adquirir soltura en los movimientos de los miembros inferiores que permiten su estabilidad y dominio.

- Elija con cuidado el **cochecito de paseo**. Algunos permiten que el bebé en algunos momentos esté acostado. Otros tienen la capota «reversible», que le permite al niño mirar hacia el frente o, por el contrario, volverse hacia usted, según su preferencia del momento (mientras es pequeño, el bebé se siente más seguro mirando hacia usted que vuelto hacia la calle, solo).

---

13. Este sistema es tan práctico y está tan difundido que me parece necesario insistir sobre su nocividad, ya que sólo sirve para lo que fue creado: el transporte en coche en trayectos cortos, y aun así valdría más recuperar las cunas para coches que existían anteriormente. Muchos pediatras comienzan a prestar atención –y a comunicarlo a los padres– a algunas consecuencias tales como anomalías en el desarrollo de la caja torácica y/o del extremo inferior de la columna vertebral, y nosotros observamos también cierto retraso del desarrollo motor en aquellos bebés que pasan allí demasiado tiempo, despiertos o no. Teniendo en cuenta lo que describimos en este libro, somos conscientes de todo lo que se ve privado un bebé en esa situación, que lo obliga a adoptar una actitud sumamente pasiva. Hay que resistir entonces a la facilidad y a cierta moda, lo cual no siempre es fácil, pero brinda también la ocasión de afirmar claramente su capacidad de reflexión y su responsabilidad.

Sin salirse del presupuesto, más vale invertir en un material de buena calidad, que es necesario de todas maneras –cochecito, barrera adecuada, ingeniosa y sólida, un sistema que permita cargar al niño cómodamente– que en ropa y juguetes caros y sofisticados cuya inutilidad y a veces nocividad usted ya ha comprendido.

Para vosotros, padres jóvenes que os movilizáis mucho y queréis que el bebé os acompañe, estoy segura de que os será preferible llevar una gran toalla o la alfombra suave sobre la que lo posáis habitualmente. De este modo, lo podréis instalar en el suelo, al llegar. ¿Qué podemos temer, cuando acaba de empezar a rodar y a desplazarse unos pocos metros? No se escapará, no se caerá y, en cambio, con los objetos que también habéis llevado y los que encontraréis en el lugar, hará su vida *activamente*, mientras que vosotros, por otra parte, viviréis la vuestra, en una cercanía que será muy placentera para todos.

Apostamos a que ganaréis la reputación de tener un bebé «fácil» ya que, desde el momento en que os sienta cerca, no se ocupará de vosotros, sino que explorará activamente lo que tenga a mano y, eventualmente, sea nuevo para ellos.

La vestimenta

Es evidente que es mejor elegir **ropa cómoda**, que no lo obstaculice, que no le apriete la cintura ni los hombros ni le impida flexionar las piernas. Es una pena por esos regalos, graciosos, de moda, y, a menudo, muy simpáticos vistos desde fuera... que guardará inmediatamente después de los agradecimientos pertinentes (muchos comercios aceptan cambios). Sea simple y eficaz: se juega en ello un enriquecimiento real para su hijo y usted es el/la responsable; ¡ni los amigos ni los abuelos tienen por qué conocer todas las ventajas de la libertad motriz!

En cuanto el clima lo permita, disminuya los abrigos y, cada vez que pueda, déjelo desnudo o sólo con el pañal; ¡lo verá tanto más feliz!

Dejarlo descalzo

Cuando el bebé permanece boca arriba, le gusta frotar un pie contra otro (observe cómo los utiliza para coger o mover los objetos) y, en cuanto comienza a reptar, usted verá que se adhiere mucho mejor al suelo; si tiene sus talones y dedos libres. Después, podrá moverse con más facilidad: las sensaciones en el suelo son más claras, se resbala menos, el pie se hace más musculoso y, por lo tanto, más sólido; los riesgos de «pie plano» disminuyen. ¡Para qué ponerle zapatitos a un niño que no camina! Esto sólo puede dificultar más su «implantación» en el suelo y la seguridad de la posición de pie. Cuanto más trabaja el pie mismo, más se desarrolla la musculatura.

Es probable que usted tema el frío, pero el riesgo es mínimo: los niños no se enferman más en las guarderías donde se practica este sistema que en las que los tienen con zapatos. Pero, si en su casa el suelo es frío, existen calcetines antideslizantes que, siempre y cuando no estén muy ajustados, dejan el pie del bebé en libertad.

A los niños les gusta el contacto directo con el suelo, incluso en la arena o la grava, y eso es lo mejor que hay para reforzar el arco plantar.

Usted ve cómo los adultos, en sesiones de yoga, de gimnasia o de otras terapias corporales tratan de sentir el suelo con los pies descalzos y las piernas ligeramente flexionadas, para sentirse firmes, bien implantados, en contacto con la realidad, como «arraigando» en el suelo. Si usted practica yoga, se sentirá sorprendido/a al ver a estos niños criados en libertad motriz «practicar» espontáneamente algunas posturas que nosotros nos esforzamos por recuperar... a menudo con dificultad.

Cambiar los hábitos

« ¿Y si ya ha adquirido otros hábitos? »

Obviamente, su bebé aprovechará mejor sus posibilidades si lo coloca boca arriba *desde los primeros meses*: para él, ésa será la posición natural. Por el contrario, se puede hallar algo desconcertado si ha estado acostumbrado a la tumbona o a estar hundido entre almohadones. Que ello no le impida intentarlo si usted lee estas páginas. Si coloca a su alrededor suficientes juegos interesantes y confía en él, sería bastante extraño que no desarrollara muy pronto un gran interés por ellos (pero quizá lo haga en diez o quince días o un poco más..., ¡dele tiempo!)

Eventualmente, mientras está así tumbado en el suelo, usted puede inclinarse sobre él, hablarle, cantar si suele hacerlo... Pues la idea es asociar esta nueva posición con el placer y la seguridad que siente con usted.

Si su hijo no se habitúa, ¡quizá sea particularmente reacio! Pero la experiencia muestra que las reacciones de un bebé pueden ser reveladoras de las actitudes internas de los padres y, en esta situación especial, ¡sobre todo de las mamás! A menudo, esta negativa a estar boca arriba corresponde a una tendencia de la mamá a retenerlo, a querer que la necesite, aunque de manera consciente ella crea que quiere dejarle toda la libertad. ¡Éste es un punto delicado para la mayoría de nosotras!

Es útil hablar de esto porque, si es nuestro caso, corremos el riesgo de seguir ejerciendo ese poder, siempre sin darnos cuenta del todo, cuando nuestro hijo vaya creciendo y sienta más aún la necesidad de independencia y de autonomía. Puede convertirse en un niño que adopte una actitud sistemática de oposición y negativa, sin que comprendamos bien el porqué, en tanto que se trata de una reacción de salvaguarda de sí mismo como individuo separado –prueba, por otra parte, de su fuerza psíquica. Puede también doblegarse y desarrollar una actitud preferentemente de obediencia y dependencia (¡y esto es tan válido para una nena como para un varón!). En cualquier caso, es una lástima...

No es un demérito pertenecer a ese grupo de madres, pero podemos dar las gracias al niño por ayudarnos a tomar conciencia tempranamente de ello, ¡es un partido ganado para el futuro!

AYÚDELO MUY POCO EN SUS INTENTOS

Déjele la mayor parte del trabajo de exploración y de búsqueda de la solución. Evite interrumpirlo, aunque sólo sea para felicitarlo, animarlo o recordarle que usted está ahí y que, por supuesto, lo ama.

Nuestras actitudes son tan fácilmente intervencionistas... (siempre con justa causa, obviamente). Recuerden a Karina estirándose al máximo para alcanzar la caja situada a unos centímetros de sus dedos, o a Julián «domesticando» su improvisada escalera. Observe a su hijo tratando de trepar a un sillón (¡autorizado!) o de descender de él. Si usted se apresura en regresarle el objeto que ha rodado algo lejos, si usted lo ayuda a llegar arriba del sillón, y cuando, eventualmente, esté en la sillita y usted se vea obligado/a a devolverle el objeto con el que está jugando porque se ha caído y, efectivamente, él es incapaz de asirlo, estará fomentando en él la idea de que siempre habrá un adulto para alcanzarle lo que quiere. No sólo perderá la oportunidad de realizar todas las experiencias que hemos descrito, **sino que se verá privado de crecer con la idea de que es él mismo quien las hace**, quien se mueve, quien coge, que es mejor poder contar consigo mismo –y encontrar mucho placer en ello. Su representación de sí se crea a partir de todas esas experiencias cotidianas.

Claro está que no hay que ser rígido; es importante estar «bien» estando juntos. Al padre o a la madre de Karina les parecería absolutamente legítimo intervenir las primeras veces en que ella estaba completamente acostada sobre el vientre. En ese caso, muchos bebés lloran, a veces gritan con rabia, porque no pueden volverse solos boca arriba. Uno siente deseos de calmarlos pero, quizá, mejor que darles la vuelta rápidamente de espaldas, sería posible acompañar el movimiento con delicadeza para que ellos puedan participar en ello, permitiéndoles así descubrir cómo el brazo ya no los traba si lo levantan hacia la cabeza.

Autorizar las iniciativas «peligrosas»

Con frecuencia, queremos intervenir porque pensamos que no logrará lo que desea o porque tememos que se caiga o se lastime.

Hemos vistos que *nosotros* somos quienes nos representamos ese tipo de objetivos. Si no intervenimos, el bebé va a llegar hasta el límite de sus posibilidades y va a detenerse... *por esta vez* –ya que observamos que no se trata de una decepción: un poco más tarde, lo retomará y, como sus posibilidades aumentan velozmente, puede llegar cada vez un poco más lejos en sus iniciativas.

Cuando está escalando el canapé o la banqueta y, sobre todo, cuando quiere descender, tememos la caída y queremos evitársela. ¿Por qué? Por supuesto, hay situaciones en que más vale estar bien cerca, listos para intervenir, pero tratando de que nuestra presencia sea lo más discreta posible; nuestras manos lo siguen, pero a una ligera distancia, él no las siente y, por lo tanto, sólo confía en sí mismo. Pueden incluso, a veces, animarlo discretamente: «*¡Vamos!, me parece que lo lograrás solo/a*». Es mejor poner un almohadón en el suelo y que se golpee suavemente que cogerlo o, incluso, sostenerlo para que descienda.

Recuerdo a un niñito de 10 meses trepando por medio de un sillón hasta una cama de adulto bastante más alta que él. Le gustaba bajar de ella por el otro lado, aferrándose con todas sus fuerzas a la parte superior del mueble, estirando la punta de los pies al máximo para sentir el suelo y, cuando lo lograba, se dejaba deslizar y caer suavemente sobre la alfombra. Sus padres lo observaban, jadeantes al comienzo, preguntándose si debían intervenir y luego lo miraban maravillados y divertidos por los sonidos del intenso esfuerzo que salían de su garganta.

Veremos en el próximo capítulo que lo más útil en esta situación es poner una colchoneta, almohadones o algo mullido en el suelo, en los sitios estratégicos, y sin duda, ¡quedarse bastante cerca al principio! Pero es extraordinario observar a una criatura tan pequeña haciendo algo tan difícil para ella únicamente por placer, por un profundo interés, sin ser estimulada de ningún modo ni haber visto a nadie hacerlo con anterioridad. Si uno no la interrumpe, podrá desarrollar esa experiencia de esfuerzos prolongados, de abandonar y luego retomar un objetivo, y esto a partir sólo de su propia voluntad.

Cada uno de nosotros, en diferentes grados, es intervencionista. Nuestra mayor o menor capacidad para dejar que nuestro bebé haga esas experiencias a su ritmo, una vez más nos permitirá conocernos un poco mejor a nosotros mismos. Es interesante ver que, en cuanto un bebé recibe cierta ayuda, la vuelve a demandar, poniéndose así, muy rápido, en una situación de dependencia (como cuando empieza a conocer los caramelos o la televisión...) Por lo tanto, debemos estar atentos: el intenso placer que le vemos experimentar durante su actividad libre nos reconforta en la idea de que tenemos razón y que no lo frustramos, sino al contrario, dejándolo actuar por sí mismo. Mas es un placer que tiene sus exigencias...

Su hijo no tiene ninguna experiencia de la vida. Éstas son las primeras experiencias que comenzarán a enseñarle de qué se trata o, en todo caso, a proporcionarle un cierto conocimiento de ella.

El respeto por el ritmo del bebé en sus descubrimientos

Otro ejemplo bastante pintoresco es el de los *regalos*. ¡Cuántos adultos, al entregarle un regalo a un pequeño, tienen la paciencia de dejarle abrir y descubrir por sí mismo lo que ahora es *de él*? ¡Obsérvenlos! «*¡Déjame, que te ayudo! Tira de la cinta… Pero no, ¡mira la caja! Se abre así. ¡Ah! ¡Qué bonito! ¡Mira!*» y se excitan; a veces, hasta juegan con el objeto antes que el niño. Están ansiosos por que descubra lo que consideran entonces más importante… Bien mirado, al bebé ¿qué es lo que le gusta de todo eso?

¡Cuántas cosas hay por descubrir y que se pueden aprovechar antes de llegar al contenido de la caja! Jugar con el hilo, con el papel, con la caja misma y sus colores, antes de percibir que adentro todavía hay algo más… ¿Buscamos el placer de quién?

Si deja que su hijo actúe por sí mismo, verá con asombro, pero creo que también con una profunda alegría y… mucho orgullo, que, en efecto, él es capaz de una actividad riquísima. Es posible que ni siquiera se le ocurra pedirle ayuda y que encuentre soluciones que a usted le sorprenderán.

Los esfuerzos de los que él es capaz lo asombrarán. Al existir poca exigencia desde fuera, se vuelca por entero a su actividad, que se vuelve maravillosamente variada.

¿Se da cuenta usted de la fuerza que le está brindando, al permitirle de este modo contar en primer lugar con sus propios recursos? ¡Qué triunfo en la vida si él conserva íntimamente la idea –porque es la única que conoce– de que, a menudo, hay que contar –y *puede* contar– esencialmente consigo mismo y con las propias fuerzas! Éstas son palabras que les decimos a los niños mayores y de las que quisiéramos que estuvieran convencidos. Sería más eficaz permitirles vivirlo desde el comienzo de la vida. Esa es nuestra responsabilidad.

La aceptación de la autonomía del bebé

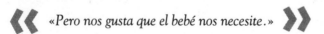

«*Pero nos gusta que el bebé nos necesite.*»

Es posible que, en efecto, no le apetezca la idea de que su bebé pueda pasar así largo rato, motivándose solo, **sin necesitarlo/a a usted**. Como desposeído/a, usted se pregunta una vez más: «*Pero entonces, ¿para qué sirvo?*».

¿Olvida usted los momentos de cuidados y comidas, la atención necesaria para disponer a su alrededor los juguetes adecuados que le convengan en cada momento? Una vez más, llegamos al mismo punto: si sufrimos por el hecho de que ya se nos escape, ¡eso no tiene nada de deshonroso! Pero reflexionemos: ¿hemos tenido nosotros padres sobreprotectores o que trataban de imponerse? ¿Nos hemos identificado con ellos y tenemos tendencia a reproducir la misma conducta a pesar de nuestra impresión de ser diferentes? ¿O bien nos habría gustado que se ocuparan más de nosotros?

Quizás un libro como éste le haga imaginar otro tipo de relación posible, menos pesada. Le ayudará a comprender pero, sobre todo, a no sentirse herido/a por ciertas reacciones de su hijo cuando le diga, por ejemplo, como mi pequeño de 2 años: «*Mamá, ¡vete a la cochina!*» (en otras palabras: «*¡Ve a la cocina pues no te necesito!*»). Lo cual, a pesar de todo, produce una curiosa impresión la primera vez que una lo oye.

Sí, es duro sentirse algo excluido/a, como más adelante, cuando sea capaz de apartarnos con un gesto firme del brazo porque uno se propone ayudarlo a subir a la bicicleta o hacerle un mimo. Pero ¿acaso en el futuro no está destinado a convertirse en un hombre (o una mujer) independiente de nosotros?

¿Cuál será nuestro mayor placer?

- ¿Ver que nuestro hijo evoluciona poco a poco con autonomía y confianza en sí mismo?
- ¿O retenerlo, tratar de moldearlo en el sentido de nuestro deseo, que lo volverá dependiente de nosotros? (¿lo vivirá con sumisión o, por el contrario, con oposición para defenderse?)

Usted me dirá: «*Esta situación contradice el axioma según el cual hay que dejarse llevar por el instinto, por la espontaneidad*».

¡Es cierto! Parece ser que nuestra espontaneidad a menudo nos llevaría a protegerlo más, a ayudarlo, a perpetuar una relación cercana; o a ser autoritario, exigente, colocando siempre muy alta la barra... A veces, hay renuncias difíciles. En esta área, como en muchas otras, aprendemos a elegir entre diferentes placeres.

Nuestras reacciones, repitámoslo, nos enseñan mucho sobre nuestra realidad interior. Con nuestra inteligencia, podemos convencernos de la importancia que tiene para un niño vivir por sí mismo. Y luego nos damos cuenta de que en la realidad más indecible, lo sobreprotegemos, somos intrusivos, lo sofocamos quizá por... angustia, por un enorme deseo de proceder bien, por un autoritarismo bien oculto, por la necesidad de que el otro se nos parezca... En cada uno de nosotros es diferente.

Desde el momento en que nuestros hijos nos permiten así tomar conciencia de nuestra realidad interior, nos están ayudando. Se trata de una oportunidad: nos están dando la posibilidad de liberar algo de todas esas otras capacidades que están dentro de nosotros, que son maravillosas, eficaces, pero que se encuentran más o menos sofocadas. ¡Si pudiéramos ser un poco más nosotros mismos...! Yo, ¿qué es lo que quiero para mi hijo, más allá de los modelos contradictorios?

Sobre todo, ¿qué soy yo? ¿Capacidad de amor, de placer, tranquila ternura o música exultante; poesía, ensoñación o arte de lo concreto?

Pues también nosotros disponemos de un potencial inmenso, original, al igual que nuestro hijo y al que no siempre le damos su valor...

Otra sorpresa que quizá pueda ayudarlos: en ciertos momentos, me maravillaba tanto lo que mis hijos estaban viviendo, que sufría ante la idea de que crecieran y me costaba creer a las madres de niños mayores cuando me decían: «*Ya verás, cuando ellos crecen, ¡también es bueno!*». Tenían razón. ¡Pero acaso usted tampoco me crea!

Quédese tranquilo/a. Habrá todavía tantos momentos en los que su hijo necesitará de usted...

NO LE ENSEÑE CASI NADA A LA MANERA DE ADIESTRAMIENTO

No es necesario mostrarle, hacerle hacer, hacerle rehacer, insistirle, etcétera, antes de que tenga 2 o 3 años.

No le proponga objetivos a su hijo que, en realidad, son los de usted.

El aprendizaje espontáneo

Debemos reiterarlo, un niño que se siente bien en su familia, al que se le permite experimentar a sus anchas, como venimos describiendo, se pone de pie *por sí mismo*, se sienta *por sí mismo*, se dirige de un punto a otro *por sí mismo*; sus juegos y toda su actividad mental se enriquecen muchísimo, aunque no tenga ocasión de imitar a otros niños.

Si, por ejemplo, usted suele sostenerlo para enseñarle a caminar, obsérvelo: sus piernas parecen flotar debajo de él, confía en sus brazos y no en él mismo. Si usted lo suelta, se cae y, a menudo, se hace daño. Tiende los brazos para que usted lo ayude a levantarse.

> *He visto hace poco a un bebé de unos 10 o 12 meses que «caminaba» con su madre que lo sostenía de ambas muñecas. Él miraba con intensidad a unos chavales que jugaban a la pelota; sus piernas avanzaban mecánicamente como si la situación no lo afectara...*
>
> *Intente observar a otro niño que se pone de pie solo, que luego abandona apenas el apoyo, oscilando ligeramente, sintiendo su equilibrio, reencontrándolo, cayéndose a veces, pero sentado, en general bien erguido (¡con o sin una vehemente protesta!), levantándose de nuevo...*

¡Padres, podéis sentiros orgullosos de la tenacidad de vuestro hijo, nena o varón, si lo observáis en sus aventuras: estamos lejos de la imagen del bebé quejoso y dependiente! ¡Tenéis delante a un pequeño ser decidido y fuerte!

Más tarde, necesitará de vosotros informaciones y demostraciones para enriquecer sus descubrimientos. Pero antes de los 2 o 2 años y medio, no las precisa en absoluto, al contrario. Esto es igualmente válido para las actividades «más finas».

> *Un día, cuenta una mamá, unas risas me hicieron observar discretamente qué sucedía en la habitación: de pie contra su cuna, Kevin (de 9 o 10 meses) había dejado caer el pijama que estaba colgado. Al caer, éste había cubierto una caja en el suelo con la que probablemente Kevin jugaba. Es-*

taba muy excitado al darse cuenta de que la caja había desaparecido y de que, tirando torpemente del pijama, reaparecía. Desplazando con torpeza otra vez el pijama, dejaba de verla… Esto parecía provocarle un gran interés, una gran diversión y una real excitación a la vez.

Uno podría tener ganas de intervenir: «¡Ah, *qué divertido… ya no está! ¿Otra vez?*». ¿Por qué no? Puede ser…, pero no parece necesario. Lo que vemos, en todo caso, es que un niño descubre la aparición-desaparición, la aprovecha, la experimenta, solo –con gran placer–, sin que ningún adulto lo haya incitado.

Obviamente, uno puede jugar con él, meter pequeños objetos en una caja, hacer rodar una pelota, esconder la muñeca; es un placer y a él le da «nuevas ideas». Pero no lo obliguen a repetirlo una y otra vez. Sería en detrimento de toda su actividad exploratoria, que es infinitamente más rica.

> Ahora sabemos bien que las cosas que mejor se integran son las que uno ha experimentado por sí mismo, en el momento en que le interesan.

Ésta es la razón de que todas las experiencias de hiperestimulación nos parezcan lamentables: muy a menudo, las adquisiciones son superficiales y se realizan en detrimento de toda la riqueza interior que hemos descrito.

Aquí, por el contrario, de lo que se trata es de desarrollar la aptitud para aprender, para comprender, para aprehender el mundo, aptitud que, de hecho, forma parte del niño, capital que no puede perder. Poseer no es ser… En los años por venir, el dinamismo y la creatividad ¿no serán más útiles que los diplomas? Sin duda, uno no excluye a los otros pero, con todo, no hay que sofocar la creatividad.

Una mirada estimulante

En consecuencia, durante todo este tiempo, usted no se encuentra inactivo/a. Ante todo, usted está allí y a su hijo le gusta que lo observe. Usted lo verá: acompañando sus esfuerzos, conmovido/a, pero absteniéndose de ayudarlo. Si él lo solicita, usted puede también responderle: «*Bueno, pero fíjate, lo estás haciendo (casi) solo… Tú lo estás haciendo… Formidable…*». O bien participar en silencio: a menudo, es lo que él prefiere. Comunión silenciosa, puesto que él registra evidentemente la intensidad de su emoción admirativa, estimulante, que lo nutre. Junto al adulto, es entera y plenamente él mismo. Usted, por su parte, va siguiendo sus progresos.

¡Qué emoción!, cuenta una mamá, cuando vi que la cabecita emergía por encima de la cabece-ra de la cuna: era la primera vez que se ponía de pie solo, estaba fascinado. Luego, el día en que lo vi aparecer en la cocina: había salido gateando de su habitación, siguió un corredor bastante largo y había llegado tranquilamente, muy interesado. Luego el día en que se puso de pie completamente solo, sin sostenerse en nada, mientras nosotros desayunábamos y él estaba sentado en el suelo. De inmediato, se bajó otra vez, sentado, mostrándose siempre muy interesado.

Esa misma noche, durante más de media hora (¡con fondo de «Jazz en vivo» de France Musique!), se puso de pie en el medio de la habitación y, una vez más, sin sostenerse para nada, volvía a caer, po-niéndose otra vez de pie, oscilando de delante hacia atrás, antes de ir nuevamente al suelo. Primero serio y concentrado, luego riéndose, después francamente divertido, encantado, permaneciendo de pie un po-quito más de tiempo. No quería molestarlo, así que me quedé allí, lo más discretamente posible, para de-jarlo entregarse por completo a su experiencia pero, con todo, llorando de risa...

Podéis confirmar las mismas observaciones para todos los estilos de actividad.

Así, nos damos cuenta de que un niño **necesita ser mirado**. Él no siempre desea que usted in-tervenga en su juego, pero sí que esté presente. Hay algo inefable en esta manera de estar cerca, juntos, pero sin intervención activa.

Myriam David dice que el pequeño necesita ser «mirado» como cualquier adulto necesita ser «escuchado».

NO SUGERIR OBJETIVOS POCO REALISTAS

Así, no se apresure en proponerle objetivos que en realidad son los suyos. Mostrarle a un niño an-tes de que sea capaz (y para que lo logre), cómo sostener la cuchara solo, cómo apilar cubos; in-sistir para que se trepe al sillón o que ensarte los aros, incluso hacerle reconocer tarjetas con pa-labras escritas o formas complicadas, es confrontarlo con la impresión de que debería realizar cosas de las que todavía no es capaz; comunicarle, por lo tanto, un cierto sentimiento de inferio-ridad, incluso de fracaso.

Es también provocar inevitablemente una llamada al adulto: pedirá ayuda y se pondrá así en situación de dependencia y de evaluación. El adulto olvida que ha sido su propia intervención la que obliga al niño a vivir una experiencia a cuya culminación todavía no puede llegar solo.

- Ofrézcale a un pequeño de 8 o 10 meses una caja de cubos grandes... **Si usted lo deja des-cubrirlos**, los manipulará, los arrojará, los chupará... Por ejemplo, pondrá uno en la punta de la mesa, le dará golpecitos con el dedo y observará cómo el cubo cae más o menos lejos. Lo volverá a levantar veinte veces, lo pondrá en la mesa, tratará de hacerlo rodar, caer...

Usted oirá cómo se acelera su respiración... la ley de gravedad: ¡qué asombroso descubrimiento! Permanecerá en absoluto silencio o vocalizará con vehemencia. Con seguridad, no se fijará en usted. Quizás un día, él solo, cuando nadie lo mire, descubrirá que puede poner un cubo sobre otro.

Ese día, usted entrará en su habitación y verá en el centro esos dos o tres cubos apilados, testigos de una gran actividad, obra de arte surgida en el desierto. ¡Qué emoción! Un poco más tarde, usted lo observará discretamente redoblar esfuerzos para que la pila se mantenga. La alegría del éxito será, muy a menudo, discreta pero intensa. Observe su mirada, todo su cuerpo en tensión hacia su obra; luego, la distensión... Quizás entonces se dirija a otra cosa.

- Si le ofrece la misma caja de cubos **y le muestra de inmediato cómo puede hacer una torre**, usted admirará en realidad su propia obra, él también... Él la hará caer y, sin duda, le pedirá empezar de nuevo, lo que usted hará divertido/a y mientras el juego continúa en un simpático ambiente. Entonces:

    - hace la experiencia de que hay cosas difíciles que él no puede lograr. Obviamente, esta toma de conciencia debe hacerse, pero no demasiado pronto: primero que pueda construir una buena base de confianza en sí mismo para enfrentar la realidad sin correr el riesgo de desanimarse;
    - entra inmediatamente en dependencia respecto de usted y le solicita que comience de nuevo.

Observe... a menudo, el juego termina en el aburrimiento, usted está harto/a y, finalmente, le dice que vaya a jugar solo. Él se pone un poco triste y protesta. Con mucha frecuencia, por otra parte, no tratará de apilar los cubos; aparentemente, es incapaz de hacerlo.

- Cuántas veces tenemos ganas de sugerirle: «*¡Ve, sube al sofá! Vale, yo te sostengo. Ahí está. Era difícil… ¿Otra vez más?*» o «*¡Mira! Se puede girar (ese disco telefónico tan frecuente hoy en día en los juguetes de los bebés). ¡Pon el dedo! Yo lo sostengo… ¡Escucha! Hace ruido. ¡Mira! Cambia de color… ¡Oh! Un gatito. ¡Oh! Y ahora un osito. Y aquí puedes apretar, tutuuu, ¡qué bonito!*»

Y el niño, incitado, pasa de una cosa a otra, **sin tener tiempo de elaborar su experiencia**, de tener una clara idea de lo que acaba de ver u oír, sin tener la posibilidad de repetirlo por sí mismo, a su ritmo, a su modo. Nosotros inducimos la excitación y oímos decir «*¡Qué nerviosos son los niños hoy en día!*».

A lo mejor, nos creemos obligados a «hacer» algo… «*Estoy aquí, tengo tiempo… puedo jugar*

Simplicidad de la ambientación:
un pequeño «en libertad» se apropia
de inmediato del espacio para poner
su cuerpo en movimiento sin ningún
requerimiento del adulto.

con él...» Tal vez sea un tanto decepcionante no tener que hacer nada. Pero, mientras él no se lo pida, estar ahí, junto a él, saboreando el momento: él se siente profundamente feliz simplemente por eso... y usted también.

Esto no quiere decir, claro está, que nunca haya que intervenir. Pero usted ve cómo se puede hacer, discretamente, acompañando al niño, y no adelantándosele o sustituyéndolo.

Acondicionamiento del lugar y material de juego

Más adelante veremos cómo se puede disponer el espacio. Su trabajo será diversificar todos los objetos para que él pueda manipular el material que le permita hacer experiencias cada vez más variadas. ¡Dele trigo para moler! ¡Pero para que lo muela él mismo! Éste será el tema de nuestro próximo capítulo.

Un ejemplo ilustrará nuestras palabras:

Cuando Máximo tenía entre 9 y 10 meses, cuentan sus padres, disponía de un gran espacio llano en la sala de estar con todos sus juguetes; nosotros pensábamos que eso estaba bien porque así él tenía mucha relación con todos los miembros de la familia. Luego, se volvió un poco «apático» durante la jornada, como si se aburriera... No era posible permitirle, a menos que se desarreglara por completo el espacio y la vida familiar, que trepara a algún sitio.

Después de dudarlo un poco, acondicionamos su habitación, un cuarto algo alejado, pero donde había un viejo sofá-cama; pusimos de costado un sillón al que pudiera trepar y, del otro lado, un almohadón en el suelo que le permitiera dejarse caer sin riesgo de hacerse daño, y hasta una pequeña rampa que hiciera las veces de tobogán. Con la puerta abierta, podría vernos mientras estaba solo.

De inmediato se apropió del espacio, trepándose al sillón, pasando de allí al sofá, bajando al suelo, con la cabeza hacia el frente, con prudencia, tendiendo los bracitos, luego rodando, en ocasiones un tanto rápido. Refunfuñó algunas veces, pero nunca pidió ayuda. Al mismo tiempo, cambió su conducta general; balbuceaba, se volvió más vivaz, más activo para todo...

¿POR QUÉ ESTAS ACTITUDES SON TAN IMPORTANTES?

Le doy un último ejemplo antes de concluir con este tema:

En la guardería, Laura, un bebé de 7 meses, se despierta. La auxiliar, ocupada con un grupo de niños, la levanta, la coloca con delicadeza sobre la alfombra, sentada contra unos almohadones, le coloca un sonajero entre las piernas y se va. Laura la sigue con la mirada y esboza algunos movimientos de delante hacia atrás para mantener el equilibrio. El sonajero está allí, frente a ella, que se inclina hacia delante, mirándolo. El brazo derecho esboza un movimiento hacia el juguete, lo que impulsa el cuerpo hacia delante: Laura se siente en desequilibrio y se estira hacia atrás, cae entonces de espaldas y se pone a gritar.

La auxiliar llega, le habla con delicadeza, la vuelve a sentar y le devuelve el juguete. Laura lo mira de nuevo, lo toma primero con suavidad y luego lo sacude con vehemencia, lo que hace que se le escape. Rápidamente se inmoviliza para no caerse. Mira a su alrededor. Después de un ratito, sigue sentada, su mentón se frunce y se pone a llorar.

Seguramente no podemos predecir cómo habría reaccionado Laura si la auxiliar trabajara desde otra óptica. Pero, razonablemente, podríamos imaginar esto:

Laura se despierta y la auxiliar, ocupada del mismo modo con los otros niños, la coloca, acostada, en la alfombra, hablándole y sosteniéndole la cabeza, con varios juguetes a su alrededor. Esta posición de espaldas le resulta familiar. Mira cómo su auxiliar se aleja (en la observación hecha, Laura no parecía particularmente triste ni inquieta), mira al aire, luego a cada lado. Ve una palangana roja, cubos, una pelota. De inmediato, endereza el torso, se sostiene en tres apoyos, toma la palangana que se da la vuelta, dejando caer la pelota de su interior. Su mirada sigue la pelota, ella se gira y repta en esa dirección…

Dejar que se exprese su capacidad de hacer frente a la situación

En ambas situaciones, Laura se muestra capaz de hacerles frente. En el primer caso, es el adulto quien no le permite aprovecharla mientras que, en el segundo, se lo hará posible. La segunda actitud no lleva más tiempo que la primera.

Por supuesto, una vez más, pueden intervenir otros factores. Ciertos niños son naturalmente más activos que otros; los contextos emocionales, afectivos y familiares de cada uno son diferentes. Pero vemos en este ejemplo cómo, tratándose de un mismo niño, el adulto puede permitirle desarrollar sus capacidades, estar activo con placer e interés –o, por el contrario, no permitírselo. Cuando este tipo de experiencia se repite todos los días, desde el comienzo de la vida, no podemos negar que orientará la personalidad de manera diferente, en el presente y para el futuro.

Usted percibe algo de lo cual hablaremos extensamente en el capítulo sobre las separaciones. Todo niño enfrentará separaciones, en la familia y, con más razón, en la guardería. Usted se da cuenta de qué manera el niño puede vivir un entrenamiento para movilizar su energía y, por lo tanto, para realizar experiencias positivas, sintiéndose bien y progresando incluso cuando se encuentre solo.

En el caso contrario, probablemente no se atrasará, pero vivirá al mínimo, a la espera permanente del adulto que pueda venir a socorrerlo o a interactuar con él. Todo el dinamismo que lleva en sí pero que, evidentemente, no conoce, no podrá entonces expresarse. Todos corren el riesgo de ignorar su existencia: se dirá de un niño que es «*frágil*» o «*caprichoso*» o que «*no sabe jugar*», que «*siempre quiere estar en brazos*»... En efecto, tiene tal conducta no porque él sea así, sino porque se ha visto obligado a ello por el entorno.

> El pequeño podrá concretar su capacidad de ser actor de su propia vida sólo si el medio se lo permite.

Acrecentar la confianza en sí

Nuestro competitivo mundo valora al niño precoz, orgullo de sus padres que ya anticipan sus éxitos en los exámenes, y que están dispuestos a estimularlo o a preocuparse si los progresos no les parecen demasiado rápidos.

No se dan cuenta de que la confianza en uno mismo y el placer de ser uno mismo, la seguridad interior, la capacidad para contar con sus propias fuerzas serán cartas de triunfo mucho más importantes en nuestra época, en que la seguridad y el dinamismo personales, la imaginación y las capacidades de iniciativa valen más que los diplomas...

Tendremos otra vez la ocasión de decirlo: es un alivio pensar que no somos los únicos responsables del desarrollo del niño, que no tenemos que «moldearlo». Él es el actor, él es quien integra, quien hace suyos los datos de la vida. Nosotros nos convertimos sobre todo en «colaboradores»; lo acompañamos ¡y cuánto! en el camino que es el suyo, pero podríamos acompañarlo solamente, sin querer dictarle siempre el camino...

En fin, esta «capacidad de estar solo» en presencia del otro lo prepara para la relación con los demás. Habiendo podido adquirir una buena conciencia de lo que él es, con gran placer en moverse y en realizar lo que alberga en sí, abordará a los otros sin preocupación, pero con un gran interés. Éstas son las mejores bases de una buena «socialización», a la cual, por lo tanto, no le aporta nada ser demasiado precoz.

Las reglas de oro

1. No ponga nunca (o casi) a su bebé en una posición que todavía no domine por sí mismo.

2. Evite todo aquello que pueda trabar su libertad de movimiento.

3. Ayúdelo muy poco en lo que emprende, dejándole la mayor parte del trabajo de exploración y de búsqueda de la solución.

4. No le enseñe nada, en forma de entrenamiento (mostrar, hacerle hacer, hacerle repetir, insistir) antes de que tenga 2 años y medio o 3 años.

LA AYUDA A LOS NIÑOS QUE HAN TENIDO DIFICULTADES O QUE TODAVÍA LAS TIENEN

Ya hemos mencionado el hecho de que los niños no están todos igualmente dotados. Si disponemos de medios para brindarles mejores oportunidades a los niños «que andan bien», con mayor razón deberíamos poder beneficiar a aquellos que tienen dificultades.

Su hijo pudo haber nacido prematuro, haber estado internado o haber vivido otro tipo de acontecimientos que hacen que no se desarrolle rápidamente o que presente algunas dificultades, importantes o no. Podríamos pensar que estos conceptos expuestos aquí no son válidos para él y que, por el contrario, hay que estimularlo mucho. Por el contrario, cada vez es más evidente que la actitud de escuchar activamente al bebé con las propias potencialidades que él manifiesta constituye una gran carta de triunfo. Ya no se trata de un pequeño ser a quien le falta algo que uno intenta compensar lo máximo posible, sino un ser entero, diferente, es verdad, de la mayoría, pero que posee igualmente su propia originalidad, con la cual puede también sentir placer y ser feliz. No estoy minimizando en absoluto la decepción, el sufrimiento y, con frecuencia, la angustia de los padres, pero lea estas descripciones.

Monica Aly, una kinesióloga alemana con una larga experiencia en niños discapacitados, nos ha mostrado en el Congreso de Budapest de 1991 cómo, para ella y su equipo, esta concepción de la confianza en el niño era una base importante para el trabajo terapéutico. Myrtha Chokler, fonoaudióloga y psicóloga argentina que utiliza esta concepción en su trabajo con los niños discapacitados, presentó en unas jornadas la filmación, entre otras, de un niño de 2 años y medio con parálisis total de la cintura pelviana y de los miembros inferiores y un ligero retraso de desarrollo, criado desde tiempo atrás con libertad de movimientos. Colocado en el suelo, se lo veía reptar con rapidez empleando brazos y codos, con la mirada vivaz y manipulando atentamente los juguetes puestos a su disposición. El niño asombra por su tranquila vitalidad, su concentración y el interés por su actividad y sólo en un segundo momento uno advierte su discapacidad.

Un dinamismo más lento, pero presente

Frente a un niño que ha sufrido o que es discapacitado, en principio tendemos a buscar qué podemos hacer nosotros para estimularlo y olvidamos que se trata, como en los otros casos, de un niño actor de su propio desarrollo, aunque su dinamismo sea mucho más lento, menos visible y necesite más de nosotros para expresarse. Por lo tanto, debemos despertar y luego reforzar la vida que alberga en sí mismo.

A través de todas las pequeñas experiencias de la vida cotidiana, podemos ayudarlo a darse cuenta de las posibilidades que tiene y que, a menudo, aún no conoce. Le dará placer realizarlas y, al sentir placer, tendrá deseos de comenzar de nuevo. La delgada corriente de energía de la que dispone puede crecer mucho.

Él logrará sentir que –a pesar de la preocupación, la angustia o el sufrimiento– somos capaces de ver en él sus competencias, que estamos contentos por eso y las aprovechamos junto a él.

Una mirada que ayuda a progresar

Observe a su hijo, averigüe qué le gusta hacer en este momento: manipular tal pequeño objeto, moverse, hacer ruido con ciertos juguetes en particular, etc. Varíe, enriquezca las condiciones para esas actividades en función de lo que observa; usted le permitirá expresar sus deseos personales, originales –inesperados quizá– de crecimiento, revelar la capacidad que en este momento está listo para desarrollar.

Usted verá así qué le conviene y podrá acondicionar el entorno en función de sus intereses, de sus motivaciones actuales. Él desarrollará por sí mismo el máximo de su disponibilidad en este momento.

Sobre todo, no se trata de mirar para «evaluarlo», basta una mirada discreta, claro está, porque un niño puede detener su actividad si se siente observado con insistencia, una mirada plena de afabilidad y simpatía que lo «envuelve» en una sensación de confianza, incluso en una emotiva admiración por los esfuerzos que realiza. Para él, el hecho de sentirse sostenido por usted frente a los propios esfuerzos, con el placer que encuentra en ello aunque la tarea que se propone le resulte difícil, le brinda una experiencia plena de seguridad que lo alienta.

La mirada comunica también, sin palabras.

Le recuerdo la cita de Myriam David: «*Un niño necesita ser* mirado *como un adulto necesita ser* escuchado». Algunos equipos que se ocupan de atender a niños con grandes dificultades físicas y psicológicas han demostrado hasta qué punto éstos hacen enormes progresos cuando son «*mirados*» con interés, simpatía, amor «*en el más amplio sentido*». En términos profesionales esto se traduce como: «*La observación del niño es terapéutica*».

Mirarlo con curiosidad y atención por sus esfuerzos, por sus decepciones... Hemos descrito el gran placer del niño que anda bien cuando se sabe objeto de interés, conservando, al mismo tiempo, toda su libertad. También esto es una fuente de placer reconfortante para el niño con dificultades en su desarrollo. Estar allí, compartir la alegría de sus logros, la intensidad de sus esfuerzos, la emoción que experimenta.

Así podrán desarrollarse en él una confianza y un bienestar interior que lo ayudan a liberar el máximo de dinamismo y de vitalidad.

Proponer juegos según sus capacidades y gustos

Si el bebé tiene 10 o 12 meses y todavía no trata de sentarse, permítale vivir a gusto el estar tumbado de espaldas, en el suelo, con los juegos que le apetezcan actualmente. Usted puede mostrarle más cosas que a otro niño, pero empiece por los objetos que le interesen a él, antes que por aquellos con los que usted piensa que él «debería» jugar.

Necesitará estar tranquilo para dejar que su energía tenga tiempo de expresarse y sus deseos, de manifestarse.

Para permitir que emerja en él la voluntad de moverse, de experimentar, colóquele cerca ese pequeño material adecuado para él, con el que se muestra contento; déjele la mayor iniciativa posible y la ocasión de conocer **el placer del descubrimiento y el placer del éxito**. Manténgase atento a no complicarle el juego para que no se vea expuesto al fracaso: estos niños se aíslan muy pronto.[14]

Tomemos el ejemplo de un rodillo duro, una especie de almohada muy rellena. Uno podría colocar a este niño boca abajo, encima del rodillo, para hacerle experimentar el desequilibrio y forzarlo a adelantar los brazos y luego, quizás, a avanzar apoyándose solamente con ellos. Así siente incomodidad y el rostro a menudo se crispa. Él mantiene el esfuerzo y logra lo que se le pide, o bien se echa a llorar. Frente a la coacción, puede obedecer, o intentar obedecer, pero se corre el riesgo de que ponga menos entusiasmo que si el mismo movimiento surgiera de él.

Usted también puede proceder de otra manera: no comenzar con un rodillo muy grueso, sino colocar encima un objeto que a él le guste. Tal vez él se eleve por sí mismo tratando de alcanzarlo. Un poco más adelante, podrá colocar el objeto del otro lado, procurando, obviamente, que lo vea; todo esto, aceptando que él se permita algunos rodeos. Son interesantes estos rodeos, que también constituyen un «trabajo», un ejercicio, que pueden beneficiar al niño sacando provecho de ellos. Y continuando así el niño no se encuentra «librado a sí mismo», sino que lo que usted le

14. Los niños con dificultades en su desarrollo conservan un gran dinamismo en su crecimiento, como los otros niños, pero es preciso mostrarles una confianza activa. Las observaciones de este libro tal vez logren convencerles y ayudarles.

va proponiendo está en función de propia motivación de su hijo en ese momento preciso. Verá que él irá manifestando nuevos intereses y que progresará.

Con frecuencia, vemos cómo les cambia el rostro y el tono general a los niños que comienzan a enriquecerse con este tipo de actividad: están más abiertos, la mirada es más vivaz, están más presentes. Muestran más confianza en sí mismos y empiezan a asumir pequeñas iniciativas. Tienen momentos de verdadero placer. Son más activos y siguen teniendo ganas de progresar. Al igual que para todos, una adquisición es un punto de partida hacia otra etapa.

- Se trata siempre de **mirar al niño, de escucharlo y de acompañarlo**. Usted debe mantenerse alerta con la mayor confianza ante esa vida que usted siente inhibida y confiar también en sí mismo/a en cuanto a su propia capacidad para ayudarlo a que evolucionar aun más. Nadie conoce al principio toda la intensidad de esa vida. A veces, usted puede sentirse decepcionado/a, pero pienso en muchos casos en que tal vida resultó ser infinitamente más fuerte que lo que médicos y padres hubieran podido suponer. Sus realizaciones sorprenden a todo el mundo –a su nivel y con su originalidad. A veces, vemos cómo un niño despliega capacidades que no conocíamos y en las que jamás hubiéramos pensado.

  Es como si hubiera combustible en su depósito, pero el tubo que llega al motor para que pueda arrancar fuera minúsculo. Si se amplía el conducto, haciendo llegar la energía, ya sólo con esto el motor marchará mejor aunque realmente existan algunas piezas deficientes. En algunos casos, se trata única, o predominantemente, de energía bloqueada. ¿Y si entonces se pusiera en marcha un mecanismo algo oxidado pero mucho menos deficiente de lo que se creía? Si la deficiencia está, y es ineluctable, justamente es necesario liberar toda la energía interna para hacer funcionar aquello que, aún con dificultades, puede funcionar.

- Por el contrario, su dinamismo tiene todas las probabilidades de bloquearse **si se le imponen demasiadas cosas** que no son adecuadas. El niño puede tratar de responder a las expectativas, y si éstas son demasiado elevadas, corre el riesgo de bloquearse o de perder el aliento con tanto esfuerzo, de perder confianza en sí mismo y en el otro y desanimarse.

Si hay profesionales que se están ocupando de su hijo, hable de todo esto con ellos. Usted se muestra sensible y está a la escucha de su hijo. Pida y obtenga que también ellos puedan escucharlo.

Todo lo que está escrito en este libro puede ser útil para su hijo: todos los pequeños momentos de la vida cotidiana lo ayudarán a progresar. Y, a pesar de algunas diferencias, la observación de Oliverio y la de Jerónimo pueden ilustrar lo que estamos diciendo (véase capítulo 6, págs. 183 y 186).

Capítulo 4

~~~

Los juguetes y la disposición del espacio

Juguetes que inciten al niño a descubrir la riqueza de sus sensaciones, las consecuencias de sus acciones y de sus manipulaciones.

Marie-Renée Aufaure, psicóloga adscrita al Banco del juguete, *À la découverte du jouet français*, Centro de documentación del juguete, octubre de 1995

Después de la lectura de los capítulos precedentes, usted comprueba que una de sus funciones es ofrecer a su pequeñín la disposición del lugar y de los objetos que le permitirán experimentar y desarrollar sus posibilidades (que no corresponde necesariamente a lo que está de moda). Se trata, en general, de objetos baratos y poco sofisticados.

Quizás usted se pregunte, a medida que el niño crece, qué juguetes ofrecerle, qué regalo hacerle. ¡Son tantos!

Aquí encontrará algunos elementos de respuesta.

La adecuación del espacio

Sus bases

Desde los 2 o 3 meses, lo primero es prepararle una superficie plana donde lo acomodará cuando esté despierto. Muy pronto, usted verá que ésta debe ser bastante grande; una cama con un colchón, preferentemente duro, es muy cómoda: la altura hace que no sea fatigoso para usted y no están muy alejados uno del otro.

Algunos cojines alrededor, o algo similar, le impedirán caer (en esto, esté atento/a a que estas «barreras» estén bien fijadas y sean eficaces: el bebé desarrolla rápidamente nuevas posibilidades y hay que procurar que no se caiga...). Muy pronto, el mejor lugar y el más seguro será el suelo: coloque una gran toalla sobre la alfombra o sobre un tapete bastante mullido tratando de fijarlo para que no se deslice.

Coloque a su bebé cómodamente acostado, boca arriba, procediendo como hemos explicado en el capítulo 2: colocando a su alrededor, cuando ya sea un poco mayor, algunos objetos acordes a su edad: telas de color, pulseras de plástico, sonajeros livianos hacia los 3 o 4 meses. Los describiremos en detalle un poco más adelante.

Desde luego, usted puede mostrárselos, sacudirlos o golpearlos uno contra otro frente a él, pero verá que no es necesario y que, rápidamente, su bebé se interesará en ellos por sí mismo.

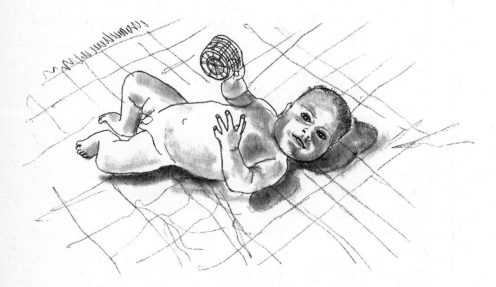

Observe que esté corporalmente relajado, con la columna vertebral extendida. Verá cómo puede girar la cabeza, cómo comienza a mover las piernas, los brazos, etc. Durante un rato, no depende de nadie: descubre en sí mismo la fuente de su actividad y de su placer.

ENRIQUECER EL ESPACIO

Poco a poco, a medida que vayan apareciendo nuevas posibilidades, usted irá enriqueciendo el espacio.

Un colchón en el suelo, junto a la alfombra del bebé, me ha parecido una fuente inagotable de experiencias y actividades. También puede ser un gran cojín chato o, mejor, un bloque de gomaespuma bien envuelto en un tejido lavable y bastante grande como para que el bebé disponga de un poco de espacio cuando esté encima.

Usted puede colocar ese colchón en el suelo hacia los 6 o 7 meses, cuando comience a pasar fácilmente de estar apoyado sobre la espalda a hacerlo sobre la tripa y viceversa. Pero, ¡cuidado!, para que el bebé no tenga experiencias dolorosas, colóquelo siempre primero en la alfombra: que sea él mismo quien suba, poco a poco, al colchón y luego se esfuerce para bajar. Después de haber integrado en su cuerpo los movimientos del ascenso, podrá descubrir en sí mismo aquéllos necesarios para el descenso.

Me di cuenta con asombro de que los 15 cm de espesor del colchón son una montaña para un bebé. Cuando puse a mi pequeño por primera vez en el colchón y él quiso dirigirse hacia la alfombra en el suelo, el descenso fue vertiginoso. Yo ya presagiaba el chichón y ¿por qué no? la fractura de cráneo. Ahora bien, si nuestro principio consiste en dejar que el niño haga los descubrimientos por sí mismo, ¿cómo no había previsto yo que, primero, él tenía que experimentar la subida?

Al comprender esto, nunca volví a ponerlo más que en «el suelo inferior»: directamente en la alfombra. Necesitó una buena decena de días para llegar a treparse al colchón y ocuparse activamente con los juguetes que allí encontraba. Pudo, entonces, reptando hasta el borde del mismo, estirar la mano hacia abajo, tocar la alfombra para, por fin, dejarse deslizar o rodar, a veces algo bruscamente. Hubo, todavía, algunos rezongos, pero no volvió a hacerse realmente daño.

Evidentemente, había integrado algo relativo al desnivel y, entonces, las nuevas y extrañas sensaciones del descenso ya no lo sorprendían de verdad, aunque fueran desagradables. Desde entonces, le apeteció subir y, sobre todo quizá, bajar; las múltiples posiciones en las que se encontraba parecían procurarle mucho placer y se acompañaban de «sonoridades» y mímicas de esfuerzo e interés ¡muy sugerentes!

Aquí vemos bien de qué modo gran número de experiencias son utilizadas por un niño cuando lo hace solo. Si nosotros intervenimos tocándolo, ya sea para retenerlo o para alentarlo, estamos introduciendo un factor exterior a él e impidiéndole sentir y elaborar a su ritmo. Para nosotros, es una gran seguridad el hecho de saber que nuestro hijo *puede* así descubrir y tener éxito por sí mismo. No se sentirá impotente porque no lo ayudemos: tres semanas más tarde, aproximadamente, mi hijo dominaba la situación, subiendo y bajando con brío, dejándose caer, a veces, entre grandes carcajadas.

A continuación, es posible enriquecer las ocasiones para experimentar: un pequeño estrado de madera que uno mismo puede fabricar (unos 12 a 15 cm de altura) y que tiene la ventaja de ser duro (no cambia de forma como el colchón), una almohada muy rellena para que sea bastante firme, bloques de gomaespuma bien densa, etc.

También se pueden crear relieves más importantes: por mi parte, había improvisado una escalera constituida por un bloque de gomaespuma de unos diez centímetros de altura, en el que se encontraba una caja de detergente llena para que fuera pesada y, finalmente, una silla baja bien rellena, todo puesto a lo largo del colchón siempre en el suelo. La exploración duró varios meses, y fue absolutamente progresiva (véase pág. 83).

Se puede construir una «casita» bajo una mesa, con una gran tela que cuelgue para cerrarla un poco y detrás de la cual poder esconderse. O un sillón bajo el cual se pueda reptar. Quizás encuentre usted un pequeño plano inclinado por el que el niño pueda deslizarse...

A partir de estos ejemplos, usted generará sus propias ideas y su propio bebé se las dará.

Todos los bebés necesitan, regularmente, interrumpir su actividad de manipulación fina para efectuar, antes de retomarla, algunos movimientos que integren el cuerpo entero.

Un bebé logra recuperar la calma y ser menos acaparador si puede investir su energía desbordante en actividades motrices «interesantes» tales como escalar, dejarse deslizar, reptar por debajo de algo.

Por esta razón los acondicionamientos que hemos descrito son mucho más útiles de lo que habitualmente se piensa.

UN ESPACIO PROPIO

Resulta, por lo tanto, bastante simple acomodar la habitación de un bebé de modo tal que pueda jugar directamente en el suelo. Pero no todos los niños tienen la suerte de tener su propia habitación. A pesar de que no siempre es fácil organizarlo, es, no obstante, necesario, que un niño pequeño disponga de *un rincón para él*, al menos durante momentos prolongados de la jornada.

Como esta etapa no dura mucho, en general es posible modificar la distribución de muebles y sillones, lo que implica una renuncia momentánea a la estética... Con sillones cubiertos por una buena funda y una escalera improvisada del tipo que he descrito, sumado a la cuna con barrotes, a la que se le habrá desmontado un larguero, se puede delimitar un espacio en el que nuestro héroe tendrá mucho por hacer y donde podrá desarrollar tranquilamente su capacidad de concentración.

Usted puede colocar un pequeño colchón abajo del canapé o grandes almohadones o, por el contrario, una plataforma dura como un cajón boca abajo lleno de libros para que se mantenga estable. Verá que a su niño le encantarán estas exploraciones, que pueden llegar a ser muy variadas.

Frecuentemente debe revisarse cómo se acomoda el espacio y los objetos: lo que era una muralla eficaz deja de serlo dos o tres meses más tarde. «*¡Las alegrías de vivir con un pequeñuelo no están exentas de molestias!*». Pero, luego, usted sentirá que este período pasó tan rápido...

Si usted desea instalarlo en la sala de estar o en otro lugar, resulta fácil transportar a cualquier sitio una gran tela (estilo toalla de playa) y una cesta para llevar sus juguetes.

EL PARQUE, UN ESPACIO PROTEGIDO

Recuerde que si usted pasa buenos momentos de intercambio con su bebé, en particular durante el aseo y las comidas, él será capaz de pasar otros, bastante largos, jugando solo, prescindiendo de usted. Por lo tanto, no debe sentirse obligado/a a llevarlo de habitación en habitación adonde uno tenga que ir. Usted puede instalarlo cómodamente en un lugar, luego hablarle a distancia e ir de vez en cuando a mirarlo ¡y hacerle un pequeño «cucú»!

A pesar de que con frecuencia suscita mucha oposición, el parque puede ser un lugar de juego bastante simpático si no se lo utiliza muy a menudo y si uno se preocupa por colocar allí objetos interesantes, esos objetos que al bebé le encantan, que conoce y con los que experimenta intensamente. Es cierto que cuando el pequeño comienza a reptar un poco más lejos o a desplazarse gateando, hay momentos en que la mamá necesita ocuparse de sus cosas con la mente tranquila..., en tal caso, limpieza y cocina pueden hacerse con más rapidez.

- Evite el **parque de red**, al que el niño no puede aferrarse con seguridad: allí oscila, corre el riesgo de caerse y es muy desagradable. Pero tenga cuidado también con el parque de bordes rígidos, pues el niño puede ponerse de pie demasiado pronto. Lo logra porque es fácil, pero todavía no está suficientemente maduro para poder volver al suelo sin caerse o sin ayuda; permanece, entonces, en posición vertical, un poco trabado, tenso, aprovechando a menudo para arengar a una multitud imaginaria. No se siente realmente bien y experimenta los inconvenientes de los que hemos hablado al referirnos a la postura de pie demasiado precoz.

  Cuando el bebé controla bien por sí mismo el hecho de ponerse de pie y luego soltarse para volver al suelo, ya deja de ser un inconveniente. Se mantiene activo en el parque mientras ve qué sucede a su alrededor, lo cual puede provocarle deseos de salir, pero también limita su sensación de aislamiento.

- **Cómo se siente el bebé en el parque** depende ciertamente de él mismo pero, sobre todo, de la actitud de los padres y de lo que éstos le permitan experimentar mientras se encuentre en él. Es evidente que un pequeño de 7 u 8 meses que se encuentra sentado en el parque con algunos objetos de peluche y una jirafa que chilla se pondrá a llorar de inmediato y querrá salir porque se aburre. Póngale dos palanganas y cajas, algunos cubos y unos aros... Pasado el efecto sorpresa, me asombraría que no se olvidara de los barrotes...

De todos modos, cuide que en el exterior no sucedan situaciones demasiado «interesantes» que pudieran provocarle muchos deseos de participar.

Los juguetes del primer año

Frente a la profusión existente, uno se pregunta a veces qué juguetes ofrecerle a su bebé. ¡Quizá se llevará usted alguna sorpresa al leer este capítulo!

JUGUETES QUE SUSCITEN INTERÉS

Los **peluches** son sin duda útiles como objeto de mimos; representan, para algunos niños, la suavidad del contacto con los padres. A unos les encantan, otros los ignoran. Usted debe averiguar qué es lo que le gusta a su bebé. Muchos son inútiles, en particular los enormes, que les dan mucho más placer a los adultos que a los niños y que, a menudo, estorban notablemente en las habitaciones. Pero quizá los utilicen más adelante si su imaginación es lo bastante rica para convertirlos en personajes teatrales.

Encontrarán a continuación una **lista de los objetos y juguetes** utilizados frecuentemente por los pequeños durante todo el día en «actividad libre».

De 3 a 6 meses:
- pequeños cuadrados de telas de colores vivos (fáciles de coger, no hacen daño al caer sobre el rostro);
- sonajeros livianos y casi silenciosos que no sobresalten al bebé;
- juguetes alargados y silenciosos;
- pulseritas muy finas de plástico y de colores vivos;
- volantes de bádminton mientras no tenga dientes.

De 6 a 9 meses:
- pelotas y aros grandes;
- canastitas (de esas que se encajan unas en otras, por ejemplo, y que resisten los mordiscos), cestas para el pan como las de antes, de plástico muy calado, cajas de archivo, también de plástico calado;
- palanganas de plástico de diferentes tamaños;

- cubos (ni demasiado grandes ni demasiado ligeros);
- cubiletes y pequeños objetos cóncavos del tipo jaboneras; moldes para hacer masa;
- cubetas.

De 9 a 12 meses:
- juguetes huecos, palanganas de plástico; cubetas, cubiletes de todos los tamaños y de todos los materiales;
- sonajeros; juguetes alargados;
- pelotas; aros grandes;
- tapas de pequeños potes en gran cantidad reunidos en principio en una palangana.

Por lo tanto, casi los mismos, pero con frecuencia de mayor tamaño. Lo que cambia es, sobre todo, la utilización.

De 12 a 15 meses:
El repertorio se amplía, la utilización se va enriqueciendo más aún, pero los bolos y los juguetes alargados que pueden verticalizarse, las palanganas de plástico y los baldes mantienen aún su preferencia.

Los objetos que suscitan mayor tiempo de concentración

Una investigación estadística ha demostrado, por otra parte, que, en un grupo de niños que ejercen una actividad libre de manera habitual, los objetos que suscitaban mayor tiempo de concentración, es decir una actividad de mayor duración sin que el niño desviara su mirada, eran:

- de 3 a 6 meses: los «pañuelos» de colores vivos;
- de 6 a 9 meses: las palanganas, las cubetas y objetos cóncavos;
- de 9 a 12 meses: las pelotas y las cubetas.

LOS LIBROS Y LOS JUEGOS

El comienzo del interés por los libros es muy variable. Por lo tanto, puede poner dos o tres a su disposición alrededor de los 8 o 9 meses, y ver qué pasa. Elíjalos de cartón con dibujos muy simples. Si los sostiene del derecho o del revés, no tiene ninguna importancia (esto puede durar hasta los 2 años o más sin inconvenientes); los libros apasionan a algunos niños que balbucean con convicción y manifiestan, a veces, elecciones muy precisas. Otros se interesan más tarde pero, una vez más, ¡no se preocupe!

Luego, entre los 15 y los 18 meses, las actividades se enriquecen con los mismos objetos, a los que pueden agregarse los aros que se ensartan en el vástago, cubos de madera más grandes, las cajas llamadas «de letras», donde se trata de introducir piezas en su interior a través de orificios de la forma correspondiente, libros de cartón. Y es el comienzo de los juguetes de imitación: coches, muñecas, objetos de la casa en miniatura (platos, tazas, pequeños vasos de plástico, cacerolitas, escobas, trapos...) juguetes que son más habituales y sobre los que volveremos.

La mayoría de estos juguetes deben ser silenciosos. Se creía comúnmente que a los bebés los atraía todo lo que hacía ruido... atraerlos, quizá, pero, a menudo, les provoca un poco de miedo. Los sonidos de algunos sonajeros son demasiado agudos y suelen resultarles desagradables. Los niños no los eligen espontáneamente; a menudo son los adultos quienes los utilizan, deseosos de provocar la risa del bebé, un poco como cuando juegan a hacerle cosquillas. Con frecuencia les producen más excitación que realmente placer.

LA RIQUEZA DE LOS OBJETOS COTIDIANOS

Proporciónele a su bebé muchos objetos comunes: palanganas de plástico, de tamaños y colores diferentes, espumaderas, jaboneras, rejillas de pileta, cucharas de madera, cubiteras de hielo, pulseras de colores vivos, papeleros calados, en los que incluso pueda ¡introducirse reptando!

Observe bien cómo se interesa por esos objetos (a los que dudamos un poco en llamar «juguetes»), eligiendo de inmediato aquellos con los que pueda efectuar todo tipo de manipulaciones. Usted se asombrará de todo lo que inventa con cubiletes y palanganas de plástico. Lo verá concentrado, sin prestarle atención a nadie; a veces parecería retener la respiración, por momentos silencioso, en otros balbuceando muy fuerte; siente usted que él se halla totalmente comprometido con su actividad y, podríamos decir, ¿feliz? Se percibe un profundo sentimiento de plenitud.

Una palangana, un cubilete y un objeto pequeño como un cubo han sido para mí los más útiles, en la consulta, tanto en el hospital como en los hogares infantiles, para entrar en contacto o para ayudar a algunos niños a calmarse cuando no se sentían bien (la mayor parte de las veces cuando todavía no me conocían). Tratar de quitar el juguetito de la palangana, girarla, «experimentar» el hueco metiendo la mano o el rostro hasta el fondo son «actividades» que interesan a todos los niños pequeños y que deben provocarles resonancias profundas.

A estos objetos, se pueden sumar algunos de los juegos que se encuentran en el comercio: cascabeles de madera, manojos de llaves de plástico, jirafas y juguetitos de goma, tableros de actividades... Pero muchos niños los dejan rápidamente de lado, por más bonitos que sean: «*Ella se aburre* –dice usted– *enseguida quiere que la alcen en brazos*». Busque en sus estantes o en la sección de plásticos del supermercado. Verá que no son inversiones económicamente importantes.

No corre usted grandes riesgos: coloque a su bebé en el suelo sobre una gran toalla que no se deslice debajo de él y, a su alrededor, algunos de estos objetos. Observe varios días seguidos: podrá formarse su propia opinión y descubrirá qué le gusta a él.

Uno de mis chavalillos pasó mucho tiempo con lo que se llama «tablero de actividades» donde están fijados rodillos que giran, objetos que hacen ruido cuando se los aprieta, un espejito, etc. Pero el otro, nada que ver. El primero se apasionó con una casita de plástico cuyas puertas y techo se abrían, objeto que dejó casi indiferente al segundo… que prefería hacer rodar pelotas, escalar y… ¡contar historias!

Por lo tanto, es difícil saber *a priori* qué le gustará a su hijo, y ahí uno comprueba cuán diferentes son las criaturas.

PERMITIR EL DESCUBRIMIENTO PROGRESIVO DE LOS OBJETOS

Claro está que no colocará todos los juguetes a la vez. Comience por los más simples y, a medida que va progresando, usted irá viendo cómo puede agregar nuevos objetos y cuáles: aun en la situación en que no se le proponga ninguna idea nueva, **ningún niño se estanca**. Usted sabe ahora que, al margen de cualquier estimulación, siguiendo el progresivo desarrollo «normal» de sus posibilidades neurológicas, sensoriales, motrices, el niño va enriqueciendo por sí mismo sus actividades, con la condición, claro está, de tener a su disposición los objetos que se lo permitan.

No obstante, los niños que están mucho tiempo en la cuna, en la sillita o en el suelo sólo con algunos peluches y juguetes u objetos sin interés no pueden descubrir el placer de la actividad, o lo pierden; no experimentan en su ser la alegría, que parece ser intensa, de un «funcionamiento» personal «al máximo».

«*Un bebé llorón es, con frecuencia, un bebé que se aburre*»: compruebe entonces si el suyo tiene suficientes **descubrimientos** por hacer en este momento o si no sería bueno aportarle algunas novedades. Así, como hemos dicho, sería muy conveniente colocar cerca de él dos o tres objetos «cotidianos» que él mirará, golpeará uno contra otro, comparando aparentemente los ruidos, tratará de introducir uno dentro del otro, chupará, arrojará lejos, sopesará. Y lo/a sorprenderá por la variedad de las manipulaciones y la seriedad con que lo encara.

Suspender algún objeto por encima de un bebé que está tumbado, entretiene a algunos y enerva a otros, que parecen querer desembarazarse de él. No es en absoluto indispensable. Usted es quien debe evaluarlo.

Algunos «juguetes» de discutible interés

Las barras

Ya que la cuna es el sitio para dormir y no para jugar, las **barras** que se fijan por encima parecen totalmente fuera de lugar. Por otra parte, la mayoría de los niños juegan poco con ellas y, a veces, se observan crispaciones en el cuello y los hombros (es difícil que el niño esté bien ubicado respecto de la barra: en general, está demasiado cerca o demasiado lejos). Algunos quedan como fascinados por este objeto y parecen no poder apartar la mirada. Hechas, sobre todo, para incitar a extender las manos, luego para elevarse, balancearse, erguirse, las barras resultan, en realidad, bastante inútiles, porque nuestra experiencia muestra que los niños no necesitan ningún juguete para hacerlo por sí mismos.

Los objetos difíciles de manipular

En general, a los bebés les gusta mucho oír las sonoridades de las cajas de música. No obstante, ¡cuidado!: son incapaces de hacerlas accionar por sí mismos, algunos tienden desesperadamente las manos hacia ellas, pero se les prohíbe tocarlas. Finalmente, a veces son demasiado ruidosas.

Por otra parte, desconfíe de los juguetes de apariencia seductora: algunos móviles, ciertos personajes o cochecitos con resorte o a pilas, etc., pueden ejercer una especie de fascinación sobre los niños que no les quitan los ojos, quieren tocarlos, manipularlos, pero no pueden hacer nada por sí mismos con ellos. A veces, ni siquiera se les permite tocarlos porque son frágiles. Estos juguetes se transforman así muy rápido en fuente de conflictos o de frustración y se revelan como un gasto superfluo.

La televisión

La televisión fascina, a menudo, a los bebés y algunos no pueden despegar su mirada de ahí. Es evidente que nada puede aportar la televisión a niños tan pequeños que no comprenden lo que allí sucede. Representa, para los adultos, una ayuda muy peligrosa pues es cierto que, a menudo, al quedarse tranquilos los niños instalados frente a ella, también se quedan tranquilos los adultos.

Es obvio que, de vez en cuando, la televisión no puede perjudicar, pero siempre existe el peligro de hacerle descubrir al niño un placer fácil, que lo aparta de muchos otros tanto más estimulantes y tanto más enriquecedores. Frente al aparato encendido, el niño se acostumbra a recibir pasivamente imágenes sobre las cuales no tiene ningún poder, con un fondo sonoro que le faltará cuando se apague.

Dejarlo frente al televisor es, sobre todo, desarrollar actitudes opuestas a las que venimos describiendo como tan preciosas para él tanto en el presente como en el futuro. Algunos padres piensan, de buena fe, que es un medio para despertar la inteligencia de sus hijos. Espero que este libro les haya mostrado algunos instrumentos más ricos, más eficaces y menos peligrosos.

Los juguetes sofisticados

Muchos otros juegos sofisticados y, generalmente, costosos están destinados a «estimular» la actividad de los niños. ¡Son inútiles! Más allá del hecho de que los niños, frecuentemente, juegan poco con ellos –como decíamos con relación a las barras– crean dependencia y, entonces, la criatura se ve, ya sea limitada en sus actividades, ya sea obligada a demandar la intervención del adulto.

Observe, por ejemplo, uno de esos caballitos «hamaca» que, por definición, basculan en cuanto se los toca: ¿de qué otro modo puede subirse un bebé si no es sostenido firmemente por un papá? ¿Y para bajarse?

A veces, incluso, se le instala un tablero de actividades en la cabeza del caballito: encajado allí arriba, incapaz de bajarse cuando tiene ganas, ¿cómo puede el niño encontrar verdadero interés en ese juego después de un primer momento de sorpresa? ¡Espere para eso a que pueda subir solo! ¡Y permítale entonces experimentar el placer de descubrir el balanceo y aprovecharlo verdaderamente!

¡Como ve, se puede ahorrar mucho!

Si tiene dinero disponible, más vale esperar y utilizarlo más adelante, ya sea para fabricar usted mismo/a una pequeña estructura para trepar, por ejemplo, ya sea para comprar juegos para los mayores que, a menudo, son más caros. Dígales esto a sus amigos que buscan qué regalo le gustará (¡a usted!)...

La edad de la exploración (de los 10-12 meses hasta los 15-18 meses)

Su bebé comenzará a reptar y a salir de la alfombra, a ponerse de pie agarrándose a algo, a deslizarse gateando. Con emoción, un día lo verá pasearse de una habitación a la otra, husmeando, tratando de observar todo lo que hay a su alrededor.

Si quiere que su deseo de explorar no sea demasiado exasperante para usted, eche un vistazo a toda la casa, quitando lo que sea peligroso, frágil o... resulte enojoso redistribuir, ya que él no dejará de tomar las cosas, de observarlas, de hacerlas caer, de chuparlas, etc. Algunos niños logran controlar sus gestos rápidamente y no volver a tocar lo que está prohibido. Otros tardan lo bastante como para ¡cansarlo a uno realmente! Usted debe ver qué número de suerte le tocó y con qué claridad y determinación impone los límites.

Prevea algunos sitios disponibles para que su niño logre ponerse de pie quedando frente a una superficie plana: mesita, o mueble que se encuentre justo a su altura y que le permita manipular cómodamente los objetos.

Podemos distinguir tres territorios de actividades: su habitación o rincón propio, la casa por explorar y el exterior de la casa.

A este niño le gusta avanzar con las dos palanganas. Trata de «regular» la presión de las manos y de los dedos, goza a veces porque las palanganas se deslizan rápidamente; por momentos parece intrigado, incluso fastidiado cuando se bloquean. El equilibrio del cuerpo se modifica, los sonidos producidos varían según el sitio donde se encuentre...

SU HABITACIÓN O RINCÓN PROPIO

Muchos libros le darán ideas sobre actividades y acondicionamientos posibles. Nosotros hemos mencionado algunos anteriormente; piense siempre que él tiene deseos de experimentar, de comparar, de estar activo.

Ya hemos dicho que se pueden evitar los juguetes caros y sofisticados y privilegiar aquello que permita **la actividad motriz**. Los niños de esta edad sienten un verdadero gozo al treparse, dejarse deslizar, pasar debajo de un túnel... ¡Diviértase con él, usted en calidad de diseñador y él como usuario exclusivo!

Un sillón bien estable junto a una cama de adulto o a un sofá suficientemente alto, con un colchón en el suelo del otro lado, puede constituir un circuito apasionante durante algunas semanas y, si usted se da maña, creará bocetos de «estructuras para trepar».

A esta edad, con frecuencia él se verá más interesado por todos los objetos de la casa, pero, sin duda, le seguirán atrayendo los cubos, las palanganas grandes, los aros que se ensartan en un vástago. Es el comienzo de los juguetes de encaje y de la diversificación de los libros de cartón.

- **Ordene frecuentemente estos juegos.** El baúl de los juguetes probablemente no es buen sistema, pues los objetos se encuentran allí en total desorden: los cubos junto con los aros, con una muñeca cabeza abajo, con una página de libro. En cambio, usted puede tener canastos pequeños para todo aquello que no sepa dónde poner. Pero el conjunto de los juguetes debe estar ordenado. Tienen absolutamente otro significado cuando están colocados en orden sobre un estante. Los cubos juntos, los aros ensartados en su vástago, los libros en fila, los juguetes desmontables montados, las muñecas sentadas o con la cabeza derecha (es un poco molesto de hacer, ¡pero vale la pena!)

La observación realizada en una guardería revelaba que los niños de un grupo de 15 a 18 meses se aburrían y las educadoras pensaban que era necesario introducir nuevos juegos. Como en lo inmediato carecían de dinero, decidieron reordenar todos los juegos varias veces por día «para darles un mejor aspecto».

Comprobaron entonces una recuperación del interés y de la actividad en los niños. La cantidad y el tipo de juegos eran los convenientes; ¡lo que se necesitaba era sólo una presentación coherente y ordenada!

Usted puede darse una vuelta por su piso y por sus estanterías y salir de lo convencional. Observe también a su hijo: por el uso inesperado que haga un día de tal objeto, a usted se le ocurrirá una idea... Una pequeña escalera doméstica puede tener mil usos: extendida plana en el suelo, es un verdadero terreno de escalada para un explorador de 8 meses; de lado en el suelo, fijada en sus extremos, se puede convertir en una barrera; y abierta, vertical, se transforma en un extraordinario sitio para trepar, obviamente, en su presencia...

LA CASA «EXPLORABLE»

Muy a menudo, a los niños les encanta andar por la cocina o por el baño.

El problema de la cocina no es simple. Existen muchos peligros mientras uno prepara la comida: el horno muy caliente, los mangos de las ollas que sobresalen, los cuchillos... y, de manera permanente, objetos y productos de limpieza que son peligrosos. Se habla de ellos lo suficiente como para no tener que detallarlo aquí.

Éste quizá sea el momento de decir algunas palabras acerca de las barreras: ¿son una desventaja para el desarrollo de un niño?

Barreras protectoras y barreras limitativas

Si no se instalan con un espíritu punitivo y de limitación sistemática del espacio del niño, las barreras no constituyen una desventaja. Sólo a los adultos les evocan una prisión, pero el niño, lo vemos, tiene todo su espacio detrás de él. La barrera en lo alto de una escalera para evitar las caídas no plantea ningún problema, pero colocar una en la puerta de la habitación para que el niño no salga o al pie de una escalera para que no pueda subir exige quizás un poco más de reflexión... El pequeño de 10 meses, con más posibilidades e interés por el exterior que antes, necesita un espacio más vasto y variado, pero no necesariamente en todo momento.

Es aconsejable, entonces, determinar aproximadamente los momentos en que podrá recorrer la casa y aquellos en los que permanecerá en su habitación. También es posible delimitar algunos sitios en los que no entre nunca estando solo (por ejemplo, si los padres quieren conservar la privacidad de su habitación, el pequeño puede aprender que sólo irá con ellos y cuando se lo permitan...).

Vemos a menudo cómo un pequeñín necesita aprender que se integra a un mundo ya existente y no a un mundo en el que todos sus deseos pueden ser realizados de inmediato. Puede ser «enriquecedor» para él vivir pequeños disgustos tales como no poder entrar a la cocina porque mamá está con las ollas y descubrir entonces, después de unos instantes de tristeza o de indignación, la pelota que sí puede hacer rodar por el pasillo de enfrente... De este modo, descubre que él mismo es capaz de encontrar compensaciones. Pensar esto tiene utilidad cuando uno tiende al autorreproche: «*¡No querría limitarlo en sus experiencias!*».

Trate, entonces de comprar una barrera fácilmente eliminable. El día en que usted la instale, su hijo mostrará, quizá, reacciones de sorpresa o disgusto. Durante los primeros días, podrá ayudarlo a superarlas quedándose con él en el interior de su habitación o del espacio cerrado. Probablemente, quiera entonces tomar los juguetes que estén allí y compartir con usted su actividad. De este modo, la presencia de la barrera estará asociada a un placer y no a una frustración: él descubre la barrera con usted, *desde dentro*, y no estando usted primero afuera, como si fuese un impedimento para estar juntos.

Luego, le explicará lo que volverá a repetirle tantas veces, que hay un tiempo para jugar en su habitación y un tiempo para pasearse por todas partes: «*Ahora, es momento de jugar en tu habitación... dentro de un rato, cuando hayas terminado, vas a poder salir...*».

Es el comienzo del aprendizaje con delicadeza de reglas que no tienen nada de limitativo; el comienzo de la representación del tiempo: ahora, después, un poco más tarde...

Todas estas precauciones son necesarias en diferente medida, según cada niño y según cada etapa: algunos a quienes les gustan las actividades estables no sufrirán; otros, por el contrario, protestarán enérgicamente. Volveremos sobre este punto en el capítulo sobre el aprendizaje de las reglas, pero empezamos a darnos cuenta de qué útil puede ser para el niño que, en casos tan simples y no «traumáticos», lo que se haya decidido sea claro, siempre más o menos similar y permanente –a menos que usted se dé cuenta de que se equivocó, cosa que podrá explicarle y de lo que también volveremos a hablar.

La cocina y el baño sin peligro

- Si la instalación de la **cocina** se presta, usted puede permitirle a su hijo entrar en aquellos momentos en que no haya peligro y en que usted esté disponible para vigilarlo.

Utilizando una mesita para poder subir –él solo, si fuera posible– la pila de la cocina se convierte en un área de «trabajo» ¡más que apreciada! «Lavar los platos», «lavar la ensalada» o jugar hasta el infinito con objetos de plástico: el placer que uno observa, ¡bien vale la pequeña molestia de tener que escurrir dos trapos! A título de ejemplo, usted puede «prestarle» un par de alacenas de la cocina, y cerrar cuidadosamente las otras. Él podrá abrirlas, vaciarlas, encontrar allí cosas apasionantes: cajas para refrigerador, tapas, tapones, coladores, cajas para queso, cubiteras, etc.

Algunas cocinas se prestan a esos «trabajos», otras, mucho menos... Lo importante es disponer de lugares de exploración, no jugar específicamente en la cocina...

Piense que los niños tardan mucho tiempo en construir las nociones de espacio, de tamaño, de profundidad, de distancia, etc. Sin duda por esta razón pasan tanto tiempo colocando objetos unos dentro de otros. Proporcióneles cajas, envases y objetos más pequeños para poner adentro (así, un poco más adelante, cuando usted abra el costurero, dele simultáneamente al niño un par de cajas y verá cuanto tiempo se ocupa pasando todos los botones de una a la otra, luego retrasladándolos, etc.).

- El **baño** puede transformarse en otro lugar de actividad. Algunos niños pueden jugar durante horas junto al bidé, que se encuentra justo a su altura, sin inundar demasiado el baño (gracias a los fabricantes de alfombras de baño: éstas ya no tienen ese aspecto tan feo de antaño). Abrir, cerrar los grifos, observar la entrada de la cañería, ver cómo sale el agua, luego cómo no sale, cómo desaparece, ¡cuántas fuentes de asombro y reflexión! Usted mismo/a verá cómo él saca partido de su piso o de su casa, según cómo esté instalado.[15]

Aprender la prudencia

No tema permitirle tener **experiencias un poquito arriesgadas**, como abrir y cerrar una puerta; usted puede evitar que se cierre por completo poniendo en el suelo un paquete pesado o una caja de detergente llena. Algunos niños se pasan mucho tiempo poniéndose de pie y desplazándose con el batiente de la puerta que avanza y retrocede: es una especie de júbilo jugar con el equilibrio. Más tarde, cuando usted esté allí, podrá quitar la caja que impedía que la puerta

---

15. Si él juega a menudo al pie de una escalera, sería ideal preparar algo que le permita subir sólo un escalón, luego dos, tres... ya que podría descenderlos solo, sin riesgo, sobre todo si se coloca una alfombra mullida a su llegada. Es un desafío a vuestro talento y a vuestra imaginación para construir.

se cerrara. Si está acostumbrado a jugar solo, usted verá cómo presta atención para no pillarse los dedos.

Si usted le dice todo el tiempo: «*¡No toques la puerta! Te vas a pillar los dedos*», constantemente él querrá tocarla sabiendo que está prohibido. Ésta no es una disposición ideal para aprender a prestar atención. Mientras que, si usted le deja hacer, después de haberle mostrado el riesgo, lo verá repetir la experiencia innumerables veces: entornar la puerta hasta que no se filtre más luz, abrirla otra vez, volver a cerrarla, abrirla... Es probable que lo vea apoyar a él mismo la puerta en el dedo para experimentar, por sí solo, lo que usted le ha dicho: es una manifestación de su inteligencia y del hecho que no se siente un ser «obediente pasivo», sino que trata de comprender, de apropiarse de aquello que se le dice. Así aprendemos que podemos depositar confianza en él.

Él integrará, por sí mismo, lo que usted acaba de mostrarle. ¿Acaso cree usted que a él le gusta sufrir? Si se hizo algo de daño, no tendrá ningún deseo de empezar de nuevo; por el contrario, intentará siempre hacer aquello que usted le prohíbe. Creo que es un buen ejemplo de aprendizaje «desde su interior» y no por sumisión a los adultos, aprendizaje que, éste sí, siempre está listo para ser cuestionado.

Si pierde un poco el equilibrio al final del movimiento, no llorará sino que se dejará caer con

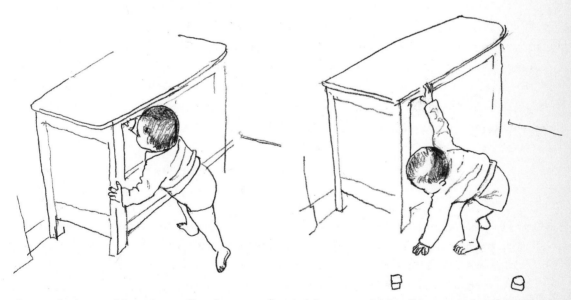

Aproveche los muebles más sencillos de su casa. Este bebé se pone de pie y luego trata de volver al suelo: movimiento muy lento en el que se percibe su concentración, su prudencia, su atención para «asegurarse» (como se dice en la escalada). Trata de mantenerse firme en el suelo: con los pies bien separados, las piernas ligeramente flexionadas, los dedos de los pies se doblan aferrándose al suelo.

soltura, con el rostro atento (puede que sonriente o incluso jubiloso), listo para volver a ponerse de pie y a repetir la experiencia si ningún adulto viene a interrumpirlo.

Si su hijo está habituado a la actividad libre, usted verá que realiza estas experiencias con mucha calma. Podemos subrayar aquí la diferencia entre herirse y hacerse algo de daño. Así como, obviamente, hay que evitar las heridas a cualquier precio, a menudo puede ser útil un mínimo golpe. El niño que se ha caído porque se trepó a un sitio demasiado difícil para él o que se golpeó un dedo con el martillo, progresa en el conocimiento de sí mismo, de sus posibilidades y de la realidad.

¿Necesita el niño ser reprendido o necesita escuchar como apoyo: «Mira, *acabas de aprender algo, ahora lo vas a recordar… Así uno va creciendo… va aprendiendo*»? ¡Hay que ser positivo! Lo que podría ser un fracaso o una desobediencia se convierte en una situación de crecimiento: otro elemento que contribuye a ayudar al niño a que tenga una idea positiva de sí mismo y más autonomía interior. ¿Lo estaremos preparando también para que luego tenga un espíritu crítico constructivo y una cierta independencia de pensamiento? En todo caso, se lo lleva a pensar un poco más por sí mismo.

Si un niño crece con actividad libre, no habrá que comprarle un casco para protegerle la cabeza, ni un sistema que redondee los ángulos de la mesa. Habrá aprendido por sí mismo a estar atento y no necesitará esas protecciones externas.

Evidentemente, esto no excluye **la prudencia de su parte**. ¡Usted también debe activar su inteligencia! Puede ser útil tanto dejar a un niño cerca de la escalera, cuando uno esté ahí y disponible, como colocar una barrera para evitar que se caiga cuando uno no se halle presente o mientras se esté ocupado. El pequeño podrá desenvolverse entonces con total seguridad sin un trasfondo de ansiedad y, evidentemente, sin riesgos físicos. También resulta útil poder realizar experiencias o juegos lejos de la mirada de los adultos. Es necesario, entonces, que éstos puedan estar seguros de que los niños no corren grandes riesgos.

*Le voy a citar a vuelapluma cierta cantidad de **actividades** que apasionaron a mis hijos. Los suyos tendrán muchas otras ideas…*

- *vaciar la despensa de conservas, hacer rodar las latas, apilarlas; explorar todo el contenido de un paquete al volver de las compras de la tienda de comestibles del barrio; subirse solo a un taburete colocado junto a la pila y «lavar los platos», lavar las verduras;*
- *poner y quitar los cojines de un sofá (ayudar a ordenar, a hacer la cama);*
- *vaciar y llenar el papelero (cuidado, entonces, con lo que tira);*
- *trepar a la escalerita y bajar;*
- *barrer;*
- *entrar y salir de cajas grandes, ocultarse en ellas.*

La caja de herramientas de papá ha sido fuente de un interés inagotable. Se le pueden prestar al niño trozos de madera, un martillo no demasiado grande, mostrarle las llaves inglesas, las pinzas, etc., cosa que no es posible con un niño muy inquieto, metomentodo.

Pero usted puede hacerlo perfectamente con aquel que está habituado desde siempre a una actividad libre y a controlarse a sí mismo.

Dos cajas de sobres de sopa tuvieron fascinado a uno de mis varones durante más de una semana: sacar los sobres de la caja no era una tarea fácil, pero volver a colocarlos resultaba extremadamente entretenido y requería un trabajo minucioso. Una vez fuera de la caja, podía colocarlos uno a continuación de otro, apilarlos, esconderlos, arrugarlos, etc. Al otro, eso nunca le interesó. Las cajas de leche y de jugos de fruta resultaron ser de una gran solidez cuando las apilaban y las utilizaban como un caballito.

Cada cosa a su tiempo

Échenles sólo un vistazo a esos niños de 12 a 15 meses, o un poco más, embutidos en su ropa, encaramados en lo alto del tobogán por padres bienintencionados, para hacerlos bajar, sin que manifiesten ningún interés, puesto que aún no saben de qué se trata y que, sobre todo, no son todavía lo bastante mayores como para soltarse y dejarse deslizar.

Al principio inquietos, sin saber cómo sostenerse, a menudo acaban por encontrar un cierto placer, con una sonrisa algo crispada y una cierta excitación como respuesta a la de los adultos. Con frecuencia, suelen pedir más, pero son incapaces, sin embargo, de descender solos y, claro está, de subir: «¿No ve que le apetece? ¿Por qué no lo voy a dejar?».

¿Por qué? ¿Por qué vivir una situación de dependencia, descubrir un placer que sólo puede vivirse por intermedio de otro y, sobre todo, sin sentirse relajado, cuando podría experimentarlo un poco más adelante, con el orgullo propio de quien lo logra por sí mismo? ¿Por qué hacer pasar a un niño por una vivencia en la que la ayuda ajena es indispensable, ayuda que limita la riqueza del aprendizaje: equilibrio, control del propio cuerpo, prudencia?

La misma experiencia, tiempo después y con un mínimo de ayuda de los adultos, le permitiría reafirmar la idea de que es posible contar sólo consigo mismo para acceder a ese placer... como a muchos otros. Un paso más hacia la independencia interior, hacia la posibilidad de autonomía.

¡Puede confiar en su hijo! Un poco más tarde, él trepará al tobogán y, sobre todo, lo bajará. Luego, cuando lo desee y se sienta capaz. Quizás, ese día, no se negará usted a echarle una mano. ¡Tampoco es cuestión de ser intransigente!

FUERA DE CASA

Todos sabemos cuánto les gusta a los niños estar al aire libre. Esto entristece a muchos padres que viven en pisos reducidos... ¿Ha pensado usted que, incluso en invierno, puede ponerle un buen jersey o un abrigo, un gorro y permitirle jugar junto a la ventana abierta de par en par? Si en su casa hay un balcón, él puede salir en cualquier estación del año.

Tal vez, en ese caso, goce de mejor salud: en Lóczy, todos los niños duermen la siesta al aire libre, ¡incluso en invierno! Yo misma lo he experimentado: en efecto, se puede acomodar un sitio (junto al ventanal abierto, por ejemplo), ¡aunque parezca algo sorprendente! Los niños duermen bien, tienen buen color en la piel y parecen muy serenos. Recuerdo una guardería en la que dos o tres bebés, que no podían dormir por la tarde, comenzaron a hacer verdaderas siestas cuando se los llevó a la terraza.

No le voy a enseñar demasiado acerca de la admiración de los niños ante los árboles, los pájaros, ¡y sobre la alegría de los adultos que los observan! Elija, por lo tanto, ropa barata y fácil de lavar para no frenar los posibles descubrimientos de su hijo y permítale correr a su ritmo o contemplar largamente una hormiga, un guijarro...

Déjelo alejarse hasta (casi) perderlo de vista y que vuelva solo, familiarizándose así con la distancia. Si usted se ha ido acostumbrando a su libertad motriz, no se preocupará; no se precipitará para ayudarlo a trepar, para evitar que se caiga o para levantarlo. Déjelo, si él puede, arreglárselas solo.

El comienzo de actividades organizadas (15 a 20 meses)

Hacia los 15 o 20 meses, el tiempo de exploración sigue siendo importante, pero también se amplía el de actividades más organizadas: imitar, reproducir todo aquello que ve hacer en la casa y en el exterior, construir, montar.

FAVORECER LA INICIATIVA

Una vez más, el principio será siempre el mismo: ofrecer a su hijo la **posibilidad de jugar**, de crear, de experimentar, de asumir iniciativas. Usted irá cambiando progresivamente de actitud: cada vez deberá ir explicando, mostrando e interviniendo un poco más en ciertas actividades...

Como su «pimpollo» tratará ahora de reproducir en sus juegos todo lo que ve, necesitará cochecitos, un garaje, un tren, material de construcción, muñecas, una pequeña vajilla (jugar a las comidas todavía no le interesa y le atraen más los objetos reales de tamaño pequeño e irrompibles: platitos de plástico, vasos de picnic...) También le encantarán una biberón, cajas de alimentos vacías, pequeños instrumentos musicales, un álbum de fotos, casetes o escuchar música, etc.

A los varones también les place reproducir lo que ven en casa, es decir, ocuparse de un bebé, cocinar, limpiar, las muñecas; platitos y biberón no deben ser excluidos completamente de la habitación de un varón. En efecto, hoy en día sabemos que todos tenemos, en proporción reducida, componentes del otro sexo y que, en lo profundo, cuanto menos reneguemos de ellos, más cómodos nos sentiremos.[16]

Pero los niños de esta edad tienen muchas otras actividades:

- Trasvasar: arena, guijarros, corchos, broches para la ropa, arroz, pasta, tapas de frascos que usted puede guardar sistemáticamente; los recipientes de todos los tamaños, materiales y formas son interesantes.
- Chapotear: con el agua, la arena, la masa de sal, pronto con plastilina para modelar.
- Dibujar: usted puede prever una pizarra con tizas, aunque creen mucho polvo... pero evita que los niños «escriban» sobre las paredes.

Una escalera ubicada así permite una infinidad de juegos, estando solo o con otros niños: pasar por debajo (como los espacios no son del mismo tamaño la dificultad cambia), trepar a lo largo alternando los barrotes, plegarse alrededor de los escalones, empujar un balón, los camiones. ¡Puede colocar una tela encima para ofrecer un escondite! No olvide los «túneles» que hacen desaparecer el entorno (o a uno mismo) por un instante... que el niño podrá extender o acortar a su gusto.

16. Véase, en particular, Paule Salomon, *La Sainte Folie du couple*, Albin Michel, 1994.

La silla es poco estable y el adulto debe estar cerca. Pero qué ejercicio de equilibrio: en ese instante el pie izquierdo ya no toca el suelo y la mano derecha no ha alcanzado todavía el respaldo. Qué gran esfuerzo si la silla se mueve. Es el tercer intento: ubicado sobre el costado de la silla, el nene había perdido el equilibrio inclinándola demasiado. Después de su logro, recomenzará tres veces con el mismo éxito para finalizar sentado, tranquilo, en una posición cómoda y una mirada satisfecha hacia el adulto... ¡que pareciera acabar de descubrir!

Permitir su participación en las actividades domésticas

Por otra parte, a los niños de esta edad con frecuencia les encanta intervenir en la **realidad**: si usted los ha dejado descubrir y manipular los objetos cuando eran más pequeños, sentirá, sin duda, mucho placer en verlos participar de lo que usted hace, aunque esto le provoque también algunas emociones. Su hijo lo/la seguirá por todos lados y la casa es un magnífico campo de actividades. Piense en cómo aprovecharlo: hacer las camas, acomodar (¿o desacomodar?) los almohadones, sacudir los muebles, ordenar las ollas o los cubiertos, las latas de conservas, lavar la ensalada... Observe y dele la oportunidad de «hacer como mamá o papá» antes que apresurarse para hacer todo solo/a y poder jugar luego con él (aunque también hay algunas cosas que deberíamos hacer solos. Hemos visto el interés que tienen para esos momentos, por ejemplo, las barreras protectoras).

Los niños ya quieren ayudar a poner la mesa y a vaciar el lavavajillas, lavar algunos cubiertos o cajas de plástico, colgar la ropa, hacer arreglos, traer elementos o tablas, lavar el coche...

«Nunca te habría permitido hacer esto», me decía una abuela admirada, después de un instante de preocupación, frente a los platos que se iban apilando al salir del lavavajillas. *«A los niños no les dejaba hacer esto, pero tienes razón...»*

Muchos padres muy jóvenes –¡y muy honorables!– no creen así o ni se les ocurre...

Piense bien en la manera de vestir a su hijo: que se sienta cómodo y pueda ensuciarse sin que sea un drama. Tenga siempre a mano un delantal de plástico para él (y usted, por su parte, ¡póngase también cómoda/o!)

Usted puede intentar esta colaboración los días en que dispone de un poco más de tiempo: allí verá de qué es capaz su hijo y en qué momentos puede dejárselo hacer: a los niños de esta edad les gusta seguir a los padres y compartir con ellos. A veces es encantador y otras, agotador (y, como siempre, totalmente diferente según los críos). ¡No se les pueden permitir estas apasionantes experiencias en cualquier momento!

Sin embargo, cuando usted ha visto el esfuerzo de concentración de un niño para quitar los tenedores de un lavavajillas y su satisfacción interior cuando ve que están todos en la mesa, su mirada se cruza con la de su hijo con muda admiración o la expresa discretamente y usted no puede evitar pensar que algo importante ha sucedido en él, como si lo hubiera colmado un poco más. Pareciera que su «yo» se hubiera vuelto un poco más fuerte, un poco más «pleno» después de esta minúscula experiencia, tan importante sin embargo para él.

Nuevos juegos

Quizá le apasionarán los llamados juegos didácticos: cubos que encajan unos en otros, rompecabezas, bloques para encajar. Es probable que empiece a «dibujar» más, y a querer asignarle un significado a lo que ha dibujado. O mira los libros pidiendo que le cuenten la historia...

Comience a mostrarle o a explicarle aquello que no podría descubrir solo o bien lo haría muy lentamente: montar el primer rompecabezas, enriquecer la construcción de la casa con los Lego grandes, aplastar la arena en el cubo para que el «castillo» se mantenga..., que sean explicaciones o ideas dadas de forma discreta: no se trata aún de aprendizaje, sino de ideas suplementarias de las que se apropiará rápidamente para utilizarlas a su manera.

Cada uno a su ritmo

No se asombre ante los diferentes ritmos: algunos críos juegan semanas enteras a lo mismo y luego lo abandonan por completo para cambiar por otro juego. Otros, en cambio, van variando sus actividades en el transcurso de un mismo día.

A esta edad no ocurre un aprendizaje en el sentido escolar del término; hay imitación, apropiación por parte del propio niño de lo que ve y lo que oye. El «trabajo» de usted consiste todavía en gran medida en poner a su disposición los objetos que le harán posible todas las actividades. Lo esencial es mantener viva esta capacidad de invención y de iniciativa, lo que cada uno alberga en sí mismo de original y dinámico y que muchas veces a los adultos les cuesta reconocer y reencontrar en ellos.

Capítulo 5

~~~~~

El derecho a la emoción

El niño tiene la mayor de las necesidades de que se le brinde una oportunidad para comprenderse mejor en un mundo complejo que debe afrontar. Por lo tanto, hay que ayudarlo a introducir un poco de coherencia en el tumulto de sus sentimientos.

Necesita ideas que le permitan poner orden en su casa interior y, sobre esta base, también en su vida.

Bruno Bettelheim, *Psychanalyse des contes de fées*, Robert Laffont, 1977

Al comienzo de este capítulo, me interesa apuntar algunas precisiones que, en principio, tal vez les parezcan algo abstractas o complejas, pero que les sugerirán la perspectiva desde la que han sido escritos los próximos párrafos. Léanlos y luego vuelvan a estas páginas que, pienso, resultarán entonces más claras.

En los capítulos 5 y 6 seguiremos viendo la coexistencia de dos tendencias que pueden parecer contradictorias y que, sin embargo, son características de un ser humano equilibrado. Se trata de una doble necesidad:

- **dejar que se expresen emociones y deseos**, tener conciencia de ellos, no negarlos: «*No tengo ningún deseo de trabajar*», «*Detesto a esa persona*» «*Me siento herida*», «*Estoy enojada*», «*Tengo ganas de cantar, aunque mis vecinos estén de duelo*»; y
- **controlar la propia conducta**: «*Aun así trabajo eficientemente*», «*Detesto a esa persona pero no voy a perjudicarla*», «*Me siento herida por lo que me dijo pero no me voy a dejar abatir*», «*Estoy enojada con Fulano, pero no voy a golpearlo*», «*Ser feliz con mi familia que está sana no me impide acercarme a aquellos que ahora sufren*».

Un adulto es tanto más pleno y dispone mejor de sus medios, cuanto más haya podido expresar, durante su infancia, la realidad de su ser y de sus sentimientos, con sus características personales y en la diversidad de sus emociones. Es innecesario recordar hasta qué punto un niño pequeño trata de complacer a sus padres para conservar «su amor». Si creyó que debía acostumbrarse a sofocar emociones y sentimientos, si, de este modo, adoptó una forma de ser bastante alejada de su ser profundo, estará siempre «al margen de sí mismo», sufrirá y vivirá en una constante búsqueda de algo que desconoce y que, en realidad, es él mismo.

Tal vez se trate de una idea bastante simple de comprender, pero cuya realización concreta no siempre es fácil. Cada uno de nosotros, como padres, nos vemos confrontados a esta situación. La respuesta depende mucho de lo que hemos vivido durante nuestros primeros años.

Y, con todo, la cuestión fundamental será ayudar a nuestro hijo a:

- expresar sus emociones y deseos, su ser, su persona en toda su amplitud (es el objeto de este capítulo);
- controlar sus acciones (tema tratado en el capítulo 6).

Después de haber leído los capítulos precedentes, ya se habrá habituado a dejar que su hijo viva, con su cuerpo y sus movimientos, a su ritmo; usted habrá podido descubrir cómo era él en cada una de esas áreas.

También descubrirá sus reacciones emocionales y experimentará una cierta distancia entre él y usted: se dará cuenta, por ejemplo, de que no se siente destruido/a por el enojo de su pequeño hacia usted, ya que el amor es más fuerte y siempre reaparece; él se calmará pronto y volverá a usted absolutamente feliz. Usted habrá comprendido entonces que, para él, sigue siendo el padre o la madre a los que ama y con quienes comparte confianza y placer.

A la inversa, la mayor parte de sus fatigas, nerviosismos y desazones no provienen de él (verá cuán útil resulta mostrárselo). De este modo, sintiéndose próximos permanecen, al mismo tiempo, como dos seres separados.

La cuestión esencial será, por lo tanto, ayudar a su hijo a aceptar las reglas de la vida en sociedad para poder participar activamente, a tener en cuenta a los otros *sin traicionar, no obstante, su propia esencia*, sin renegar de sus características personales, sus emociones y sus sentimientos.

No siempre es simple... la lectura de estos dos capítulos le proporcionará algunos elementos. Piense que, aun siendo adultos, vamos evolucionando y extraemos, de cada lectura, aquello que nos sirve en cada situación. A medida que su hijo crezca, las palabras irán adquiriendo un sentido diferente, tendrán un eco, sin duda, más claro...

Descubrirá, sobre todo, cuáles son sus propias formas de reaccionar con relación a sus hijos: esto no es fácilmente previsible pues, mientras uno no se vea confrontado a ello, no sospecha todo lo que dormita en su interior, ya sea amor, ternura, paciencia o emociones menos agradables: sufrimiento, frustración, amargura, miedo, autoritarismo... ¡Y uno está fabricado con todo eso! El resultado es un ser humano, lleno de vida, que alberga en sí todas las contradicciones como todos los seres humanos... Placer, confianza...

Con respecto a los niños, abordemos de inmediato algunos excesos.

- **Si uno es muy permisivo**, el niño tendrá la experiencia ilusoria de que es él quien tiene el poder. Sus pulsiones se ejercerán en todos los sentidos, querrá todo y ya. Pensando que eso es posible, se arriesga a vivir en plena agitación e inestabilidad. Usted se verá entonces obligado/a a amonestarlo y no se sentirán bien estando juntos.
- **Si uno es demasiado severo**, y le dice «*no*» con demasiada frecuencia y reprendiéndolo con dureza, si, en especial, usted lo hiere, puede llegar a quebrantar su vivacidad, cuyo resultado será o bien la inhibición, o bien que él integrará su violencia, volviéndose violento a su vez, haciendo sufrir a los demás y también a usted.

En ambos casos, muy a menudo, corre el riesgo de ir perdiendo, poco a poco, la buena imagen que tiene de sí mismo, la autoconfianza. Él, que era tan alegre y abierto, se vuelve triste y preocupado, inquieto y malhumorado...

Con frecuencia vemos en los padres una mezcla de ambas actitudes. Muchos dejan hacer de todo a su hijo hasta que ya no soportan más: entonces lo reprenden con dureza o se vuelven muy exigentes. En ese caso, al niño le costará crecer con tranquilidad, seguridad y confianza ya que no puede saber con claridad hasta dónde puede llegar.

Algunos de vosotros difícilmente podréis cambiar de actitudes, pues éstas reproducen la educación recibida. Sucede cuando uno se ha identificado profundamente con sus padres, quienes tampoco pudieron proceder de otro modo, como fruto de la educación a su vez recibida, etc. Otros, al sentir que han sufrido mucho, hacen todo lo contrario de lo que hicieron con ellos, sin lograr, a veces, ser más objetivos que quienes los precedieron.

Del mismo modo en que se ayuda a un niño permitiéndole expresar sus emociones, también constituye, tal vez, una ayuda para uno poder expresar las propias. Pero, a veces, las emociones son tan fuertes que provocan miedo (hablaremos de ello en el último capítulo).

Le brindaré aquí, por el momento, algunas ideas para ayudar a su bebé a expresar las emociones. A continuación, encontrará indicaciones para ir enseñándole poco a poco a respetar las reglas y a integrarse activamente a la vida social.

Movidos por una emoción es posible sentir enojo, tristeza, pero también bienestar, placer, ternura, amor... Para ser uno mismo más adelante, es menester haber sido reconocido en su ser y en sus necesidades desde el comienzo, desde la maternidad... Es superfluo mencionar que el bebé ha conocido el bienestar y la seguridad dentro del cuerpo materno del que sale en forma violenta. Podríamos, por lo tanto, tratar de imaginar qué siente y tenerlo en cuenta.

La proximidad del recién nacido con su madre

Mucho se ha escrito sobre el tema y no podemos dejar de denunciar aquí, una vez más, el hecho vergonzoso de los recién nacidos que lloran a los gritos en una sala de maternidad, lejos de su madre. Toda su relación posterior puede depender de esto. Basta pensar en la siguiente evidencia: después de un primer episodio de sufrimiento, el bebé se encuentra en los brazos de su madre, algo tenso y desconfiado; si ella está tranquila, no muy cansada, o si ya tiene una cierta experiencia, encuentra en forma instintiva las actitudes convenientes para calmarlo.

En caso contrario, la madre tendrá dificultades, lo cual no hará más que reforzar el malestar, la tensión y la desconfianza del bebé. A partir de allí, pueden instaurarse rápidamente reacciones en cadena: o, según el caso, habrá una tendencia a incriminar al bebé, a su carácter (tan pronto...) o, por el contrario, a la forma de ser de la madre, en tanto que, muchas veces, habría bastado con disponer de mejores condiciones para que uno y otra se conecten con facilidad y sin problemas.

Usted recibirá muchos consejos contradictorios... Lo que sigue tal vez le ayude a formarse una opinión personal.

Todos los estudios actuales demuestran que el adulto lleva en sí las huellas de cada una de las experiencias de su vida, incluso las de la protoinfancia. El primer contacto de un recién nacido con la vida influirá en su modo de abordar aquello que vivirá posteriormente. Los estudios longitudinales revelan que los niños que han vivido durante los primeros meses de su vida en un gran bienestar físico y afectivo se convierten en adultos más estables y confiados. Puede que situaciones difíciles vividas tiempo después modifiquen esa actitud pero, ¿no es aún más importante, en tal caso, haber vivido bien las primeras experiencias? Resulta, por lo tanto, muy provechoso para su futuro como hombre o como mujer que un/a niño/a haya podido tener la mayor cantidad posible de **experiencias positivas** durante las primeras semanas y los primeros meses de su vida.

El recién nacido necesita sentirse bien, seguro y en continuidad con usted. Se están constituyendo las bases de su personalidad, los cimientos. Relájese y disfruten ambos del placer sin preocupaciones.

La madre puede atreverse, por lo tanto, a enfrentar a enfermeras y comadronas para lograr que su bebé se quede a su lado durante el mayor tiempo posible, ¿y por qué no todo el tiempo si no está muy cansada?

Téngalo en su cama, pegado a usted, y aséelo en cuanto se sienta con fuerzas. Es el momento de tomarlo y sostenerlo, de proporcionarle los cuidados tal como hemos descrito en los capítulos 1 y 2.

De hacerlo así, sus primeras emociones serán de plenitud, de bienestar, de paz. Tal vez conserve algo de esto a lo largo de su vida... «Bien sostenido», experimentará toda la seguridad que ha conocido previamente, reencontrará su olor, los latidos de su corazón, el contacto de su piel.

Pues la emoción del bebé, en ese momento, es de desasosiego por la multitud de nuevas sensaciones, frente a la luz, al ruido, a los cambios de temperatura, etc. La función que le coresponde es tratar de tomar esto en cuenta tanto como sea posible.

A partir de su nacimiento y, sin duda, desde bastante antes, él/ella es **una persona por entero**. Por lo tanto, se impone el mismo respeto por él/ella que el que se tiene por cualquier adulto.

Si el bebé continúa llorando en sus brazos, no se apresure a decir que no sabe consolarlo. Tenga confianza, ya que usted posee aquello que él más necesita: **usted** y su cuerpo que, para él, es lo más familiar; usted y su ser, su amor, su temperamento tal como es: lo más importante que él conocerá. Por lo tanto, respire, trate de relajarse y escúchese a sí misma: ¿qué desea hacer por él? ¿qué cree que el bebé está necesitando, aquí y ahora? Luego, escuche sugerencias o consejos, pero trate de utilizarlos sin renegar de lo que siente. Usted es la mamá.

En algunos momentos, una puede hallarse dominada por la angustia, el pánico, los reproches, la vergüenza o el fastidio frente a los demás, en fin, una sensación de fracaso: «*Ya me hace frente…*».

Es posible, en ese caso, y tal vez con ayuda de la enfermera, si usted todavía se encuentra en la maternidad, tratar de averiguar qué le molesta e intentar remediarlo: quizá tenga calor o la ropa muy ajustada o tal vez lo han despertado bruscamente... Pero si continúa, puede ser que, ante todo, necesite descargar tensiones. Dele tiempo para lograrlo. Acostúmbrese de inmediato a compartir el mal rato con él, con palabras comprensivas de tipo: «*Pareces triste… te sientes mal… hay que esperar un poquito, pronto mejorará, yo estoy aquí*».

Dígale lo que tenga ganas de decirle, tal vez en voz muy baja; una tiene mucho pudor en ese momento y, a veces, también, gran timidez frente a ese pequeño ser que muy pronto la mirará con tanta intensidad...

Una vez más, escuche, déjese llevar por lo que siente que es bueno para él, téngase confianza, en lugar de buscar «lo que *debe* hacerse». Usted tiene lo que hace falta para ser la «buena» mamá o para ser el «buen» papá para él, ¡por supuesto!

Usted se dará cuenta de que así lo ayuda mucho más que utilizando el «ya está, ya está» de las mamás que, afectadas por el llanto del bebé, lo sacuden para que deje de llorar, sin saber qué otra cosa hacer. En pocas semanas, podrá disponer de respuestas diferentes pero, por el momento, ocúpese, sobre todo, de que él esté *bien*.

Si, aun así, continúa inquieto, es probable que deba acostarlo en su cuna, hablándole con suavidad o, sostenerlo contra su pecho, sin más intervención: ésta es la primera experiencia de lo que usted puede hacer por su bebé, pero también **de todo lo que usted no puede hacer en su lugar**. Usted le brinda toda su atención y su amor, pero *es él* quien debe calmarse, usted no puede hacerlo por él. Lo que usted hace es acompañarlo, estar con él.

El llanto

Un poco más tarde, cada vez que llora, obviamente usted continúa tratando de saber qué es lo que le molesta «en concreto» pero, ¿y si no se calma? Para encontrar su propia respuesta personal, éstos son algunos elementos de observación.

Recuerde que el lactante necesita tantas experiencias positivas de bienestar como sea posible.

Algunos estudios norteamericanos han demostrado que, en un grupo determinado de niños, aquellos a quienes se atendía regularmente cuando lloraban durante las primeras semanas, lo hacían luego menos a los 10 o 12 meses que aquellos a quienes dejaban en la cuna *«para que no se acostumbraran mal»*... Al margen de que haya que tomar los resultados de estas investigaciones con precaución, nos dan a pensar que los niños atendidos cuando lo reclamaban desarrollaron suficiente **sentimiento de seguridad** como para no tener que seguir exigiéndolo más tarde. Los otros todavía seguían necesitando, sin duda, sentirse reasegurados.

REACCIONAR AL LLANTO

Reubiquémonos en la concepción que venimos sosteniendo. Muy a menudo, le dirán con un tono reprobador: «*¡Lo que él quiere es que uno lo coja!*», lo que significa: «*¡Ni se te ocurra cogerlo! Es un capricho, quiere imponer su voluntad...*». No, ¡no todavía! Esto ¿no es estar enfocando ya las manifestaciones de la vida como relaciones de fuerza? En efecto, sabemos hoy en día que el llanto es un **modo de expresión** del recién nacido, quien no dispone de muchos otros. Es, en consecuencia, un lenguaje para decodificar a veces simple, a veces difícil o, incluso, imposible...

Si su bebé llora, y no es por un sufrimiento en particular, por hambre, por cansancio o malestar, tal vez necesite que usted lo tome en brazos para revivir un momento de intercambio, para sentirse contenido, «sostenido», en sentido propio, sintiendo esa envoltura a su alrededor. Por qué no alzarlo, nutrirlo de un modo afectivo, permitiéndole «recargarse». También en este caso, el bebé es capaz de sentir y expresar lo que necesita.

> ¿No tiene razón en querer que lo cojan y desear que lo comprendan, en manifestar sus deseos? Se encuentra tan bien en sus brazos...

Se podría pensar, asimismo, que a algunos lactantes, habituados antes de nacer a sentir siempre los movimientos de la madre, les cuesta acostumbrarse a la inmovilidad de la cuna. Tal vez es el motivo por el cual tanto les gusta ser mecidos; también debe de ser por esto que algunos encuentran la calma cuando se los lleva contra el abdomen, en el «canguro» por ejemplo, mientras la mamá puede proseguir con las actividades hogareñas u otras al mismo tiempo.

Lo que sucede después depende mucho de su actitud más íntima. Usted puede cogerlo con la idea de acostarlo lo antes posible porque tiene otra cosa que hacer, actitud que, a menudo, resulta ineficaz: él necesitaba un momento de relación tranquila, relajante y no lo tuvo... seguirá reclamándolo.

Usted puede «albergarlo» en su amor, en su preocupación, en su incertidumbre... *Me necesita*», con la idea de que, efectivamente, no debe llorar ni un segundo, que usted tiene que estar *siempre lista*». *Es necesario... si no lo cojo, llora*». Si sólo conoce la cuna como alternativa (o una tumbona, o una sillita) o sus brazos, obviamente, preferirá sus brazos...

O, en el mejor de los casos, usted lo coge para pasar un buen rato juntos que le permita reorganizarse y, a continuación, hallarse bien y «vivir su vida». Ya no se trata de tenerlo en brazos simplemente para que se quede ahí, sino para darle la posibilidad de recuperar fuerzas y encontrar placer por sí mismo, de observar, manipular, gorjear, desarrollar una actividad propia...

Y eso es, en efecto, lo que sucede: su bebé, después de un ratito de contacto y de bienestar en sus brazos, se siente como recargado. A veces, lo verá llorar durante unos segundos en el momento en que usted lo deja y luego, la mayoría de las veces, cesará de llorar y retomará una actividad autónoma más importante que la de antes, con mucho placer, como si hubiera podido encontrar toda una nueva energía en sí mismo –y en usted.

Concretar activamente sus potencialidades pertenece a la naturaleza humana. Si su bebé busca «demasiado» permanecer en brazos, ¿no será para responder a un secreto deseo suyo, tal vez inconfesado, más *que por un deseo genuino de él*?

Ésta es, una vez más, la reacción de un niño que puede enseñarle algo acerca de sus propias e íntimas actitudes, ¡a menudo poco conscientes! Seguramente, esto no le provocará a usted mucha alegría pero bien sabe que, en diferente grado, todos los padres se parecen.

Si usted ha visto el placer que experimenta su bebé en ocuparse activamente durante largo rato solo (con su presencia implícita, como lo hemos descrito), debería resultarle más fácil alzarlo cuando llora, sin preocuparse por el hecho de que se vuelva caprichoso o «lapa». Pues usted debe saber que **un bebé afectivamente pleno prefiere su propia actividad a permanecer en brazos**; sólo necesita reponer energías, después de lo cual está preparado otra vez para su actividad autónoma. Volvemos siempre a este juego de alternancia entre los momentos de proximidad –de interacción– en que el bebé «se recarga», y los momentos, progresivamente más largos, en que puede ejercer sus iniciativas solo, con placer. Si lo alza en brazos con esta perspectiva, hay pocas posibilidades de que usted se convierta en alguien demasiado acaparador/a y que le ahogue el dinamismo que le es propio.

Observe los dos casos en el recuadro de la página siguiente. Ambas mamás sienten el mismo apego por su bebé y tal vez pasen con él el mismo tiempo; ¿piensa usted que el bebé, por su parte, puede vivir con la misma «intensidad vital» en ambos casos? Es una cosita bien tratada en el primer caso; es una personita escuchada, solicitada, en el segundo: hay, en este caso, un ir y venir entre él y su madre, y podemos pensar que los influjos vitales que emanan de este bebé en cierto sentido se corporizan, ya que se los tiene en cuenta y se cultivan los intercambios de miradas. Incluso si el bebé no se calma, podemos pensar que habrá vivido una experiencia emocional compartida. No está sufriendo en soledad; su relativo sufrimiento es una ocasión de intercambio. Como si saliera de él con un poco más de vida...

Pequeño ejemplo

¿Conviene buscar qué se «debe» hacer o averiguar escuchándolo, mirándolo a él?

Un bebé está llorando desde hace un rato, a una hora que no es habitual; la mamá decide intervenir. Podemos imaginar dos escenarios.

El primero: «A lo mejor necesita que lo cambie». Toma al niño, mira el pañal: no... «Tal vez tiene hambre». Calienta entonces un biberón después de haberle dado un poco de agua... El bebé sigue llorando; ella lo toma en brazos e intenta consolarlo activamente, lo hace saltar, trata de hacerlo reír. El bebé se calma por momentos; luego, algo parece molestarle y vuelve a refunfuñar y enseguida a llorar. La mamá tiene mucha paciencia, dedicación, pero no se da cuenta de que está un poco preocupada y de que se va poniendo nerviosa. Trata de ponerlo a su lado en la sillita, pero él se retuerce y se deja resbalar. Conservando la calma, impotente, lo deja solo en la cuna. La historia podría continuar... el bebé sigue llorando...

El segundo: la mamá se acerca, preguntando: «¿Qué pasa? ¿Ya no duermes? Veamos el pañal, ¿te has ensuciado?». Y lo coloca en el cambiador observándolo, tratando de «escucharlo»: «No, no era eso... ¿y entonces? ¿Tienes sed?». Le muestra el biberón. El bebé toma un poquito y luego gira la cabeza. Entonces, alternando entre sostenerlo en brazos e inclinarse hacia él, en la cuna, le habla: «Me encantaría hacer algo por ti, pero no me doy cuenta en qué puedo ayudarte... aquí estoy... parece que te sientes mal». El niño la mira intensamente por momentos y parece querer decirle algo que ella no comprende. A pesar de la ausencia de palabras y de la incomprensión, uno siente que ambos se comunican. «Voy a posarte allí, sobre esa alfombra que tanto te gusta, con tu borrico. Te dejo un rato, tal vez te sientas mejor...»

Y si continúa llorando, es él, sin duda, quien debe descargar la tensión, sintiendo que siempre hay alguien a su lado, pero que él es él, solo, separado.

El problema se plantea de manera un tanto particular para esos pequeñuelos que aún no tienen la posibilidad de interesarse mucho por el exterior.

Podemos distinguir dos situaciones muy diferentes:

- el bebé que llora en muchos momentos durante el día y, algunas veces, también por la noche. Hablaremos de él más adelante;
- el bebé que llora, sobre todo, por la tarde, a partir de las 5 o las 6; ocupémonos de él ahora.

El llanto de la tarde

No sabemos con seguridad cuál es el origen de este llanto, pero parece bastante plausible la explicación según la cual el bebé descarga tensiones que ha ido acumulando durante el día. Imagine la suma de sensaciones que ha podido experimentar: ruidos, olores, luminosidades diferentes pero siempre muy intensas para él, sensaciones extraordinarias y minúsculas, agradables, asombrosas, inquietantes o que hacen daño. Observe las innumerables mímicas de un lactante, que traducen bien esa misteriosa pero intensa actividad interior.

No sería sorprendente que se produjera una acumulación de algo que lo «sofoque» y que el bebé tuviera necesidad de «dejar salir». Un bebé no puede, como nosotros después de una jornada agotadora, dejarse caer en un sillón diciendo: *«¡Uf, que día!»*. Ni siquiera dispone de ningún medio para representarse esa jornada, por otra parte, tan enriquecedora. Un podría pensar que el llanto es el único modo de aliviar esa saturación.

Entonces tiene necesidad de aliviar esa carga... Necesita, en efecto, que lo dejen llorar... Rodeado, claro está, de gestos de amor y comprensión, pero permitiéndole que llore un poco solo.[17]

Después de una dura jornada, ¿acaso desea usted otra cosa más que *«¡Déjenme tranquilo!»*? Por lo tanto, no le comunique una preocupación, una insatisfacción, un malestar que no existe.

Cuando usted está seguro/a de que al bebé no lo aqueja nada preocupante, y luego de haberle hablado y haberle manifestado toda su ternura, puede ser bueno cerrarle la puerta de la habitación e imponerse usted un tiempo durante el cual no vaya a verlo ni a tocarlo. *«Lo dejo diez minutos, hasta que el reloj marque las 6 y cuarto; hasta ese momento, no me muevo.»*

Corto lapso, en el que deja de lado la danza de las dudas, en el que se obliga a no hacerse preguntas, en el que respira y piensa realmente en otra cosa. A menudo, sorprende comprobar que el bebé ha dejado de llorar antes del plazo previsto... De lo contrario, puede ir a reconfortarlo y decirle que, otra vez, lo dejará solo durante un ratito. ¡Y, nuevamente, a mirar las agujas del reloj!

17. Recordemos la idea de la hamaca en la que el bebé está acostado y que permite dedicarse a preparar la cena u ocuparse de los mayores...

Piense también que, en tales condiciones, este período de llanto no debería durar mucho tiempo: a lo sumo algunas semanas y el bebé superará el escollo.

El llanto como eco de un sufrimiento psicológico

Si, a pesar de todo, el llanto le sigue pareciendo sospechoso, si se manifiesta en cualquier momento del día, puede corresponder a un malestar o, incluso, a un sufrimiento más importante. Puede tratarse de situaciones de separación o de cambio de vida: es la reacción de un niñito que sufre realmente por la «pérdida» de su madre, de su padre, de su entorno. A menudo, es el caso de los trastornos del sueño. En el capítulo sobre las separaciones, encontrará algunas ideas para ayudar a su bebé.

Puede ocurrir también que persista una reacción a cierto hecho doloroso o preocupante como, por ejemplo, severas dificultades en el parto, tratamientos médicos... El hecho de hablarle al bebé del tema en forma muy suave, a veces, misteriosamente, puede ayudarlo.

Una mamá recuerda que, al volver a casa, su bebé de pocos días lloraba con mucha angustia en cuanto comenzaba a bañarlo. Ella le contó que había visto como una enfermera le daba una ducha rápida –¿y a qué temperatura?– inmediatamente después de su nacimiento, de qué manera él había gritado y su mamá no había podido intervenir. El bebé se calmó y no volvió a llorar durante el baño...

También vemos, con mucha frecuencia, que algunos bebés captan y manifiestan gran angustia por el sufrimiento experimentado por uno de los padres en ese instante. El nacimiento del propio hijo (o su llegada, si se trata de una adopción) provoca en los padres el surgimiento de emociones muy reprimidas de la protoinfancia, a menudo totalmente olvidadas o desconocidas. O bien reactiva un sufrimiento más actual, un duelo, un drama ocurrido a otro niño de la misma edad, etc.

Si éste es su caso, trate de ver la realidad de lo que puede resultarle doloroso en este momento; entre dos pueden ayudarse. Compartir con otro hechos lejanos de la propia historia puede estimular el acercamiento.

Cuando, durante el ejercicio de la vida profesional, uno tiene la ocasión de conversar con muchas personas acerca de lo que sienten secretamente acerca de todo aquello que no exteriorizan, uno se da cuenta de la cantidad de gente que guarda fantasmas considerados inconfesables que le provocan miedo o vergüenza... Mucho le sorprendería ver a personas que parecen estar bien, exteriormente felices, con una posición social o profesional a veces muy elevada y que, no obstante, en el secreto de su vida personal, viven situaciones muy difíciles o asombrosas (angustia de muerte, rechazo, trastornos del sueño, problemas somáticos...). Así, si tal es su caso, no se alarme, no sienta ninguna vergüenza, muchos otros están en su misma situación y la sensibilidad frente a los acontecimientos es también la prueba de una gran riqueza emocional. Sobre esto puede leer *El drama del niño dotado* de Alice Miller (véase Bibliografía al final del libro).

De ser necesario, no vacile en hablarlo con un tercero «competente»: su pediatra, si está abierto a la comprensión de los lactantes y de sus padres, o un psicólogo (en la actualidad, muchos forman parte de las consultas de Protección materna e infantil). A veces, basta con una o dos charlas en las que podamos hablar de lo que nos pesa, con todas las emociones vinculadas a ello, para sentirnos mejor y comprender qué estaba perturbando al bebé.

Dígase que es tiempo ganado: ese «núcleo» podría continuar molestándole de manera, tal vez, menos evidente pero más difícil de localizar. Las angustias suprimidas equivalen a «energía recuperada».

Quizás en ese momento se dé cuenta de algunas actitudes efectivamente inadecuadas. Cada uno puede hallar algo de utilidad.

De todos modos, rara vez uno se siente bien estando solo/a, e incluso en pareja, frente a un bebé. Hace falta verse sostenido por un entorno –familia, amigos u otros– que permita la palabra. Utilice ampliamente al médico, al pediatra, a la PMI, las «casas abiertas» o «verdes» (véase pág. 209), las plazas u otros sitios de intercambio.

El llanto en el momento de dormir

Cuando el bebé algo mayorcito (6-8 meses o más) comienza a llorar en el momento de la siesta o del sueño nocturno, con frecuencia necesita **mensajes claros** y **actitudes firmes** de parte de sus padres: suele tolerar mal la situación porque no quiere perder la relación con ellos aceptando irse a dormir. Trata de prolongar el contacto inventando todo tipo de requerimientos y llorando. Si usted piensa que, para él, es realmente necesario dormir, él debe llegar a comprender con claridad que las estratagemas no le servirán de nada (retomaremos el tema en el capítulo 6).

Manifiéstele entonces su firmeza, no en tono de reprimenda sino de información. Pero él también necesita sentir que usted comprende cuán difícil le resulta este momento. La respuesta del adulto no conlleva sólo autoridad; es, al mismo tiempo, comprensiva y está cargada de empatía.[18]

> *Julián, de 14 meses, llora por la noche, en el momento de irse a dormir. Después de ir a verlo varias veces, la mamá le dice: «Ahora tienes que dormir porque es tarde, pero me parece que estás muy enojado… Si llorar te ayuda, llora un poquito, tal vez te haga bien. Yo no puedo hacer nada más. Ya te dormirás, porque necesitas dormir…».*
>
> *La escena se repite varias noches y, muy a menudo, el llanto cesa rápidamente. A partir de entonces, Julián no volvió a llorar en el momento de dormir.*

18. Empatía: capacidad de ponerse en el lugar del otro, de tratar de comprender y de sentir sus emociones. Actitud que no juzga.

El llanto de alivio

El llanto también tiene la virtud de aliviar, sobre todo cuando el niño comienza a crecer y ya no puede estar colmado de satisfacciones como cuando era un lactante, ya sea porque existe un real sufrimiento físico, una molestia, o bien porque le imponen algo que no le gusta. La riqueza de un niño consiste en experimentar una gran variedad de sentimientos hacia las diferentes personas que conoce, en las diferentes situaciones que le toca vivir; y su riqueza también es poder expresarlo. Irá aprendiendo poco a poco que no se puede tener o hacer todo lo que uno desea y que renunciar a determinado placer permite, a veces, disfrutar de otro todavía mejor.

Nosotros, los adultos, sabemos que, a veces, llorar nos ayuda. ¿Por qué siempre queremos que el niño deje de llorar?

Hace frío. Antonio, que estaba jugando fuera con mucho placer, tiene que entrar a casa. Se niega enérgicamente. Su mamá lo alza en brazos y él llora. Sigue llorando mientras ella lo desviste, sigue llorando incluso en el baño, a pesar de algunas palabras de estímulo y consuelo. De pronto, se interesa por el frasco que tiene delante; desenrosca la tapa concienzudamente y lo llena de agua. Totalmente implicado en su nueva tarea, comienza a balbucear, en apariencia, completamente relajado…

En esta situación, probablemente existía la necesidad de descargar una tensión. Uno tiene la impresión de que ya «salió todo» y de que ahora Antonio se muestra disponible afectivamente por completo para ocuparse de lo que se presente.

En ciertos períodos, un niño puede patalear, patear o gritar a voz en cuello todo el tiempo. Si está furioso o triste, una reprimenda de nuestra parte tal vez no haga más que potenciar el malestar. Los niños suelen necesitar más ayuda que regañinas. Esta reacción tal vez es la consecuencia directa del hecho que la desencadenó o bien, con bastante frecuencia, de un malestar más global que se expresa a través de este hecho que, en cierto modo, actúa como «la gota que colma el vaso».

Debemos, entonces, comprender por qué ese niño está tan hipersensible y ver cómo ayudarlo (puede haber muchas causas: cansancio, vida agitada, reacción a un cambio de clima en la familia, a tensiones familiares o a la ausencia de uno de los padres, etc.). A menos que se trate de una constante en él. Hay niños que lloran durante algunos momentos mientras están jugando solos.

No olvidemos nunca que los niños nacen con «temperamentos» muy diferentes: aquello que uno soportará sin problemas a otro le resultará insoportable, y en una misma familia. Si uno solamente lo regaña, lo que hace es exacerbar su soledad, su tristeza y su malestar.

Carola, de 26 meses, está ocupada activamente en su habitación. De pronto, su mamá escucha que está llorando y va a ver qué pasa. En realidad, no la necesita y no está reclamando nada. Llora porque no logra lo que se propuso, y se va calmando ella sola o porque, finalmente, lo logró o porque cambia de actividad.

Matías, de 26 meses, tiene un carácter vivaz. Suele enojarse muchísimo y, a veces, arroja toda su construcción por el aire porque la torre de Legos, cuya base es muy pequeña, no puede mantenerse. Esto, para él, es desesperante y le fastidia que las cosas no le obedezcan... Hacen falta mucha calma y paciencia para tratar de serenarlo un poco y luego dejarle que, solo, ¡se enfrente con la dura realidad de las leyes de la física! Parece como si necesitara quedarse solo un momento como para aceptar la humillación, el fracaso. Al mismo tiempo, necesita que se lo ayude a recomponer la imagen de sí mismo. A pesar de lo que él crea, es un muchachito muy hábil: «Tu papá tendría las mismas dificultades».

¿Qué pensar del chupete?

El chupete despierta imágenes tan personales en los padres que a menudo es difícil aportar una respuesta absoluta. Pero piénselo bien antes de dárselo a su recién nacido pues, en cuanto lo conozca, le costará mucho prescindir de él, y esto durante largos años. Fuera de una hipotética ventaja fisiológica, el chupete acarrea muchos inconvenientes. Me parece, entonces, que habría que reservarlo para momentos muy específicos.

En lo inmediato el chupete puede ayudar al niño a calmarse (no siempre), pero se pueden enumerar ciertas advertencias al respecto. Usted le está proporcionando un objeto *externo* que por añadidura él no puede recobrar por sí mismo si lo pierde: por lo tanto usted le está aumentando la dependencia al medio. Y este objeto que usted mismo/a le ha hecho descubrir tal vez se vuelva una fuente de conflictos cuando, más tarde, también usted quiera que él lo abandone.

Con el chupete, usted le está impidiendo, asimismo, que él busque y encuentre por sí solo, activamente, una solución cuando algo no marcha bien, lo cual plantea el riesgo de disminuir sus capacidades dinámicas de reacción frente a los acontecimientos. Y usted recorta por otra parte los momentos de atención y de relación estrecha que él necesita pasar con usted. Es tanto más fácil y más rápido «meterle» el chupete... A menudo se lo pone automáticamente para que no tenga problemas, pero así le anula sus balbuceos, que pueden tener ya valor de comunicación y, cuando crezca, estas huellas podrán resultar una traba para la utilización del lenguaje. Así va restringiendo los intercambios con usted. Pasivamente instalado, tiene a veces una mirada menos vivaz y aparece como un tanto replegado sobre sí mismo; las actividades motrices se hacen más lentas. ¿Qué sucede en tanto con la actividad mental, de la curiosidad en general, de esas representaciones simbólicas que se van construyendo en los más pequeños?

El llanto puede ser necesario, con frecuencia, para expresar tensiones, cansancio, malestar o, pura y simplemente, deseos que aún no puede formular con palabras.

Con el chupete, de alguna manera uno le «tapa la boca». Se puede también establecer la diferencia entre darle el chupete utilizado regularmente, que de inmediato se deberá frecuentemente fijar a su ropa o alrededor del cuello para que no lo pierda, y el chupete usado sólo para dormir.

En conclusión, **el chupete debería mantenerse sólo como un recurso excepcional** que no debería darse a los bebés antes de haber hecho todo lo posible por ayudarlo a calmarse sin lograrlo, o bien en momentos realmente difíciles –un sufrimiento físico concreto, por ejemplo, cuando empiezan a salir los dientes. O tal vez también en algún momento en el que uno mismo está desbordado/a, cansado/a y en los que uno haría «cualquier cosa» para que el bebé deje de llorar. En todos estos casos se debería recurrir al chupete dentro de una situación de intercambio, como una caricia particular en un momento difícil. Y tratando de todas maneras de no crear hábito.

Decida por sí mismo/a después de reflexionar y no porque haya encontrado uno en esos folletos publicitarios que se ofrecen en las maternidades o porque su farmacéutico se lo regale.[19]

Una vez más, si usted puede confiar en su pequeño y en todo lo que comparte con él, como vamos a ver todavía en este capítulo, seguramente, su llanto no será preocupante.

AYUDAR A UN NIÑO PEQUEÑO A «REUNIFICARSE»

El niño tiene necesidad de «reunificarse», de sentir su cuerpo como «contenido» en una unidad, por lo tanto, reasegurado. Entonces él puede «contenerse» en una especie de primerísimo control de sí mismo. Esto se ve bien en el siguiente ejemplo:

Es la hora del aseo. David, de ocho meses, es un pequeñín robusto y a menudo inquieto. Su mamá lo apoya sobre el cambiador, acostado, diciéndole qué va a hacerle. Está ansioso, se da la vuelta sobre la tripa, después, rápidamente, se sienta; intenta aferrarle los cabellos y luego la blusa, no escucha lo que ella le dice... ríe fuerte y grita. La mamá lo deja hacer un instante limitando un poco sus gestos y, como él continúa, lo toma suave pero firmemente de las dos manos mirándole cara a cara mientras expresa lo que ocurre: «No, no quiero que me hagas daño».

Ella percibe que David se relaja un poco, suelta una de las manos y coloca la suya sobre la cadera del nene, que queda así un tanto contenido. Reencuentra la mirada, ambos se comunican con onomatopeyas, pero ella no disminuye su atención. El bebé la mira como preguntándose: ¿qué hacer ahora, sacudir todavía muy fuerte lanzando gritos roncos o relajar su cuerpo y dejarse quitar el pañal?... La mamá espera, respira, esforzándose en pensar en el baño agradable que debería seguir. Coloca entonces ambas manos a los lados del abdomen de David mirándolo, suavemente lo vuelve a

19. Debemos lamentar estas prácticas que hacen creer por añadidura, falsamente, que los chupetes forman parte de los objetos necesarios para los más pequeños.

acostar sobre la mesa, manteniéndole también sujetos los hombros: «Calma, estamos bien así los dos… te vas a sentir muy bien en el agua enseguida».

David se afloja, posa una de sus manitas sobre la de su mamá y juega a golpearla, no muy fuerte, luego pone sus dos manos en contacto. Ellos se miran. Él se mueve un poco, ella ha podido desvestirlo sin apartar de él la mirada y asearle lo necesario antes de colocarlo en la bañera, donde él se mantiene inmóvil un instante antes de sacudir sus brazos y mirar los movimientos del agua.

Este bebé ha logrado reencontrarse cómodo y relajado en la relación con su mamá.

Una puericultora, cuando cogía en brazos a un bebé muy excitado, apoyándole la espalda en su propio pecho se expresaba de esta manera: *«Le hago de sillón»*, evitándole al pequeñín la sensación de que su cuerpo se desarticulaba en todas las direcciones.

Registrar bien esto puede resultarle útil, ya que ciertos niños, totalmente normales, manifiestan este tipo de comportamiento. Si uno no los ayuda a «reunificarse», se vuelven cada vez más inquietos y excitados sin que uno se dé cuenta. A medida que crecen, experimentan mayor dificultad para controlar su energía desbordante. Nosotros vemos que estos niños son cada vez más numerosos y no es raro que padres de nenes de 18 meses o dos años acudan a la guardería confesando: *«No puedo tenerlo más todo el día en casa»*. Este exceso de energía puede constituir una riqueza, pero compete a los adultos el crear las condiciones para que los niños lo canalicen y no se convierta en una desventaja ni en un problema.

> Ayude siempre a su bebé a no verse desbordado por sus pulsiones, por sus apetencias, por sus ansiedades, por sus enojos, que podrían transformarse en una seria dificultad en el futuro. Son las manos de usted y su cálida mirada las que pueden ayudarlo a sentirse «contenido».

LA INTENSIDAD DE LOS SENTIMIENTOS INFANTILES

Así, un niño pequeño vive pequeñas experiencias, pero éstas constituyen su vida y suelen ser enormemente importantes para él. Nos impacta la intensidad de lo que viven los niños sin mostrárnoslo siempre. Pueden mencionarlo mucho más tarde, y los encontramos en los recuerdos que surgen en los tratamientos de psicoanálisis y en los «grupos de encuentro». Allí comprendemos de qué manera un individuo revive más tarde, de qué manera vuelve a poner en escena, en cierto modo, los sufrimientos vividos y no expresados en la infancia.

Asimismo, llorar después de haber sido reprendido parece absolutamente natural. El niño ha experimentado un sufrimiento, aunque no sepamos cuál, y puede aflojarse después de haber descargado la tensión. Puede llegar a llorar, pero también a gritar, a tener gestos descontrolados, a revolcarse por el suelo... No es fácil saber con exactitud hasta dónde debemos tolerar, pero podemos pensar que la explosión de cólera será un alivio que, a continuación, le permitirá retomar una actividad más relajada. Una vez más, él percibirá nuestra actitud interna: «*Entiendo que estés furioso, pero no puedo hacer otra cosa...*». Y podemos acercarle discretamente el coche azul, o la merienda. Él verá si coge o no el cable que le echamos.

A menudo, justamente por esa necesidad de seguridad y de comunicación consciente con el adulto, resulta útil que, un rato después de haber reprendido a un niño, nos acerquemos y le digamos algo como: «*Bueno, ya está, ya no estoy enfadado/a*». Así restableceremos la conexión. El niño sabe que ya se ha terminado y que, ahora, el adulto vuelve a tener una actitud positiva para con él. Esto es importante porque, si persiste el estado de malestar en su relación con el adulto, seguirá estando tenso, inhibido o con tendencia a repetir sus tonterías –a menos que se acostumbre a vivir con ese malestar.

La experiencia demuestra que los niños criados con respeto por su autonomía y por sus emociones tienden a llorar menos y a generar menos enfrentamientos que los otros.

En suma, el bebé ideal ¡no es necesariamente el que no llora!

Poder expresar sus emociones

LA GRAN DIVERSIDAD DE EMOCIONES

Cuando observamos a un niño pequeño o a un bebé jugando con una «actividad libre», nos sentimos conmovidos por la variedad de estados por los que va pasando en forma sucesiva y por la diversidad de las emociones que parece vivir: succiona, acaricia, arroja lejos, vuelve a atrapar, golpea con suavidad o con una gran fuerza, parlotea, refunfuña, grita o gorjea armoniosamente... sin que intervengamos para nada. Así, le vemos expresar placer y bienestar, enojo, fastidio, cansancio o excitación, estando solo con sus juguetes. Todas estas actitudes son manifestaciones directas y profundas de su mismo ser. En esa situación, no mantiene ninguna dependencia del adulto, ni deseo de agradar ni de oponerse; es sólo él. Imaginamos el bienestar que esto le produce al niño, en el modo de ser y sentirse él mismo y, por lo tanto, en la representación de sí mismo que está elaborando. Es la posibilidad de una expresión directa en su cuerpo y a través de su cuerpo de todo lo que siente, es decir, su unidad del ser.

El bebé tiene, o va encontrando progresivamente, sosiego corporal, armonía gestual, ausencia de tensiones y un rostro sereno y «pleno».

Después, los juegos se irán haciendo más variados y simbólicos. Todo el mundo lo ha observado en niños mayores, pero muy pocos lo tienen en cuenta en los más pequeños.

LA VIOLENCIA DE SUS SENTIMIENTOS

A usted quizá le sorprenda comprobar cuán intensos y violentos son los sentimientos de los niños y cómo se expresan en un lenguaje sin matices. Una muñeca puede estar «encerrada en el garaje» durante horas, pero también se la puede matar o quemar. «*Te mataré, estarás muerta para siempre*», le decía un crío de 2 años y medio a su madre.

Arnaldo, de 2 años y 2 meses, toma la pistola que había montado con los Legos, la dirige hacia su madre y estalla en carcajadas: «¡Ya no hay más mamá!».

Cuando llega un hermano, tener que compartir a los padres, cambiar los hábitos y perder su «estatus» puede llegar a ser doloroso o indignante.

Lo que permite controlar los sentimientos para luego ir matizándolos poco a poco es la posibilidad de expresarlos con toda su violencia. Por eso, a los niños les gustan tanto los cuentos «de miedo» y también por eso, un poco más adelante, les encantarán los cuentos tradicionales que, sin embargo, son tan «horribles». Léale estos cuentos completos, pero en su versión original. Algunos padres pueden inquietarse o incluso temer interiormente la violencia que se expresa así; a veces piensan que la situación en la que se encuentra el niño es demasiado dolorosa y se sienten culpables. Tal como ya lo hemos evocado, se trata de algo que realmente es sentido por el niño, pero **instantáneo**; cuando esto «se descarga» el niño se siente aliviado.

EL NIÑO EXPRESA SU OPINIÓN

Un niño también puede expresar sus deseos o su opinión sin que eso se vea, necesariamente, como una oposición. Volveremos sobre esto en el próximo capítulo, pero podemos mencionar ya ahora el hecho de que al niño puede resultarle muy útil expresar las cosas que no le gustan. Esto no significa que usted se someta a su deseo pero, aun así, habrá podido formularlo.

«*Sylvain, ¡ven a comer! – ¡No!, quiedo jugad con ed ten.*»

En una época, se les decía a los niños: «*No debes decir no, tienes que obedecer de inmediato*». Y, en realidad, ¿por qué no debería decir «no» y expresar su parecer, su deseo? Después de lo cual, es preciso, en efecto, que obedezca, pero usted puede muy bien hablar con él acerca de que ciertamente es molesto estar obligado a dejar de jugar con el tren, pero que, tal vez, vuelva a jugar más tarde o mañana.

Un niño está llorando mientras come y señala con el dedo la nevera. Usted puede preguntarle qué quiere e intentar comprender: «¿Es el queso? ¿Un melocotón? ¿Helado?». Sabrá usted entonces qué desea y podrá, o bien dárselo, o bien explicarle por qué no se lo quiere dar esa noche: «No, el melocotón no, ya comiste mucha fruta durante el día».

> Pedirle a un niño que exprese lo que desea no significa que usted vaya a concedérselo, pero puede dialogar con él acerca de la razón que lo impide.

LA ALEGRÍA

Las expresiones de alegría son igualmente necesarias y los niños necesitan hacer ruido, gritar, correr abriendo los brazos, etc. En esto también todos son diferentes pero todos necesitan, en algunos momentos, expresar ruidosamente, o con el movimiento, sentimientos felices o de plenitud, cosa no siempre fácil de soportar en un piso pequeño o después de una dura jornada de trabajo...

He observado reacciones espectaculares en algunos niños cuando van al campo o a la orilla del mar.

Joel, de 10 meses, sube por primera vez a una barca de recreo. Ésta zarpa y Joel, de pie, bien erguido, aferrándose al mástil, se pone a gritar con toda la fuerza de su voz y de sus pulmones como nunca lo había hecho antes. Es como si, de pronto, le atravesara una fantástica energía, una plenitud suplementaria; probablemente, se sienta lleno de sí mismo. ¿Se tratará de una comunicación con el espacio, el cielo y el mar?

Hablarle, sí, pero escuchar antes de hablar

Para hablarle bien a un niño, primero hay que escucharlo, observarlo, tratar de comprender qué siente, qué entiende, qué busca...

No es «natural» escuchar a su hijo para muchos padres. Hablan, explican, aconsejan, reprenden. Dicen las palabras que creen útiles, pero suele tratarse de un lenguaje solitario: el niño, ¿cómo encaja? ¿cómo se representa la situación?

Cuando, ya más crecido, puede hablar y entonces nos detenemos para hacerle alguna pregunta, suele sorprendernos el hecho de que su comprensión no coincide en absoluto con la nuestra.

ESCUCHAR PARA COMPRENDER

Por lo tanto, cuando es muy pequeño, entrenémonos para esperar sus vocalizaciones antes de hablarle nosotros y luego, cuando le decimos que venimos a buscarlo para comer, esperemos unos segundos a que extienda los brazos. Éste es un doble «entrenamiento»: para el bebé, en darse cuenta de que puede expresarse y, por nuestra parte, en observarlo, escuchar su lenguaje y tenerlo realmente en cuenta a él sin hacer de inmediato lo que creemos útil, tal vez con justa razón.

«*Se escucha mucho a los padres, pero no lo suficiente a los niños*», decía hace poco el profesor Lebovici en 1995, en un coloquio informativo, precisamente acerca de las investigaciones de la casa-cuna de Lóczy.

Si hemos adquirido el hábito de esta escucha, podremos sacar mejor provecho de estas enseñanzas con cierta resonancia mágica: «*Háblele al niño y póngale palabras a lo que él siente*». En efecto, por **empatía**, a veces podemos imaginar lo que el bebé siente y mostrarle que lo comprendemos.

> *Romain, de 2 años, llega a la guardería traído por su asistente materna. Se precipita sobre una pequeña que está jugando delante de él y le tira del pelo. La educadora se acerca y le dice: «Me parece que estás enojado porque Tatie se fue…». Romain la mira, asombrado. Su cuerpo se afloja y se pone a llorar. La educadora, entonces, sigue hablando con él y le explica cuándo volverá la niñera y dónde está ella en este momento, etc. Romain sigue llorando durante poco rato más y luego se queda jugando solo, pero enseguida va en busca del grupo de niños, con quienes parece pasarlo muy bien durante el resto de la jornada.*

De este modo, podemos comunicarnos a nivel de la verdad de los sentimientos: tristeza, disgusto, preocupación. El niño siente que lo comprendemos o, al menos, que respetamos lo que siente. Ignorar esto es el origen de numerosos trastornos de conducta, de inquietudes, de supuesta maldad. Lo vemos bien en el ejemplo precedente.

La educadora habría podido reprender a Romain diciéndolo: «*No pegues, ¡qué malo eres!*»; luego contárselo a la asistente materna, que se lo habría repetido a los padres. Imaginamos a ese niño, mal juzgado por los adultos, que son importantes para él y que, obviamente, tienen razón; entonces, se considera a sí mismo no satisfactorio, se descalifica y se siente solo. De este modo, quedan afectadas en parte la imagen de sí y su autoestima. Más aún, ¿cómo encarará su próxima visita a la guardería?

No es posible evitar que este niño esté triste o preocupado al darse cuenta de que su cuidadora se fue. Pero sí es posible ayudarlo a enfrentar la situación: mostrarle qué le pasa y que se lo comprende. Las palabras no suprimirán ni su preocupación ni su pena, pero lo ayudarán (es la diferencia que existe entre sufrir solo y sufrir teniendo a su lado a alguien que comprende y comparte su pesar).

Éstos son elementos muy simples de comprensión de la vida cotidiana, pero su decodificación no siempre es tan simple: podemos situarnos junto al niño, no en calidad de adivinos, sino como acompañantes de algo que desconocemos, que sólo él conoce (a menudo, de manera inconsciente) y que nosotros respetamos. El respeto no implica achacarle algo que imaginamos, sino escucharlo (aunque esté en silencio) y, sólo entonces, hablarle... Pequeño matiz...

De este modo, una vez más, nos encontramos frente a ese «algo» que es, en realidad, bastante liberador: el niño como actor de su propio desarrollo; él es quien vive, quien siente aquello por lo que sufre, aquello que necesita... Yo estoy ahí para acompañarlo, para ayudarlo en la medida de mis posibilidades, pero no puedo comprenderlo todo ni hacer todo por él. Somos responsables, estamos cerca y a la vez a una cierta distancia. Él es él. Él no es yo. Yo no soy él. Su vida no está en mis manos... Cuando llora, mi función no es que deje de llorar o suprimir su sufrimiento, sino ayudarlo a vivir lo mejor posible ese momento particular. Es decir, utilizar al máximo sus capacidades, descubrir que es capaz de actuar por sí mismo.

El bebé de 6 meses llora cuando, después de un largo rato tranquilo en sus brazos, usted lo deja en el suelo con sus juguetes familiares. Una posibilidad es volver a alzarlo rápidamente: «No le gusta estar en el suelo», o bien puede hablarle con dulzura, incitándolo a descubrir, a manipular, mostrándole que usted sigue estando ahí, pero que él sabe jugar solo. Usted puede ser quien tenga confianza «por él», poniéndose en su lugar, comunicándole algo que lo estimule a experimentar y dándole, a su vez, confianza en sí mismo. En suma, usted lo ayuda a tomar más conciencia de sí mismo, en el sentido de sus competencias y del placer que puede encontrar solo y consigo mismo.

Sin duda muchos de vosotros, padres, os habéis interesado por el abordaje psicoanalítico, en particular a través de emisiones televisivas. Frente a las luminosas interpretaciones de personas geniales, algunos pueden llegar a creer que también todos deberían ser capaces de hablarle así al propio hijo. Ahora bien, la situación psicoanalítica es una situación absolutamente particular y ningún padre tiene como función ser el psicoanalista de su hijo; por lo tanto, hay que ser **muy prudente**.

No le diremos a un niño: «*Le tironeaste del pelo a esa niña porque estás ansioso y sientes miedo de que te dejen solo*». Ni a ese otro: «*Lo que pasa es que no duermes bien*», ni tampoco: «*Estás insoportable porque tu papá y tu mamá en este momento tienen dificultades de pareja*». Ésa es una relación de causa-efecto que un pequeño es incapaz de comprender. Este discurso tal vez sólo logra provocarle angustia, ya que puede sentir frente él una temible fuerza omnipotente y la intuición, demasiado temprana, de que le suceden cosas que es incapaz de dominar.

Hay que captar la diferencia entre esas interpretaciones, utilizadas como un poder sobre el niño, y la capacidad de mostrarle nuestra comprensión de que pueda sentir algo difícil, que no lo consideramos «malo», que también nosotros, cuando éramos pequeños, nos vimos llevados a sentir o a hacer idénticas cosas... en fin, que estamos dispuestos a ayudarlo.

ESCUCHAR PARA MATIZAR SU PROPIO DISCURSO

Hablarle al niño sobre sus propias emociones y sentimientos nos conduce a otras reflexiones:

- No disponemos de certezas totales: sólo el mismo niño sabe realmente qué siente. Tenerlo en cuenta influirá sobre la formulación de nuestro discurso y nos evitará hablar con un tono omnipotente: intentamos investigar con él, le decimos que tal vez puede estar sintiendo esto o aquello. Se trata siempre del mismo principio: **estamos para acompañarlo**. El mismo Bettelheim destaca *cuán indiscreto es interpretar los pensamientos inconscientes de un individuo cuando él no lo solicita.* El dominio sobre el niño podría resultarle abrumador. Si lo consideramos una persona íntegra, no nos permitiremos dirigirle frases que no le diríamos a un adulto o que no nos gustaría que nos dijeran a nosotros. Diremos en todo caso: «*Tengo la impresión de que hay algo que no funciona... Pienso que, a lo mejor, estás molesto, me parece que...*».

Ante interpretaciones demasiado estrictas, los niños pueden rebelarse, patear, gritar: ¡No!, pues son vividas como una intrusión y son insoportables:

- trataremos de **hablar simplemente** e, incluso, con discreción. Un niño entiende muy bien qué se le dice, no es necesario repetirlo dos veces; si parece no entender, probablemente sea algo difícil para él. Pero aun así, es posible que pueda obtener algún beneficio (véase el ejemplo de Natalia en el capítulo 7);
- también estaremos abiertos a la eventualidad de **habernos equivocado**... Que le molesta otra cosa. Podemos observar sus gestos, escuchar sus palabras. Quizá ya tenga suficiente vocabulario como para poder explicar algo. Se trata de una búsqueda en común y percibimos qué imagen positiva de sí mismo puede tener el niño en ese momento: está aprendiendo que él es alguien a quien se tiene en cuenta. Esto influye sobre cómo elabora su propia representación de sí.

Hablar no suprime la dificultad

Hablarle al niño le proporciona elementos para enfrentar la dificultad, pero no la suprime. A menudo nos engañamos en este sentido.

Thierry, de 2 años, va a jugar a la casa de un amiguito de su edad, quien protege celosamente sus coches y prohíbe que se los toquen. La mamá se asombra: «Sin embargo, yo le había dejado bien claro que Thierry no se los quitaría».

Elisa, de 18 meses, duerme mal; está agitada y algo inquieta durante las vacaciones en la nieve. Su mamá se sorprende: «No obstante, le había explicado bien que sólo duraría algunos días y que ella volvería a casa con sus juguetes, etc.»

Tendemos fácilmente a creer que las palabras de los padres o de los adultos pueden anular toda reacción emocional. En un santiamén, el niño debería ser capaz de *aceptar* lo que le hemos explicado.

A partir de las palabras que le decimos, queda pendiente todavía todo un trabajo de «metabolización». Una vez más, es *él* quien hace ese trabajo. Muchos adultos creen tener un poder que, en realidad, no poseen. Sería tan cómodo si pudiéramos eliminar las dificultades, los sufrimientos... pero, al mismo tiempo, privaríamos al niño de su propia capacidad de resolver los problemas por sí mismo.

Julián, de 26 meses, está en la bañera, en casa de unos amigos, con una nena un tanto mayor. La mamá, al irse, le dice que esa noche ella saldrá con el papá. «¡No!», exclama Julián, y se levanta, queriendo que lo coja en brazos.

La mamá le explica que lo ve muy enfadado porque ella tiene que irse y que él no está nada contento. Diciendo esto, lo ayuda a meterse otra vez en el agua. Julián juega un rato y vuelve a ponerse de pie tendiéndole los brazos.

«Sabes bien que tengo que irme, volveré pronto y te iré a ver en cuanto llegue.» Ante el llanto y los rezongos, la mamá lo acaricia un poco. Cuando una está por salir, no es fácil alzar a un bebé recién salido del baño... «Mira, Bénédicte te hace compañía, ella jugará contigo...» Se produce un silencio... Julián permanece sentado en la bañera. Observa a su madre durante unos segundos, se vuelve hacia Bénédicte, toma un pato que flota y lo llena de agua; con un aire algo soñador, derrama el agua sobre la niña, observa a su madre y le dice: «Adiós, adiós» (adiós, puedes irte, casi lo he aceptado). La amiga que se quedó cuidándolo contó que, después, no lloró en ningún momento, que comió con ganas y se acostó sin problemas.

De manera evidente, Julián hizo un esfuerzo: el «adiós» no fue pronunciado con júbilo, pero el niño logró superar algo que, para él, era difícil.

Si su mamá se hubiera ido rápidamente, es probable que Julián hubiera llorado un rato y luego se hubiera consolado. Entonces, quizá no habría hecho ese pequeño trabajo interno de elaboración: ser él mismo quien le dijera a su madre que sí, que ya lo había aceptado y que ahora ella podía irse.

La diferencia es perceptible...

Respetar el amor propio

Prestemos mucha atención: con la excusa de que se trata de un niño, solemos permitirnos reflexiones que serían muy descorteses para con un adulto... A solas con él, a menudo hacemos menos esfuerzos para controlarnos... A veces, sin darnos cuenta, descargamos con él tensiones acumuladas, resentimientos, vejaciones profundamente reprimidas: «*No sé por qué me enojo tanto... por qué le dije eso...*».

¿Qué es lo que hemos vivido en la infancia que estamos reproduciendo en este momento, colocándonos, generalmente, en el lugar de quien nos ha hecho sufrir? ¿O acaso acaba de sucedernos algo que nos moviliza a tal punto que «explotamos» con nuestro hijo? ¿Tenemos algún problema con nuestro cónyuge? Resulta muy fácil tomar al niño como blanco de nuestro resentimiento.

Hagamos, por lo tanto, un esfuerzo consciente para no humillar nunca a un niño, ni reírnos de él aunque la situación sea graciosa. Tratemos de:

- no hablar de él en su presencia;
- no traicionar lo que nos ha confiado como secreto (que atentaría contra la confianza depositada en usted y acarrear un resentimiento que podría subsistir durante mucho tiempo);
- no hablar con las mismas deformaciones que él;
- no reírnos abiertamente, porque no consigue subirse a la bicicleta o porque se saltó un escalón y quedó desparramado en una posición efectivamente graciosa.

En suma, prestemos atención a no decir nada que no nos gustaría que a nosotros, adultos, nos dijeran. Debemos insistir en que su sensibilidad es mucho mayor de lo que creemos.

En el mismo orden de cosas, nuestras exclamaciones admirativas, exageradamente estimuladoras, como «*¡Qué hermoso!*» son, con frecuencia, excesivas, inútiles y pueden, incluso, molestarlo:

Entro a la habitación de Matías cuando está construyendo una torre que me parece un poco difícil. Es la primera vez que veo una tan alta y no puedo contener mi admiración: «¡Qué genial!». Matías me mira sorprendido, como un tanto irritado y abandona la torre. «Discúlpame, te interrumpí...» Mi reacción intempestiva lo perturbó.

¿Reprensión o comprensión?

Todos tendemos a hacer juicios de valor y a interpretar de manera puramente subjetiva el comportamiento del niño pequeño.

A los 4 meses, los padres de María la confían a sus abuelos durante los ocho días de sus vacaciones. A la vuelta, María se niega a sonreírle a su madre durante tres días. Se alimenta mal con el biberón y se mantiene tensa: «Te lo está haciendo pagar», le dicen a la joven madre.

Se hace un juicio de valor: ya se cataloga a la pequeña como que «hace frente», que es exigente. Pero no hay un intento de comprender la realidad de lo que le está pasando.

En el capítulo 7, veremos hasta qué punto el hecho de separarse de su madre constituye para el bebé una verdadera perturbación, en el sentido de la perturbación atmosférica en que las nubes, bruscamente, se ponen en movimiento: todo cambia; de pronto, el bebé ha perdido sus referentes y hace enormes esfuerzos para encontrar otros; comienza a lograrlo... y sucede que nuevamente debe cambiarlos para reencontrar los precedentes.

Esto es lo que hay que comprender y tratar de comunicarle al niño, ayudándolo tiernamente a resituarse concediéndole el tiempo necesario para hacerlo.

Que, además, haya algo de resentimiento, no es imposible, pero no tenemos elementos para probarlo.

Es probable que un pequeño de 2 años y medio o 3 se sienta, con frecuencia, frágil, vulnerable y se vea desbordado por sus emociones. Necesita ser sostenido y rehacerse en una estrecha relación, total, con sus padres o adultos cercanos.

Una mamá sola pasaba un cuarto de hora cada tarde con su hijito al volver de la guardería antes de cualquier otra ocupación. Se había dado cuenta de que, después de eso, Daniel estaba relajado y cooperaba. Si, por el contrario, ella se apresuraba para poner a calentar la comida enseguida, su crío se volvía «pegajoso» o bien desafiante.

Volveremos a hablar de esto al mencionar los momentos de reencuentro después de la separación.

Los adultos también tienen sus emociones

Puesto que al niño le hablamos de sus propias emociones, le ayudará mucho saber que también nosotros tenemos las nuestras: *«Hoy estoy cansada... estoy nerviosa y siento que puedo enfadarme por nada, así que sería mejor que juegues en tu habitación y no vengas mucho a la cocina». «¡Ay! Me he enfadado mucho, no debería haberlo hecho, te pido perdón…»*

Los niños acostumbrados a este tipo de actitudes son, en general, bastante tolerantes y he observado que, en ciertos momentos, realmente son capaces de ir a jugar solos a su habitación o a otro lugar donde haya algo que les interese. Por supuesto, esto no siempre es así y la tensión de la madre o de la persona presente puede influir en el niño y transmitirle su nerviosismo o su descontento.

De todos modos, si la mamá misma pudo formular así sus sentimientos, el niño se sentirá menos culpable de la situación y podrá tomar una cierta distancia. Éste será el inicio de su capacidad para comprender que lo que ocurre proviene de su mamá y no de él.

Se trata de una nueva ocasión para él de hacerse cargo, en forma activa, de algún aspecto de la realidad y, sobre todo, para no dejarse abrumar por ella.

Un niño se descubre, primero, a sí mismo, y luego descubre el mundo a partir de él. Por lo tanto, se ve a sí mismo como el centro del mundo y, a partir de eso, a menudo, como la causa de lo que sucede. Verá que, incluso, niños mayores, **se creen fácilmente responsables de lo que ocurre**, en particular del cansancio o de la enfermedad de alguno de los padres, de las discusiones entre ellos o de situaciones problemáticas. Es importante que pensemos en ello para mostrarles que no es así. Que puedan ir registrando, cada vez más, sus propias vivencias, sin quedar «atrapados», «enredados» a veces, en nuestras historias de adultos.

A veces los adultos se ven sumergidos en sus emociones y expresan directamente su ira, su pesar, su tristeza, a veces también la alegría o la satisfacción con relación a lo vivido con los niños. No es entonces al niño al que le hablan como a una persona sino que descargan de alguna manera todo lo que llevan dentro. «*Me enfadé con él sobre todo porque estaba furioso: mi mujer había salido de compras apenas llegué y yo me había dado prisa para que pudiéramos compartir un momento juntos…*» O «*Me tenían hasta la coronilla los juguetes que andaban todo el tiempo por el suelo. David quería una y otra vez treparse a mis rodillas. A pesar de que le dije que tenía que trabajar y reparar el picaporte de la puerta y que no podía en ese instante ocuparme de él… parecía no entenderme*». Así se mezclan elementos que conciernen al niño con emociones que él no puede comprender en actitudes faltas de coherencia.

Todos hemos vivido tales situaciones, pero este tipo de reacciones son más frecuentes en algunas personas que en otras. Sería conveniente poder tomar conciencia de ellas para evitarlas en lo posible. El niño puede habituarse a escuchar a su o a sus padres hablando un poco «a la pared» y cerrarse a una verdadera comunicación. Sería mejor hablar poco pero bien de frente, conversando con el niño aunque sea muy pequeño.

El niño puede ser él mismo en su cuerpo por la libertad motriz que se le brinda; puede ser él mismo en sus emociones por el respeto que se le demuestra.

Ahora bien, permitirse ser lo que uno es genera una libre circulación de energías. En el transcurso de cursillos de formación y de reflexión personal o durante terapias psicodinámicas «exitosas», el sujeto expresa y reexperimenta, a veces con mucho dolor, lo que sintió de niño y que, en aquel momento, debió mantener en secreto. Pero, después de este tipo de episodios, se observa una mayor vitalidad, placer de vivir (aunque las condiciones de la vida no sean muy fáciles...) y, con frecuencia, mejor salud y hasta la curación de trastornos somáticos que se resistían a los tratamientos médicos.

Recordemos la frase de Bettelheim citada con anterioridad: *«No hay mayor placer que sentir que uno funciona bien».* Vale la pena intentar permitirle a nuestro (pequeño) hijo que viva lo más cerca posible de su propia originalidad.

La segunda vertiente de esta reflexión será permitirle abordar los caminos aceptables para esta sociedad que es la suya.

Capítulo 6

El aprendizaje de la realidad y de la vida social

El niño tiende a acercarse al estado de hombre no recibiendo las razones y las reglas de la acción adecuada «servidas en bandeja», sino conquistándolas por medio de su esfuerzo y sus experiencias personales.

Jean Piaget, *Seis estudios de psicología*

«*El bebé se convierte en un niño pequeño*», subraya Emmi Pikler. Sale de su cuarto para volver solo, comienza a participar más activamente en la vida familiar y a enfrentarse con la realidad material y social. Tiene todo por descubrir, todas las reglas por aprender y debe lograr respetarlas... ¡Cuánto trabajo para una criatura! ¡Y también para los padres! ¿Cuándo exigirle realmente? ¿Cuándo cerrar los ojos? ¿Hay que regañarlo cada tanto? Entre la permisividad y la autoridad excesiva, ¿dónde situarse?

Hemos hablado del respeto por las emociones y las manifestaciones personales del niño. Ahora debemos ayudarlo a vivirlas dentro de parámetros posibles y permitidos... que son bastante numerosos y variados.

Una vez más, «lo viviente funciona lejos del equilibrio»: rara vez existe una sola buena respuesta. Muchos padres se las arreglan bastante bien y encuentran por sí mismos las soluciones.

Pero también es cierto que hay muchos niños cuestionadores, desafiantes, nerviosos, a quienes les cuesta aceptar «desde su fuero íntimo» ciertas exigencias de la vida en sociedad. Claro está que esto varía según el temperamento de cada uno, pero esta actitud puede provenir también del modo en que se ha tomado contacto con la vida. Emmi Pikler decía que, muy a menudo, ello era el resultado de «malas actitudes educativas».

¡No estropee el punto de partida!

Algunas tomas de conciencia

EL BEBÉ NO ES EL CENTRO DEL MUNDO

«El bebé se convierte en niño»... el niño va creciendo: es el pasaje de la vida de bebé, a quien se le brinda todo y se protege, al estado de niño que va ampliando su territorio. Debe entonces integrarse a la vida que existe a su alrededor y aceptar sus reglas, restricciones y riesgos. No siempre serán los demás y el entorno quienes se adapten a él y a sus necesidades.

Para realizar ese pasaje, ayúdelo: **no organice toda la vida de usted en torno a él**... cosa que para algunos de vosotros quizá sea simple, pero que resulta difícil para otros. Es el caso de esas mujeres jóvenes que interrumpen su actividad profesional para ocuparse de sus hijos: el marido suele estar muy absorbido por su vida profesional y entonces, para ellas, el mundo se convierte en el de los hijos. También es difícil para las madres que no encuentran en su pareja todas las satisfacciones que esperan, o para aquellas que, realmente interesadas por su hijo, quieren hacer lo mejor: el niño es la prioridad, de modo que restringen su vida personal.

La convicción es, a veces, tan profunda, que nada puede hacerlas cambiar y sólo más tarde podrán ver las consecuencias: el pequeño ha «aprendido» que el mundo sólo existe por él y gravita a su alrededor. Ahora y luego al crecer, a los 5, 7 u 8 años, el niño pensará que los padres están a su servicio y esta representación puede quedar sólidamente anclada...

> El ser humano, aun pequeño, no es el centro de un microcosmos, ¡llega a un mundo que ya vivía antes que él y que seguirá viviendo!

Hemos visto de qué modo el niño podía ser activo para descubrir el espacio exterior y cuál era el alcance de sus capacidades motrices. Vamos a ver aquí cómo puede descubrir el mundo activamente y hacerse un lugar en él:

- asimilar sus leyes, reglas y modo de vida (comprender esas leyes, hacerlas suyas y ser capaz de aplicarlas);
- desarrollar los intercambios con ese mundo, dándose cuenta de que él no es el centro;
- interesarse en el mundo, tomar parte activa y, al fin, poder actuar sobre él.

La libertad y los límites

Permitir a un niño realizar el máximo de experiencias por sí mismo, escuchar y respetar lo que siente no significa dejarle que haga de todo ni sentir remordimientos por tener que prohibirle algo. Cuando la realidad hace necesario que se impongan límites, prohibiciones y frustraciones, éstos facilitan que se canalice la energía, que se desarrolle la inteligencia y la imaginación, el pensamiento simbólico y el respeto por los demás. Ciertos niños manifiestan tan ruidosamente sus deseos o sus rebeldías que muchos padres, sorprendidos, sienten recelo e incluso temen estas reacciones a veces espectaculares y terminan cediendo frente a los gritos, los llantos, la determinación del niño (que suelen admirar secretamente).

Tenga confianza en su hijo, pero manténgase firme y si es posible en calma. El amor y la admiración que siente por usted serán más fuertes que sus protestas. Una vez más él es el protagonista de su propia vida: no está destinado a someterse pasivamente, pero debe aceptar la realidad para participar activamente en ella.

La confianza es uno de los ejes de este libro, pero no debe prestarse a confusiones. Se podría llegar a creer que, porque uno ha sabido explicar a un niño los fundamentos del conjunto de las reglas de la vida, él va a aceptarlas finalmente y someterse a ellas por propia voluntad. De ninguna manera, en todo niño crece también la necesidad de oponerse, de experimentar los límites, una manera de preferir el placer inmediato antes que el placer a largo plazo, etc. Así se constata que la autoridad y la firmeza resultan siempre indispensables, a pesar de los innegables tesoros de comprensión y de paciencia que uno pueda desarrollar.

TRES CONCEPCIONES DE LA EDUCACIÓN

Es importante también tomar conciencia de estas tres diferentes concepciones de la educación infantil.

Antiguamente, enseñarle a someterse

Se trata de adiestrar al niño, enseñarle a someterse a las leyes y a los adultos y, si hiciera falta, obligarlo, «si no, ¡nunca va a aprender!». Las prácticas educativas tradicionales, centradas en los aprendizajes y la sumisión a la autoridad no eran totalmente negativas, siempre que no fuesen desmesuradas. Pero dejaban poco margen para el desarrollo de la iniciativa personal, de la confianza en uno mismo y de las nociones de igualdad y tolerancia, ya que estaban basadas en el principio de que el más fuerte le impone su saber y su poder al más débil: el primer reproche que puede hacérseles es que inculcan al niño, desde el nacimiento, que las relaciones entre los individuos son relaciones de fuerza, de dominador-dominado.

Ayudarlo a comprender el porqué de las exigencias y las prohibiciones

Se trata de pensar, por el contrario, que se debe ayudar al niño a comprender el porqué de las exigencias y prohibiciones, a aceptar *someterse a ellas por el deseo de crecer* y de entrar en la sociedad adulta. Esto no excluye la autoridad, pero ésta viene *después* de la explicación, de la escucha del niño, de una reflexión sobre los grados de exigencia.

La actitud permisiva

O bien, también es posible adoptar una actitud permisiva. Las prácticas permisivas, muy extendidas pero no necesariamente deseadas de manera consciente, son, en general, poco coherentes, porque casi siempre se acompañan de actitudes coercitivas: colocan al niño en una situación de vaguedad, de incertidumbre con la noción de que puede ser más poderoso que sus padres o que los adultos que lo rodean. Esto rara vez permite la construcción de una personalidad fuerte y el desarrollo de una inteligencia eficaz.

La educación que usted ha recibido probablemente se decanta más hacia un polo que hacia otro y le merece una opinión sobre lo que le ha aportado de positivo o de decepcionante. De allí deriva la actitud que tendrá o que tiene usted con sus hijos. Muy a menudo notamos que las actitudes sobre las que no tenemos control son, con frecuencia, las que hemos conocido de niños.

La primera concepción descrita antes no corresponde a la nuestra ya que considera al niño como un ser al que hay que moldear, por muy honroso que sea el objetivo. Esta concepción ha sido estigmatizada por Alice Miller quien, en *Por tu propio bien* (véase Bibliografía al final del libro) ha descrito con el nombre de «pedagogía negra» la concepción pedagógica que causaba estragos en Alemania durante el siglo XIX y a comienzos del XX. Aunque en menor escala, algunos padres siguen predicándola: «*No tengo que darte ninguna explicación, yo lo digo y tú obedeces*».

El niño educado según esta concepción pensará: «*Estos adultos son más fuertes que yo, me conviene someterme y, por lo tanto, obedezco*» y tratará de corresponder a lo que los padres esperan de él. Por supuesto, todo es posible pero, paulatinamente, corre el gran riesgo de evolucionar en una de las siguientes direcciones:

- someterse por completo e interiorizar la sumisión como un rasgo de carácter tendiendo siempre a buscar una autoridad, un maestro;

- conservar en lo profundo de sí un deseo de autonomía y un resentimiento que se traducirán en lo inmediato en cierta forma de ansiedad, de trastornos del sueño u otros síntomas; más adelante, en la adolescencia y luego, en la edad adulta, puede volverse transgresor o, incluso, antisocial...;

- identificarse inconscientemente con el más fuerte; en años posteriores en la escuela y luego, en la edad adulta, en el mundo profesional o social, podrá llegar a ocupar, finalmente, el lugar admirado del más fuerte.[20] Ser, por fin, quien domine e, incluso, hacerles pagar a otros lo que él ha sufrido.

Los niños criados de acuerdo con la segunda concepción aceptarán mejor las leyes, «desde su fuero íntimo»; comprenderán mejor su sentido e importancia. Esto significa que se atreverán a cuestionarlas cuando no las comprendan o cuando les parezcan contradictorias o injustas. Cuando transgredan esas leyes, será más deliberado, más consciente en cierto modo, ya sea porque no estén de acuerdo con lo que se les pide o bien porque elijan antes satisfacer sus propios deseos; no se tratará tanto de «pasajes al acto» impulsados desde dentro por resentimiento o por un desborde de violencia. Considerarán las relaciones humanas más como un modo de colaboración que como un modo de dominación. Si anhelamos que nuestros hijos tengan libertad de pensamiento y de reflexión, capacidad de cuestionar al mismo tiempo que de someterse al interés general, tratemos de permitirles que sean participantes activos en el aprendizaje de las leyes, que es lo que vamos a describir ahora.[21]

Los comienzos de la representación de lo permitido y lo prohibido

El bebé comienza a salir de su cuarto y está muy interesado por todo lo que ve; quiere tocar todo, meterse todo en la boca, coger cosas entre los dedos, manipular.

Pero hay cosas que son peligrosas y cosas que son frágiles. Para algunos padres, comienza enton-

20. Sobre este tema, es muy interesante el libro de Bernard Defrance *La Violence à l'école* (véase Bibliografía).

21. Solos o en pareja, podemos reflexionar, descubrir con cuál de estas concepciones educativas coincidimos más y tratar de ver un poco cómo ha sido educado cada uno de nosotros, por los padres y por la escuela. ¿Qué tipo de adultos hemos llegado a ser? Lo que descubramos en este sentido no necesariamente será placentero, pero nosotros no somos responsables de la educación recibida. Por el contrario, hacer esta reflexión nos ayudará mucho en la educación de nuestros hijos.

ces un período agotador, en el que hay que seguir al bebé por todas partes y colocar protecciones. Si queremos permitirle una intensa experiencia de exploración, conviene quitar los objetos problemáticos y reintroducirlos progresivamente cuando sea capaz de controlar sus movimientos.

Pero hay cosas imposibles de quitar, ¡y no vamos a poner toda la casa patas arriba!

De este modo, nos situamos a menudo tras él para permitirle descubrir todo aquello que, efectivamente, puede tocar y, al mismo tiempo, mostrarle aquello que no debe tocar, ya sea porque es peligroso o bien porque está prohibido. Estas nociones son nuevas para él.

Mírelo: gateando, va y se aventura a un anaquel de revistas viejas que usted le permite desordenar sin problema. Luego llega cerca de libros valiosos que usted le prohíbe tocar. De pronto, queda al alcance de su mano el botón del grabador de vídeo: nueva prohibición y, mientras que usted le permite trepar al viejo sillón cercano y desordenar los almohadones, no puede hacer lo mismo con los del sofá de cuero, que son muy delicados… ¡Qué complicado!

¿Cómo saber qué hacer cuando se tiene 8 o 10 meses?
Ésta es una pequeña lista de puntos de referencia y de observaciones «para adultos».

DAR MENSAJES CLAROS

Sabemos ahora que, a través del lenguaje, los niños comprenden mucho más de lo que se pensaba y usted comprobará que, muy pronto, se orientará hacia una actitud preferentemente explicativa o preferentemente coercitiva.

Usted podrá acompañarlo en sus peregrinaciones, compartiendo el placer de retirar las revistas «autorizadas» y ayudándolo a pasar rápidamente delante de las «intocables», hablándole: *«No, eso no se toca»*, tratando de orientarlo hacia otros descubrimientos sin riesgos…

Siempre volvemos a la primera comprobación: desde el nacimiento, el niño trata de comprender el mundo en el que vive y luego de participar en él. Debemos repetirnos todo el tiempo que el bebé no conoce nada del mundo y que tiene todo por aprender, pero sobre todo **que le gusta aprender.**

Intervengamos de tal manera que el bebé, poco a poco, logre ir comprendiendo claramente lo que le prohibimos y no dudemos en explicarle, mostrarle o permitirle tocar. Tratemos de recurrir lo máximo posible a su inteligencia y de utilizar todas sus experiencias cotidianas.

Algunas diferencias que se establecen

Volvamos a un ejemplo ya citado: el bebé se halla durmiendo en su cuna pero, cuando se despierta, encuentra allí juguetes, un móvil por encima de su cabeza, una barra de cuna que puede sacudir o de la que puede tirar, etc. Este «sitio-cuna» es, por lo tanto, un lugar donde se duerme y un lugar donde se juega. Si, por el contrario, cuando el bebé está despierto, se lo colocara en un sitio diferente con juguetes a su alrededor, integraría la noción de una distinción: el lugar para dormir, la cuna donde sólo se duerme o se descansa y los otros lugares donde se despliega la actividad.

No podemos afirmar que el bebé de la segunda situación no tendrá problemas para ir a acostarse, pero la asociación cuna-dormir le resultará más fácil.

Palabras que pueda «comprender»

Algunos niños de 10 o 12 meses son capaces en pocos días de comprender y de inhibir sus gestos; a otros, le llevará mucho más tiempo.

> *Cuando, por ejemplo, el bebé comienza a querer jugar con la tierra de las plantas, y usted se lo prohíbe; muéstrele la que le queda en las manos y en la alfombra: «¡No es bonito!», y en la boca: «¡Eso no se come!»... Cada vez que se acerque, repítale: «¡No!».*

Corresponde a los adultos el ser constantes

Todo será más fácil si usted mismo/a tiene claros sus diferentes niveles de exigencia. Hay **exigencias absolutas**, en las cuales usted no transigirá: no tocar las ollas que están en el fuego, no meterse en la boca la tierra de las macetas ni subir al alféizar de la ventana, dar la mano al cruzar la calle, etcétera.

Algunas son relativamente simples: lavarse las manos antes de comer, no tocar el aparato de vídeo, no subirse a la mesita baja, no coger los libros de los padres del estante, ni los platos o cubiertos cuando la mesa está puesta... Son una cantidad infinita y ciertas parejas se ponen de acuerdo fácilmente y son claras en las formulaciones: un «*Camila, dije ¡no!*» tranquilo no parece traumatizar a la nenita de 13 meses que se dirige entonces a otro sitio.

Otras medidas son más difíciles: con el macetero de flores que está en el balcón, ¿se le permite tocar la tierra o no? Es una interesante experiencia cuando uno vive en la ciudad... Cuando estamos tomando nuestro aperitivo, ¿le permitimos probar todos los ingredientes y bocadillos o no? ¿Sólo algunos o ninguno? ¿Le permitimos o no caminar en los charcos de agua?

Lo importante sin duda no es que él pueda tocar o no la tierra de la maceta, sino que ustedes decidan juntos si es sí o si es no y que ambos lo mantengan. «A menudo es preferible prohibir o exigir la menor cantidad posible de cosas ya que es muy complicado llegar hasta el final cuando se dan las órdenes o se señalan las proscripciones. Los niños frecuentemente son duros para aceptarlas, muy tenaces. Sin embargo, es preferible mantener lo que se ha pedido si se quiere que el niño se ubique en esos parámetros y se sienta seguro... Lo confuso, impreciso, vago, inestable es lo que desconcierta y fatiga al niño» (J. Toulemonde, *Place à l'enfant*, Éditions Encre, 1991). Se puede entonces hacer el enunciado con calma, con la entonación de la evidencia: cuando las reglas de vida social son claras, los niños las reconocen rápidamente y pueden integrarlas.

A menudo debemos explicar por qué exigimos o rechazamos tal conducta con términos sencillos, apelando así, como decíamos, a la inteligencia del niño. En general no es necesario volver a explicar: de manera más o menos intuitiva, el niño comprende que existen razones para el mandato parental. Consecuentemente el *«es así y no se discute más»*, ayuda más que nuevas explicaciones que dejan lugar a dudas o a una posibilidad de cambio. Además, existe todo lo que no hay que explicar: *«Se prepara el agua para el baño, el pijama para dormir, la vida es así…»* Proporciona alivio no tener que plantearse demasiadas preguntas.

Pero, si no somos constantes, el niño elabora muy tempranamente y cada vez más a medida que crece, un sentimiento de arbitrariedad (de los padres omnipotentes que imponen su voluntad) lo cual corresponde a veces a la realidad. Algunos días, sin ninguna explicación los regañamos fuertemente (fatiga, exasperación por alguna otra cosa, la ropa que lleva puesta…). Repetido con frecuencia, esto conduce a una situación general de inseguridad, ya que el niño no sabe si está procediendo bien o no, y realiza permanentes tentativas de tirar de la cuerda para conocer esos límites y, a menudo, también para ejercer su poder sobre estos padres irresolutos: le costará mucho respetarlos realmente.

Por la noche leemos un cuento, luego otro y el travieso exige un tercero. Sucede entonces que uno lo quita un tanto exasperado hasta el punto de que la hora de irse a dormir se convierte en un incordio. Entonces hay que decidir: paramos al finalizar el primer cuento o llegamos al tercero, poco importa pero se dice… y se mantiene. Tanto más cuanto que el momento en que se abandona la habitación es a menudo aquel en que la mamá se «descomprime», si fue ella quien contaba el relato, pero también cuando se reencuentra en pareja…

El período en el que hay que estar muy atento y decir muchos noes es bastante agotador. Administrad bien vuestros momentos de distancia, de distensión, de humor, para no dramatizarlos demasiado: pasarlo bien os dará más posibilidades de manteneros más tranquilos en el futuro, pero hay que saber que ciertos niños serán muy insistentes en la búsqueda de los límites, en la provocación, «gozan de una infinita imaginación para inventar tonterías». Estos niños podrán convertirse más tarde en sujetos muy positivos en la sociedad en la que les tocará vivir. Pero sin duda eso tendrá que ver con vuestra solidez y con vuestra confianza, que tanto necesitan.

Cómo decírselo

Es probable que uno deba realizar un entrenamiento para hablar con *palabras simples*, claras, mirando al niño bien de frente: *«No quiero que subas a los sillones; pero este sofá tiene funda, ahí sí puedes subir como quieras»*.

Muy al inicio, hacia los 9 o 10 meses, cuando el bebé gatea y se acerca a esos sillones, usted puede repetirle cada vez: *«¡No…!»*, alzarlo en brazos y alejarlo: *«Te dije que no, eso significa que no se puede, ¡que no te subas!»*.

Al igual que en relación con las plantas, usted irá encontrando su propia manera de hacerle entender al bebé que siempre será así: **él necesita tiempo para comprender** que el «*no*» expresado una vez, en realidad, es permanente.

A menudo, al acercarse a ese sillón, el pequeño nos mira haciendo «*no*» con la cabeza; es fácil pensar: «*nos está provocando*». A veces puede ser... pero, con frecuencia, quiere decir: «*¿Sigue siendo no?*». Está tratando de obtener la confirmación, de hacer la experiencia. Como todavía no tuvo tiempo de confrontarse con la duración, con la permanencia de lo que le están diciendo, lo está aprendiendo. Puede tratarse de una demanda real y, en vez de enojarse, usted podría repetirle con la misma calma y quizás algo de humor: «*¡No, no! Sabes muy bien que es no ¡y siempre va a ser no!*».

Con frecuencia, es mejor hablar menos, pero hacerlo bien de frente al niño, en una verdadera relación; si no, se acostumbrará a oír las palabras un poco «en el vacío». Se escucha gritar desde la cocina: «*¡No quiero que juegues a la pelota en la sala! Lo sabes bien*». Y el niño sigue y continúa el rezongo: y uno no puede moverse de la cocina porque la leche va a derramarse...

Trate de que interrumpa su actividad mientras usted le está hablando; que las miradas se crucen cuando usted le está pidiendo o explicando algo. Esto será cada vez más importante a medida que vaya creciendo. Usted ganará en calidad de comunicación... y en eficacia.

HACE FALTA TIEMPO PARA INTEGRAR VERDADERAMENTE LOS APRENDIZAJES

Según las palabras y el tono empleados para reafirmar la prohibición, el niño lo vivirá como una ayuda o como una reprimenda teñida de agresividad.

> Jugando en el exterior, Colin, de 23 meses se inclina sobre una herramienta, es un pequeño pico, lo toca con la punta de los dedos diciendo: «*no, no, no*». Lo mira, gira a su alrededor... Estoy a punto de enfadarme, porque le he dicho varias veces que no debía tocarlo. Sin embargo, observándolo un momento pienso que está repitiendo ese «*no*» para sí mismo como una petición, dirigida a mí, de que le confirme la prohibición, un esfuerzo para convencerse, quizá una lucha interna entre el deseo de tocarlo y la necesidad de no hacerlo (no estamos en su interior y no podemos saberlo...). Contestarle: «*Sí, sabes muy bien que no debes tocarlo porque te puedes hacer daño*» probablemente sea una ayuda para:
> - integrar la prohibición;
> - inhibir su propio gesto.

En efecto, debemos recordar continuamente que el niño pequeño necesita tiempo para que una nueva adquisición se convierta verdaderamente en un hábito. No le basta con haberlo logrado dos o tres veces para ser capaz de controlar un gesto sin problemas. Y «olvida» muy rápido... No porque usted le haya dicho algo hace cinco minutos, él seguirá pensando en eso (fíjese, por ejemplo, cómo usted vuelve a pulsar el interruptor cuando sabe perfectamente que se ha cortado la luz).

A lo largo de su crecimiento, usted comprobará repetidamente que él necesita su tiempo para integrar las novedades: en el aprendizaje de la marcha, de la lectura, de la natación o del fútbol, al igual que entre el momento en que llega a sentarse solo y el momento en que elige esa posición para jugar habitualmente. Después de los primeros pasos, va a ir integrando progresivamente el proceso de la marcha, pero ¿cuánto tiempo transcurrirá entre los primeros pasos y la marcha segura? ¿Y entre el momento en que haga pis en el orinal cada tanto y el momento en que posea el verdadero control de esfínteres? Semanas, incluso meses. Esta lentitud no conlleva ningún tipo de antagonismo por parte del niño.

Sin que se sepa por qué, algunos niños tardarán mucho tiempo en adquirir tal o cual hábito y otros lo harán muy rápido.

Algunas prohibiciones resultan muy difíciles de comprender –y de aceptar– por parte de una criatura que descubre, por ejemplo, que al apretar el botón del grabador de vídeo se enciende una preciosa lucecita verde. En ese caso, puede resultar muy poco satisfactorio para un bebé de 10 meses explicarle: *«Eres muy pequeño para usarlo, cuando seas mayor, podrás hacerlo»*, aunque tal explicación sea necesaria.

Hay situaciones que los niños viven con dificultad, como aquellas que los remiten a la impotencia de su edad: *«No quiero que eches agua con ese recipiente, que uses ese cuchillo, etc.»*; los niños reaccionan a las limitaciones de sus deseos de manera muy diversa. Algunos se encolerizan porque no pueden mirar la televisión cuando quieren o sentarse en «ese» sillón delicado; necesitan ayuda para aceptar su momentánea inferioridad. Si los reprendemos porque lloran o se enojan, nos arriesgamos a dificultarles la tarea, porque lo estamos alejando de nosotros y la relación deja de ser positiva; tienen, entonces, dos razones para sufrir: su impotencia y nuestra incomprensión o el desacuerdo entre ambos.

La ira o la pena del niño

Cuando un niño, incluso muy pequeño, monta en cólera, llora o se entristece porque se le prohíbe algo, algunos adultos se sienten «malos» o temen que el niño los ame menos o que los odie. El niño, por su parte, cree realmente en lo que dice cuando grita: *«¡No te «quedo» más! ¡No te «quedo» nunca más!»*. Es lo que siente en el momento, absolutamente, pero lo expresa y ya está. El fondo de amor, de apego, de confianza absoluta se mantiene presente y las actitudes firmes no lo afectan, por el contrario: un niño pequeño puede sentirse arrastrado por sus impulsos, sus iras, por la fuerza de sus deseos y esto es muy inquietante para él. Sin ser consciente de ello, se sentirá más seguro con quien le impida el desborde; muy por el contrario se acercará aun más a él, quizás a causa de ese dinamismo de crecimiento que lleva en sí y que hemos visto en acción.

> El niño experimenta en su interior una gran necesidad de organización y de estructura, y se siente agradecido de manera totalmente inconsciente hacia los adultos, que le marcan así los límites que no debe transgredir.

De esta manera, luego de un enojo o de protestas vehementes, verá que su hijo reasegurado por su firmeza no le ama menos, sino al contrario. Es el comienzo del aprendizaje recíproco de la autoridad. A la distancia, comprobará que es más fácil cuando los niños son pequeños y que todos serán más felices si vuestra actitud es muy clara. Pero ésta es tarea vuestra, él sólo puede responder a lo que vosotros le proponéis.

Recuerde siempre que si, globalmente, la relación con usted es armoniosa, su hijo intentará por supuesto resistir, oponerse en ciertos momentos, pero logrará adquirir lo que se le exige: pero, sobre todo, no se desespere ni se preocupe. ¡Confíe en él!

Existen períodos muy exasperantes hacia los 8 o 10 meses, o a los 15, en que usted pasa todo el tiempo diciendo «¡no!». Y un día, de pronto, le sorprende el hecho de darse cuenta de que aquello que parecía tan difícil de lograr... ¡Ya está! Y ya no se habla más del tema.

No es sólo mérito suyo, ya que fue él quien hizo todo un trabajo para integrar esas realidades: solamente él puede hacerlo, a su ritmo. Cuanto mayor deseo tenga de lograrlo, efectivamente lo conseguirá. En esto, sin duda, no hay nada mejor que una tranquila firmeza: *«Te dije que no y, cuando te digo que no, es que no puedes hacerlo»*.

Un niño pequeño tiene aún muy poca capacidad de anticipación y, a veces, es duro que a uno lo interrumpan en su actividad; sabemos por experiencia que su pesar no se prolongará porque la actividad siguiente será de su agrado (cosa que puede ayudarnos, pues, a menudo, no nos gusta ser la causa de su llanto o su enojo).

Recordemos el ejemplo de Antonio (véase pág. 144) que está jugando en el jardín y se niega obstinadamente a entrar en la casa para bañarse. Finalmente, la mamá tiene que cogerlo en brazos: él grita y forcejea. Entra al baño donde ya corre el agua y cinco minutos después, está fascinado. Si la mamá le dice: «Todavía tienes muchísimas ganas de jugar fuera pero, ahora, es la hora del baño; verás, en la bañera estarás de maravilla, etc.» o bien «¡Ay, ay, ay! qué difícil es, pero ya verás que, enseguida, te pondrás contento…», ella le permite anticipar y, seguramente, lo está ayudando mejor anunciándole lo que viene que si le dijera: «Eres realmente insoportable…», lo cual, sin duda, es falso y le brinda al niño una mala imagen de sí —algo que, insistimos, siempre hay que evitar.

Mensajes permanentes

Sabemos qué importante es (si se ha tomado la decisión en este sentido) **no ceder** y proceder de modo tal que, en efecto, el niño haga o deje de hacer aquello que le pedimos o que le prohibimos. Es por medio de estos pequeñísimos hechos como irá integrando la noción de que: «*mamá dijo no o papá dijo no, por lo tanto, no puedo*».

Comprensión y firmeza

Es prácticamente imposible mantenernos firmes en todo lo que hemos exigido en todas las circunstancias y durante el tiempo necesario (incertidumbre de nuestra parte, cansancio, exasperación, debilidad, etc.). Sin embargo, cuanto más lo logre usted, menos tratará su hijo de manipularlo/a, ya que rara vez tendrá la experiencia de que eso le sirve para algo...

Comprensión y firmeza no se excluyen: si tiene que ir a dormir sin ver la televisión, es importante para él que sus padres se mantengan en esa posición y que, efectivamente, se vaya a la cama; pero uno puede escuchar el llanto con comprensión. Para él, el efecto será totalmente diferente según que los padres intervengan con simpatía, comprendiendo su decepción, o con enojo, diciéndole que está realmente insoportable.

Por otra parte, sería un error que los padres reconsideraran su decisión y autorizaran al niño a mirar la televisión, porque entonces llegaría a la conclusión de que su enojo tiene más fuerza que el adulto: supone una contradicción en esa conciencia de sí mismo que está en vías de adquirir; él es un niño pequeño y, al mismo tiempo, es más fuerte que sus padres. Esto le resulta incomprensible y, en consecuencia, le resulta imposible integrarlo de manera positiva. Esto sólo puede provocar ansiedad e, incluso, angustia y conducirlo a nuevas conductas de oposición y malestar.

Será lo mismo más adelante cuando nosotros, los padres, debamos anticiparle un castigo. Amenacemos poco, pero mantengámonos firmes, nuestro hijo sabrá a qué atenerse y será una gran ayuda para él.

> Hay que reaccionar de inmediato, ya que es en lo emocional, en el momento y en su cuerpo como un niño es capaz de comprender e integrar la significación de sus actos.

En lugar de los castigos, prefiera actos que reparen, o aquellos que muestren bien las consecuencias de lo que acaba de hacer: ayudar a limpiar lo que se ha derramado o ensuciado, a reparar el objeto o el juguete roto, separarse del niño agredido, etc., y esto, de inmediato, ya que un niño sólo puede comprender e integrar la significación de sus actos con sus emociones del momento y en su cuerpo.

La convicción emocional del adulto suele ser más contundente que las explicaciones cuando está totalmente persuadido de que algo es inaceptable. Por ejemplo, el niño ha mordido o ha pegado a su madre: *«Eso no se hace»*, sea cual fuere la razón que lo ha llevado a hacerlo. Uno lo separa, sin dramatismos, pero advirtiéndole: *«De ninguna manera, eso no se hace»*. Así, el adulto no deja dudas acerca de lo que está prohibido y de que hay reglas que no se deben transgredir.

No os dejéis impresionar ni pillar desprevenidos: si la intervención tiene lugar ya en las primeras ocasiones, el niño lo integra, en general, muy rápido y la vida se simplifica para todos. Quedaos tranquilos, el niño no se va a traumatizar. ¡Y si os pilló desprevenidos una primera vez vosotros ya estaréis preparados para la siguiente!

Si usted consigue mantener, bastante a menudo, esa exigencia, si interviene con calma e, incluso, riendo, pero con firmeza, no se impaciente, verá que, muy pronto, el bebé integrará lo que no debe hacer. Si puede disponer de muchas otras actividades que lo apasionen, dejará de prestar atención a aquellas que le están prohibidas y, poco tiempo después, usted se dará cuenta de que se siente aliviada/o. Mantenga, a la vez, la firmeza y la confianza en él.

Pero procure que él tenga a mano siempre bastantes elementos interesantes; si se aburre, es obvio que volverá a buscar lo que está prohibido.

A veces, hay una cierta forma de mirar a una criatura cuando se le pide algo que le hace sentir que debe realizarlo sin chistar... Sin embargo, ¡atención! Una mirada muy intensa puede resultar angustiante para un niño.

Digámoslo una vez más, todos los niños son diferentes, algunos aceptarán enseguida y otros no soportan la impresión de sometimiento.

La oposición también es constructiva

Entre los 2 y 3 años casi todos los niños responden en principio *«¡no!»* cuando se les dice: *«ven a lavarte las manos»*, *«quítate el abrigo»*, *«podrías jugar con ese tren»*, pero lo hacen unos instantes más tarde. No intervengamos demasiado pronto para reiterar la orden, a menudo vienen por propia voluntad y podemos ganar tiempo.

Estas actitudes son típicas de los niños que experimentan la necesidad de sentir que ejecutan un acto por propia determinación y no por sometimiento: Son gestos que expresan una **afirmación de sí mismo.** No es posible construir una verdadera conciencia de sí sin vivir algunos enfrentamientos. Frente a la inmensidad y a la solidez como una roca que representan los padres, el niño necesita manifestar su oposición. Es la razón del famoso período antagonista del niño de alrededor de los 3 años, pero que también aparece en otras edades.

Mantener las prohibiciones, pero también las promesas

El niño quiere que usted juegue con él, pero debe preparar la comida. *«Me voy rápido a cocinar pero te prometo que, en cuanto haya puesto la mesa (el pequeño puede imaginarse esto con claridad), vengo a jugar contigo».*

Si cada vez (o casi) que usted le dice algo así, realmente lo cumple e, incluso, vuelve a mencionárselo: «*Ves, ya estoy contigo, te había dicho que vendría cuando hubiera terminado*», hay muchas posibilidades de que el niño, poco a poco, vaya aceptando sus distanciamientos, ya que él integra el hecho de que cuando usted promete, realmente cumple. Quizás aprende, incluso, a representarse qué hace usted, a anticipar, a esperar y a controlarse... Si el crío lo puede representar y estar seguro de que volverá, es como si usted estuviera un poco presente junto a él. No está solo. ¿Se da cuenta usted de cuánto puede ganar en el plano de la representación mental y del funcionamiento intelectual?

Si usted cambia de actitud por una razón precisa, entonces, hay que explicárselo: «*Vi que cogiste un pedazo de pastel de la despensa... normalmente, no te lo permito; pero hoy no es como todos los días, ya es tarde y la comida no está lista; seguro que tienes hambre, así que está bien*» o: «*Te había prohibido mirar esas fotos pero ahora eres más cuidadoso, ya eres mayor, así que hoy quiero que las mires*», «*Normalmente, quiero que vayas a dormir en cuanto terminas de comer. Pero hoy ha venido tu padrino y tienes ganas de verlo, así que nos hace ilusión que estés con él*».

Si usted deja que persista una ambigüedad, el niño la observa, no muy tranquilo porque piensa que tal vez hizo algo indebido y se siente inseguro (justamente en esos momentos de incertidumbre es cuando, por sentirse incómodo, tiende a cometer tonterías en serie).

Si otros adultos presentes pueden intervenir en este terreno, es mejor informarles acerca de lo que usted permite o no.

Los padres de Julián, de 2 años y medio, están haciendo traslado de algunos muebles y han autorizado al pequeño para que suba y baje de la cabina del vehículo. Llega la abuela y, al principio, se asombra, algo preocupada y, entonces, le prohíbe al niño subir al camión. Julián, obviamente, se sorprende y queda en actitud de incógnita. La mamá cree necesario precisar: «Mami, no sé si hacemos bien o mal, pero asumimos el riesgo de dejarlo». Así, el mensaje es claro para todos, aunque uno no esté absolutamente seguro de si la decisión es pertinente.

Evitar la situación dominador-dominado

¿Qué es lo que me interesa? ¿Sentirme fuerte, reconocido/a? ¿Que se someta a mí o que, simplemente, haga lo que le pido? Si lo hace dos minutos más tarde, por sí mismo, cuando ya no lo estoy mirando, ¿hay algún problema? Lo importante es que lo haga y que yo me mantenga firme.

Esto depende de una actitud interna suya. Si usted considera los vínculos como relaciones de fuerza, le costará aceptar y sentirá temor, quizá, de esa libertad del niño como preguntándose todo el tiempo qué hará el niño con ella y si no va a ser él quien lo/la domine a usted. Y sentirse dominado por un niño puede resultar intolerable si uno no tiene suficiente seguridad, confianza en sí mismo (otra ocasión para apoyarnos entre los adultos antes que para criticarnos; cada uno tiene sus puntos débiles y sus puntos fuertes).

Si, por el contrario, usted concibe interiormente las relaciones como una colaboración, aunque no sea de igual a igual, su interés será que el niño comprenda lo que es conveniente hacer y termine por hacerlo. Se sentirá incluso contenta/o de ver cómo él se apropia de esa tarea, actuando por sí mismo y ya sin darse cuenta de que fue usted quien se lo pidió. Así, se convierten en dos individuos codo a codo, donde uno ayuda al otro a llegar a ser él mismo y a crecer, con las incógnitas que eso representa. No están en situación dominador-dominado.

La autoridad del padre

Afirmar la ley, mostrar exigencias no equivale a ser un represor o un padre golpeador. La ley es también lo que permite canalizar las energías, lo que las dota de forma, lo que estimula y organiza la vida en sociedad. Éste es, probablemente, un gran tema de reflexión para nuestra época pero vosotros, padres, si bien no sois los únicos en representar la ley, la representáis (¿todavía?) con mucha fuerza y vuestros hijos, aun los más pequeños, necesitan ir experimentándolo.

Las madres explican, prohíben, estimulan, reprenden, dicen que sí, dicen que no con mucha mayor frecuencia que vosotros, hombres, porque en general, ellas pasan más tiempo con los niños, pero lo que vosotros sois, lo que vosotros representáis para ellos da peso a lo dicho por las madres: qué está bien y qué está mal, qué está permitido y qué no lo está, la ley, las consecuencias de los actos. Es la organización de la vida, es constructivo, es el presente y el futuro. Vosotros debutáis en vuestro papel con este niño, no dudéis de su capacidad, él tiene los ojos fijos en vosotros.

Sean cuales fueren las dificultades profesionales, materiales, de salud u otras que pudiera tener, usted es el padre, con todas las cualidades que le son propias, su amor por su hijo y la conciencia de su responsabilidad para con él; él no se equivocará. Confía en usted, lo admira totalmente... y espera que le muestre las exigencias y el interés por el mundo en el que va a entrar.

En cuanto a nosotras, las madres, respetemos ese rol de padre aunque a veces sus formulaciones puedan sorprendernos.

Un espacio de libertad dentro de un marco bien definido
El acompañamiento del adulto es indispensable para:
- hacerle conocer al niño las reglas y explicarle el porqué;
- mostrarle en lo cotidiano que ellas son intangibles;
- ayudarlo poco a poco a observarlas y a anticipar las consecuencias de sus actos;
- organizar el entorno para que puedan desarrollarse, al mismo tiempo, las propias capacidades, la imaginación, los deseos.

No comencéis la enseñanza demasiado temprano

Aquí intervienen dos aspectos sobre los que conviene reflexionar:

- el orgullo de los padres por tener un hijo precoz en aceptar las reglas: «El mío, obedece», y la decepción de aquellos a quienes el niño desafía;
- la idea según la cual «*Hay que empezar muy temprano, si no, nunca va a aprender*».

Espere a que su hijo sea **capaz** de lograr lo que espera de él.

Inténtelo cuando usted piense que él es capaz de lograrlo y, si el resultado es muy decepcionante, no insista; retómelo unas semanas más tarde y, sin duda, será muy diferente. Los aprendizajes que se mantienen no suelen ser los más precoces.

No se deje influir por el «*Si tú no insistes, nunca lo va a hacer*» o «*Nunca va a aprender a hacer un esfuerzo*». Recuerde que un niño sano hace esfuerzos sin cesar, tal vez no siempre en aquello que usted desearía en un momento dado, pero sí en muchas otras cosas.

> Si a usted le parece que, en efecto, su hijo «no hace ningún esfuerzo», se debe o bien a su ritmo personal o bien a algo que está perturbando su salud o a la actitud que usted muestra para con él; plantéese la pregunta y verá cómo su dinamismo se renueva. Volveremos a hablar de esto.

Tampoco se deje influir por la mayor precocidad de tal niño o de tal otro... ni por lo que dicen esos padres. Me parece particularmente importante subrayar este punto en lo que respecta al aprendizaje del control de esfínteres. ¿Por qué suele haber tanta urgencia? Lo retomaremos.

Querer ir demasiado rápido sugiere la idea de una cierta insatisfacción de parte de los padres. El niño se sentirá, por lo tanto, «insatisfactorio» para ellos; ésa es la imagen que tendrá de sí...

Reflexionemos sobre lo siguiente: en la guardería se prepara a los niños para el jardín de infancia; en el jardín se los prepara para la escuela. ¿Cuándo pueden vivir plenamente lo que son?

¿Tendrán, acaso, algunos padres una especie de miedo de ese bienestar y satisfacción de sí, como si el niño, demasiado contento consigo mismo, les diera un mal uso? «*Si uno no lo empuja, se va a hacer haragán...*»: ¿es esta idea consecuencia de nuestra sociedad actual? ¿O será que lo que entra en juego es la infancia de los padres y su vivencia interna? Padres criados, por ejemplo, a partir de la coacción y que sienten constantemente que «¡si pudieran, se desquitarían!». Sin darse cuenta, creen que lo mismo sucede con sus hijos: «*Por lo tanto, hay que dominarlos*». Pero, a la inversa, padres demasiado retenidos cuando eran niños pueden regocijarse inconscientemente de las travesuras de sus hijos, que se permiten lo que ellos jamás osaron... y se mostrarán sorprendentemente tolerantes respecto a ciertas cosas.

Respetar el ritmo y la originalidad de cada uno

Justamente, la experiencia muestra que un niño que no se siente coaccionado rara vez tiene esa impresión. Su deseo se orientará en todo caso en la dirección del desarrollo de sus capacidades y hallándose bien consigo mismo. Quizá viva con más placer: ¿esto tendrá un aspecto egoísta? Mientras sea pequeño, sí, pero cuando pueda tomar conciencia de las realidades del entorno, aparecerá la generosidad, desde dentro, a menudo más auténtica y genuina que la de aquellos que debieron practicarla desde siempre.

Qué actitud adoptar ante los «fracasos»

Tome conciencia también de algo que todos hemos hecho: reprender a un niño por razones que él *todavía* no puede comprender o por algo que todavía no es capaz de lograr.

Marina, de 2 años, acaba de sacudir bruscamente un jarro con sidra que estaba sobre la mesa. El movimiento del líquido en el recipiente ha hecho que se derramara la mitad.

La primera reacción es regañarla. En realidad sería más provechoso mostrarle, sacudiendo suavemente el recipiente, el movimiento del líquido en su interior y de qué modo es necesario controlar, efectivamente, el propio gesto para que no se vuelque. Lo que fue una tontería se convierte, entonces, en una experiencia positiva. Esto no significa que, con la primera explicación, la niña sea capaz de seguir el ejemplo, pero dispondrá de medios para lograrlo y ella misma va a «interiorizar» lo que le han dicho y tratará de tenerlo en cuenta.

Puede suceder que el niño repita la acción de inmediato. Ahí uno tiene ganas de gritarle: «*¡Te acabo de decir que no lo hagas!*». ¿Es un desafío? Quizá, pero algunos niños están tan interesados por la nueva experiencia que no pueden esperar, quieren intentarlo otra vez, no por desobedecer, **sino para experimentar, para comprender...**

Podemos, incluso, llegar a ser muy violentos y hasta injustos, sobre todo si tuvimos miedo.

Laura, de 3 años, acaba de hundir las manos entre las cenizas de un fuego aparentemente apagado hace unas horas y su padre, enojadísimo, la reprende con violencia. ¿Y si hubieran quedado algunas brasas?

El **enojo** corresponde más a un autorreproche del propio adulto que a lo que la pequeña está en condiciones de comprender; ¿cómo podía pensar ella que fuera peligroso si no está acostumbrada a mirar el fuego de cerca y, además, no se ve ninguna llama? Por el contrario, es la ocasión para explicarle los riesgos y, la próxima vez, mostrarle que pequeños hilos rojos incandescentes pueden quedar ocultos y hacerle mucho daño:

- es una ocasión, también, de pensar en prohibirle el acceso a la chimenea mientras sea necesario, hasta que no haya integrado esta noción;
- es una ocasión, por último, de hablarle de esa niña, vista hace poco, con ambos brazos vendados por haberse caído en un lugar donde el fuego aún no estaba apagado.

Hablarle a ella, una niña inteligente, que sólo aspira a comprender...

Así, con mucha frecuencia, reprendemos a nuestro hijo por algo que consideramos una falta de atención, cuando, en realidad, no podía conocer la consecuencia negativa de su acción.

Ante todo, deberíamos preguntarnos si no es una de las primeras veces que comete tal o cual tontería: dejar caer un vaso que se rompe cuando, hasta entonces, sólo había manipulado objetos de plástico, sacar los discos y estropearlos, volcar una caja, etc.

Mejor que sólo reprenderlo, tratemos de mostrarle, con calma, qué ha sucedido, explicarle razones y consecuencias, decirle «que es un fastidio»; pero que *con esto ha aprendido algo muy importante*, que así se va haciendo mayor...

¡No se le puede poner una mala nota a un deber imposible!

Es obvio que nadie puede poner en práctica todas estas sugerencias de manera habitual aunque sean claras y, a veces, bastante evidentes. Es imposible controlar todo el tiempo la voz, los gestos, los comportamientos. El placer, la ira, la tristeza, el fracaso forman parte de la vida. También eso es una parte de su riqueza, que alimenta las interacciones y nutre al amor, ya que el amor incluye todo eso; incluso los grandes «errores» que uno puede lamentar inmensamente, pero que uno puede superar justamente porque existe amor, amistad, estima, reflexión, la vida que nos va llevando...

No se trata de un modelo al que habría que ajustarse: cada vida, cada familia es esencialmente original. Pero necesita coraje también a veces... ¿o a menudo? Detenerse, lápiz en mano quizá, poner al día algunas cosas –el conjunto de estas sugerencias tal vez puedan ayudar–, solo/a, en pareja o con alguien más competente. Animarse a ver lo que no se debe hacer, enunciarlo y «pasar a la acción» actuando como lo juzgamos útil, necesario de cambiar o de ubicar.

> Cuanto más se deje a un niño «vivir» por sí mismo en el contexto de seguridad y de amor que acabamos de describir, mayores posibilidades tendrá de liberar su dinamismo y su deseo de crecimiento.

A *priori*, un niño sano no tiene ninguna razón para querer romper o estropear cosas... Si lo hace, suele ser porque no lo había previsto. Si tiene una buena imagen de sí y una relación positiva con nosotros, está en las mejores condiciones para procurar no repetirlo y para actuar de manera cooperante. Por otra parte, en una situación como ésa, el niño suele sentirse dolido: ¡no es precisamente que lo reprendan lo que necesita!

De modo general, tratemos de mantenernos distendidos en la relación.

Si usted confía en su hijo y en el dinamismo que él alberga, le permitirá «vivir su vida», lo cual abarca aspectos bastante diferentes. Lo dejará «tranquilo», sin intervenir permanentemente para que haga las cosas mejor, más rápido o de otra manera diciéndole: «*¡Bien, bravo, un poco más... Yo te ayudo!*», «*No, así no se hace. Mira, yo te enseño...*», «*Sí, así, ¡sigue!*», «*Y ahora, míralo, cógelo*», etc.

En general, solemos presionarlo más que ayudarlo. Si uno toma distancia, él tendrá menos razones para oponerse si quiere experimentar su autonomía.

De vez en cuando, usted tendrá que luchar contra su entorno para que respeten a su hijo y no lo conviertan en un juguete.

Alejandro está comiendo sentado en su trona, rodeado de los padres y tres de sus amigos. Todos quieren hablarle y hacerle reír y luego lo riñen porque escupe lejos el agua que acaba de tomar. Come con corrección unas cucharadas y alguien lo felicita; de inmediato, gesticula de nuevo, se niega a que lo ayuden a comer el queso blanco y lanza unos gritos que divierten a todos. Lo escuchan y entonces Alejandro arroja la cuchara al suelo para hacerlos reír más; pero lo riñen otra vez, entonces no termina la comida.

Ésta es una situación muy frecuente pero que, por supuesto, hay que evitar.

Cuanto más se deja a un niño actuar y «vivir» por sí mismo –en el contexto de seguridad y amor que hemos descrito– más posibilidades tiene de poder liberar su dinamismo y su deseo de crecer.

EL APRENDIZAJE DEL PELIGRO Y DE LAS LEYES FÍSICAS

Prohibir a un niño tocar la olla que está al fuego y reprenderlo si se acerca no basta para enseñarle a ser prudente. A la edad en que comienza a desplazarse, usted puede ayudarlo a que él mismo experimente la desagradable sensación de acercarse demasiado a la olla que está en el fuego. Desconfiando de esto, de ahí en adelante, se mostrará más prudente que si usted simplemente le prohibiera acercarse. También se pueden utilizar pequeñas experiencias:

La mamá de Audrey, de 17 meses, sirve el puré bien caliente en la olla. Ésta pasa cerca de la niña quien, queriendo ver qué hay dentro, apoya el dedo en el borde, lo retira de inmediato y llora. La quemadura no reviste gravedad, pero a Audrey le ha dolido y la mamá aprovecha para explicarle: «Has visto cómo es quemarse, puede doler mucho». Y le muestra otros objetos que pueden quemar de la misma manera.

En los días siguientes, Audrey entra a la cocina, señala el fogón con el dedo y dice: «Está caliente, quema, hace doler».

No hace falta prohibirle que toque las ollas; ya experimentó que era doloroso y no tiene ningún interés en hacerse daño: ella sola se aleja.

Por supuesto, **esto no evita tomar todas las precauciones indispensables,** pues los niños, concentrados en sus juegos, pueden muy bien olvidar lo que han aprendido, todavía no logran ser realmente prudentes; protegerlos es nuestro trabajo de adultos. Pero ellos, mientras tanto, van haciendo un sólido aprendizaje basado en la propia experiencia.

Si usted hace un picnic cerca de un matorral de zarzas, puede prohibirle a su hijo de 20 meses que se acerque a ellas y retenerlo cada vez que lo hace. Pero también puede mostrarle las espinas que pinchan y hacérselas sentir suavemente... Apuesto a que su comida será más tranquila en el segundo caso: el niño no querrá lastimarse en tanto que en el primero le resultaría muy divertido que usted interviniera a cada rato... Después, será asunto *de él.* ¿Y si, a pesar de todo, se dirige igualmente allí? ¿Por qué quiere usted impedirle que se pinche un poquito? No será muy grave y habrá aprendido algo importante.

No le evite siempre este tipo de episodios que, justamente porque son un poco desagradables y para nada peligrosos, son muy formativos. Comienza a experimentar la consecuencia de sus actos y la responsabilidad, ante usted, sin peligro para él. ¿Por qué esperar que suba a una moto para hacérselo entender?, en ese momento será mucho más peligroso para él y para los demás.

Así, **las pequeñas experiencias dolorosas** son útiles para permitirle a un niño conocer sensaciones que aún ignora: *«muy caliente, pincharse, cortarse, quebrarse la pierna»*; él no tiene ninguna representación precisa. Si se cayó de un sillón y, aparentemente, se golpeó bastante, usted puede aprovechar para mostrarle que tal escalera es mucho más alta —o bien la tapia—, y que si cayera de ahí, se haría mucho daño... por eso usted le advierte que tenga cuidado, que no tenga prisa en la escalera, etc.: *«Has visto lo que te había explicado y por qué no quería que jugaras con eso»,* o *«Yo no te lo había explicado, tú no sabías, pero ahora lo recordarás, fíjate bien».* Después, si usted ve que el niño vuelve a tentarse con el mismo objeto, puede recordarle su experiencia dolorosa, sin represalia ni prohibición, simplemente como una advertencia: *«Recuerda que con ese martillo te puedes hacer mucho daño».* Pero, a menudo, él es quien lo recuerda: *«¡Pupa! ¡Nene lloró!».*

Si usted no le brinda ninguna explicación, la inteligencia queda en «cortocircuito». Y, por añadidura, le deja a él una mala imagen de sí, o el sentimiento de que es usted quien tiene una mala imagen de él o que está enfadado/a; puede llegar entonces a sentirse emocionalmente solo y triste. Entonces, se abalanza hacia alguna otra cosa prohibida y comienza a hacer tonterías en cadena. Uno puede decir: «*Se está burlando, no quiere entender*», cuando lo que sucede es exactamente lo contrario.

Si, en cambio, usted se acostumbra a explicarle, poco a poco podrá ir integrando esas nociones y haciéndolas suyas. Diremos que las «interioriza»: creerá en ellas desde dentro y no porque usted esté presente.

Santiago, de 2 años y 3 meses, de paseo en la montaña, le grita a su mamá: «No te acerques al borde, mamá, te caerás y te quebrarás la pierna».

Por esa misma época, Santiago presenta dificultades para dormir por la noche y se levanta varias veces. Un día, su padre le dice que lo atará a la cama, luego, efectivamente lo hace, porque Santiago se vuelve a levantar.

Dos días más tarde, mientras el niño está jugando con su tren, la mamá ve la muñeca. Como es de noche, ella le pregunta: «¿Y la muñeca está durmiendo en su cuna?». Santiago sigue jugando con el tren y le responde: «Sí, acuéstala, y si sale, la ato». Vemos aquí de qué modo los niños se identifican con los adultos, apropiándose de sus palabras o de sus actos y reproduciéndolos como una evidencia.

Así, no hay que dar explicaciones fantasiosas para «tranquilizar» a un niño confrontado con la realidad, como por ejemplo: «*¡Mala la mesa!*», cuando acaba de golpearse, ni pegarle a la mesa en cuestión como si fuera la responsable del hecho en tanto que, en la realidad, él fue quien no miró bien, quien evaluó mal la distancia o quien no pudo controlar el propio movimiento.

Al contrario, cuando un niño se golpea, tratemos de revisar con él lo sucedido: estaba corriendo muy rápido junto a la mesa y su oreja chocó con el ángulo; eso duele mucho... Podemos tocar ese ángulo que sobresale, tocar la madera; muy a menudo, al niño le interesa la explicación y el llanto cesa rápidamente. Siempre hacemos intervenir la inteligencia...

En efecto, su hijo es inteligente, quiere conocer, experimentar. «*No hay como la vida real para ejercer un efecto educativo real*», ha escrito Anna Tardos en algunos textos de Lóczy. Más adelante, veremos que, a veces, esos comportamientos encierran mensajes que debemos comprender.

Es útil para nosotros –y reconfortante para todo el mundo– pensar que de toda experiencia dolorosa, de toda tontería, incluso, se puede extraer una enseñanza...

LAS PROHIBICIONES EN RELACIÓN CON LAS PERSONAS

Hasta aquí, hemos hablado de las prohibiciones respecto de los objetos pero hay también prohibiciones respecto a las personas: «No *debemos* hacer nada que sea desagradable o doloroso para otro». Por el contrario, podemos incluso transmitirle la idea de que él puede prestar, dar, consolar...

Pero nos encontramos en un aprieto cuando vemos que nuestro hijo de 10 meses ataca a un amiguito, le arroja arena a los ojos o lo golpea con un bastón, por ejemplo.

Tampoco en este caso los niños pequeños pueden darse cuenta, en un primer momento, de que le están haciendo daño al otro y que, si le hacen daño, es muy fastidioso... El otro llora pero en la mente de éstos no está claro que ellos mismos sean la causa del llanto del compañero y no comprenden qué parte de su propio gesto lo ha desencadenado.

Es muy interesante la conciencia que toman de inmediato de ese poder. ¿El otro seguirá llorando si repiten la acción (del mismo modo que van a golpear muchísimas veces el cubo contra la pared o la ventana o algún otro objeto para escuchar los sonidos producidos...)? Y si golpean en otro lado, ¿el efecto será el mismo?

Pueden sentir un enorme júbilo por el descubrimiento de ese poder y mucha rabia contra esos adultos que les impiden hacer algo tan apasionante.

• **¿Por qué hay que detenerse cuando el otro llora?** ¿Puede ésta ser una razón suficiente para niños, aproximadamente de 10 o 12 meses, emprendedores y llenos de energía?

No tenemos el poder de adivinar lo que sucede exactamente en la cabeza de esos niños, pero podemos concebir que, para ellos, es una experiencia apasionante y difícil de interrumpir. Por lo tanto, necesitan que el adulto intervenga de manera clara y precisa: «*Uno no tiene derecho a hacer daño*», eso está prohibido (como para los mandos de la cocina o los botones del grabador de vídeo...).

• **¿Cómo ayudar a un pequeño para que se dé cuenta del «sufrimiento» causado?** No siempre es simple. Hacerle lo mismo a él con fuerza, sobre todo si estamos enojados, seguramente no es el mejor método porque es un castigo y, de este modo, el adulto está haciendo aquello que él mismo prohíbe. Cuando sabemos la fuerza que tiene la identificación en los niños, no debemos asombrarnos por las posibles consecuencias.

Podemos hacerlo con calma, sin enojo, como una información real: «*Mira, te voy a mostrar cómo duele para que sepas...*».

Otras personas les aconsejarán que sea el mismo niño quien se pellizque o se muerda para darse cuenta... Cada padre escoge, me parece.

Debemos recordar que el niño necesita, ante todo, una **información comprensible** para él y **tiempo** para lograr controlarse, al igual que para todos los demás aprendizajes.

En el caso de algunos críos, estas informaciones pueden aún ser insuficientes como para que decidan «controlar su mano o su pie» y lo consigan. Necesitan la determinación, el sostén y la paciencia... del adulto. Los pequeños castigos pueden ser una ayuda cuando no le devuelven al niño una mala imagen de sí.

En el testimonio que figura en el siguiente recuadro, el niño no es una víctima pasiva y/o doliente; cuenta, en este caso, con la ayuda de adultos cuya única respuesta posible ya no es «*defiéndete*». Se le proponen respuestas alternativas a aquellas que, fácilmente, inician la espiral de la riña. El niño puede plantarse como una persona por entero que ocupa su propio lugar y lo pone en evidencia. Ambos están en pie de igualdad y no hay uno más fuerte y otro más débil, a pesar de los diferentes modos de expresión: de este modo, el niño no queda encerrado dentro de sus emociones.

Si es muy pequeño como para expresarse verbalmente, el adulto puede hablar en su lugar: «*Jordan te dice que no le parece bien... o que no está contento*». Esta sugerencia es valiosísima, puesto que no niega el conflicto, sino que lo sitúa en un plano de diálogo en el que cada uno ocupa su lugar. Incluso puede existir algún acto reparador como devolver el juguete, prestar uno, pedir perdón, hacer un gesto... Los niños aprenden a través de los hechos y las acciones que la respuesta a la violencia no tiene por qué ser la violencia. Más tarde, con tranquilidad, se puede volver a

Un niño que muerde o que golpea

Marie-Dominique Fabre, directora de una guardería, relata: «Los niños saben que no deben golpear a otros, morder, hacer daño... pero, a algunos, les lleva tiempo aprenderlo. Cuando un niño ha dado un coscorrón a otro, por ejemplo, intentamos discutir con él acerca de qué ha ocurrido. A menudo, al mismo tiempo tomo con mis manos las suyas, o su pie, o su boca y le digo: *tus manos (o tus pies o tu boca) están hechos dos granujas hoy día, fastidiando a tus compañeros que no lo aceptan. Yo tampoco acepto lo que tus manos han hecho. Así que las sujeto para que no lo hagan otra vez...*

»A veces, les hablo a las manos y, después de un instante, les pregunto si están mejor, si son capaces de contenerse y de no repetirlo. Les explico a las manos (a los pies, a la boca) para qué están hechos. Si es muy pequeño y aún no habla, se lo enumero; si es mayorcito, lo decimos juntos, a menudo en forma de juego. De este modo, el adulto establece un contacto cercano con el niño –que, tal vez, es lo que también buscaba– al tiempo que manifiesta su desaprobación.

> »En general, nos dirigimos al niño agredido puesto que es importante también pensar en él y le decimos: *Tienes razón de estar enojado, descontento, irritado.* Lo alentamos a decirlo con palabras: *Dile que no te gusta, que estás enfadado, irritado, que te sientes apenado y que no deseas que coja tu juguete.* Si le cuesta, intentamos ayudarlo: *Tú sabes hablar, puedes decírselo... ¿qué querrías decirle tú? ¿Cómo puedes decirle...?* (Debemos observar, escuchar en lo posible sus respuestas... puede utilizar gestos o modos de expresión en los que no hayamos pensado).»

hablar de la situación vivida, pero la ayuda del adulto es realmente útil en el momento de máxima intensidad emocional.

Este tipo de respuesta puede ser útil en muchas otras situaciones cuando, por ejemplo, un niño ha roto el juguete de otro por rabia o sin intención..., hecho frecuente en una familia. Obviamente, el propietario no está contento y animarlo a que él lo ponga a su vez en palabras para expresar su enojo, le evita a un tiempo actuar como agresor o que se sienta una víctima pasiva. Si estas situaciones se repiten con frecuencia, la acumulación de resentimiento puede hacer eclosión más tarde, bajo la forma de deseos de venganza y/o de conductas violentas. La reparación permite, por otra parte, tomar conciencia de que los actos tienen consecuencias bien reales: el niño puede experimentarlo concretamente, al mismo tiempo que se da cuenta de que reparar permite recuperar la seguridad y el placer de la relación.

APRENDER A ESPERAR

La mayoría de los niños manifiestan sus deseos con mucha intensidad y, si bien es útil escucharlos, hablar del tema y representárselos con ellos, no por eso los vamos a llevar a cabo y, menos aún, en forma inmediata. Cuando pensamos: «*Eso es un capricho*», somos nosotros quienes le atribuimos ese sentido.

Si un niño puede **representarse en el imaginario**, muy tempranamente, ese coche o ese caramelo que desea, desarrollará ese imaginario y estará menos al acecho de lo que podría poseer, será menos exigente y, por lo tanto, sin duda más feliz. «*Mmmm, me imagino un caramelo grande y rosado*» y los ojitos brillan. «*Y ¿qué harías con ese camión del escaparate que tanto te gusta? – Lo harías andar por la arena... etc.*» (los catálogos de las tiendas o de venta por correspondencia pueden ser muy útiles...). Con frecuencia, cuando el objeto en cuestión ha sido vivido en la imaginación, el deseo desaparece. El propio niño comienza a hablar de otra cosa mientras que nosotros, adultos, ante la aparente fuerza del deseo, ¡ya estábamos buscando un motivo para regalárselo![22]

Solemos responder demasiado pronto a demandas apremiantes **en apariencia,** de las que deberíamos saber:

- que no corresponden a una necesidad,
- y que no haremos más feliz al niño satisfaciéndolas.

Sabemos bien que los niños colmados de objetos materiales y de satisfacciones inmediatas se vuelven insaciables. Entonces, ¿por qué a muchos adultos les cuesta tanto resistir? ¿Se trata, quizá, de falta de reflexión, de madurez, de fuerza personal, de confianza en sí mismos y en lo que, realmente, le brindan a ese niño? Si usted se reconoce entre ellos, reflexione sobre cuánto amor, cuántos momentos de juego y descubrimientos y cuánta... vida le entrega a esa criatura. Sin duda, es mucho. Si es insuficiente, es eso lo que hay que rectificar, y no por medio de satisfacciones materiales que siempre serán ilusorias y que pueden hacerle la vida cada vez más difícil a todos.

Los momentos difíciles

A pesar de todas las atenciones, habrá, no obstante, algunos momentos o períodos en que el pequeño se muestre difícil o tenga una actitud constantemente desafiante sin que entendamos bien por qué ni sepamos qué hacer.

LOS MENSAJES QUE NO COMPRENDEMOS

Cuando el crío no llega a hacerse comprender, se exaspera, nosotros podemos comprender aún menos y entonces se desencadena un círculo vicioso.

> Julián, de 18 meses, en la mesa del desayuno, señala con el dedo la mermelada, el café, el azúcar y emite grititos: «No, no te voy a dar, ya has comido bastante, no es para ti...» Su mamá piensa: «Es exasperante, ¡nunca está contento!». Julián sigue refunfuñando. Al día siguiente, él vuelve a señalar la mermelada y la mamá, impaciente, le dice: «Eso es mermelada, la hizo la abuela».
>
> Julián exclama «¡Ah!» con satisfacción y luego muestra el frasco vecino. «Ése es el café, es para papá y mamá.» Nuevo «¡Ah!» en tono satisfecho.

22. Verán que esta situación se irá intensificando a medida que su hijo vaya creciendo.

Julián no quería comer y, ni siquiera, tocar la mermelada, el café o el azúcar, sino conocer los nombres y que se le hablara de ellos. Al menos, la manera «intelectual» de aprehenderlos o absorberlos fue absolutamente pertinente.

Esta interpretación parece confirmada por otro episodio, sucedido, más o menos, en el mismo tiempo:

> *Julián da vueltas alrededor de lo que su mamá ha traído del mercado, un poco gruñón, tratando de cogerlo todo. Ella entonces le nombra las verduras, le muestra la piel y las partes que pinchan… Julián está interesado y colaborador y señala con el dedo otras frutas y latas; está tranquilo y… ¡en absoluto fastidioso!*

Los niños tienen una extraordinaria necesidad de tocar, de ver, de oír, lo que es, en realidad, una necesidad de conocer.

Seguimos refiriéndonos siempre a la inteligencia. Los niños tienen una enorme necesidad de tocar, de ver, de oír, lo que es, en realidad, una necesidad de conocer. Antes de negárselo, veamos si podemos mostrarle el objeto de cerca e, incluso, permitirle que lo toque, que lo manipule mientras nosotros lo sostenemos si es frágil o peligroso. Tal vez pueda llevárselo a la boca bajo nuestro control o probarlo si es algo que se come o que no conlleva un riesgo.

Verá que, a partir de esto, muchos objetos perderán su interés para él. Cuando el niño los conoce, ya «ha visto bastante» por el momento y se dedicará a otra cosa.

Mientras no hayamos comprendido, el niño continuará manifestándose de modos muy desagradables.

Sin duda, seguirá reclamando algunos objetos que no es posible darle: todavía no tiene la suficiente capacidad de control con relación a ellos. Tal vez sea mejor retirarlos de su vista durante un cierto tiempo para exponerlos otra vez, más adelante, cuando dicha capacidad se haya fortalecido.

Françoise Dolto me decía una vez: «*Habría que instituir en cada familia "un día en que se pueda tocar todo". Un día en que se descuelguen los cuadros y se observe cómo están colgados y qué hay detrás; un día en que se puedan tocar los relojes de las paredes, los objetos frágiles, los adornos, etc., se les muestren al niño y se le expliquen. Muchos objetos, conocidos de este modo, dejan de suscitar un deseo particular*». No sé si, actuando de este modo, se le permite a un niño que desarrolle su inteligencia, pero se percibe bien que uno lo pone en situación de ejercitarla. Él no pensará que existen cosas misteriosas, inaccesibles y prohibidas de las que no se habla y cuyo nombre y utilidad se desconocen.

Experimentará que siempre se puede ejercer la inteligencia y la curiosidad. También captará la diferencia entre:

- conocer, saber por medio de la inteligencia y el lenguaje;
- tocar y manipular, lo que, por el contrario, no siempre es posible.

La actividad intelectual, el deseo de comprensión y de conocimiento no admiten ninguna prohibición. Si no están satisfechos en este sentido, los niños pueden o bien inhibir, en parte, su actividad intelectual o, por el contrario, vivir en una permanente reivindicación que será traducida, erróneamente, como «es exigente, quiere todo», y que será atribuida, por equivocación, a su carácter.

EL ABURRIMIENTO

También es frecuente que un niño demandante, se vea fastidioso o huraño porque se aburre; no ha podido encontrar, solo, una actividad adecuada.

Pedro, de 17 meses, es un niño desagradable, rezongón, metomentodo. Su comportamiento cambia cuando su mamá le propone colocar el taburete junto a la pileta y lavar la ensalada; se vuelca de lleno a esa actividad y luego a la exploración de un abrelatas. Se encuentra completamente absorbido por esta ocupación y en total calma.

Dos niños están en conflicto: el mayor le pega al menor con disimulo. Es evidente que se aburre y entonces provoca al menor… La persona que está con ellos improvisa una construcción con maderas y cajones adonde pueden trepar. La gimnasia es algo complicada para el mayor, que se implica en ella de inmediato, desinteresándose del pequeño que, enseguida, trata de imitar a su amigo. La disputa cesa sin más.

En el grupo de 10 a 15 meses de la guardería, los adultos están preocupados por Oliverio: no le interesan los juegos «educativos» que hay en los estantes y se aferra todo el tiempo a la auxiliar, quien no sabe qué hacer por él. Durante un fin de semana, la directora instala en la sala una trepadora, con escala y un tobogancito… El miércoles siguiente, me cuesta reconocer a Oliverio, que no cesa de trepar, de deslizarse, de rodar con una mirada vivaz y chispeante. Sin duda, necesitaba una actividad que implicara todo su cuerpo.

A menudo, el niño es difícil porque no encuentra suficientes ocasiones para poner en práctica sus posibilidades del momento.

Esto mismo se comprueba en el seno familiar; los niños que protestan y que parecen difíciles, tienen con frecuencia mucha riqueza y un sinfín de posibilidades… pero no encuentran cómo llevarlas a cabo, lo cual prueba que el dinamismo *necesita* expresarse. Inversamente, por otra parte;

la agitación puede provenir de que se le exija demasiado o demasiado pronto; esto también prueba que cada uno necesita que se *respete* su ritmo.

EL MALESTAR FÍSICO O EL HAMBRE

Ambos vuelven malhumorados y difíciles a algunos niños.

> Son las 19 horas y Santiago (que tiene 28 meses), de mal humor, toca todos los objetos que hay sobre la chimenea y trepa a los sillones, cosa que no hace habitualmente. Su mamá se enfada y no quiere darle de comer todavía porque ha merendado de forma abundante alrededor de las 18 horas. Finalmente, acaba por llevarlo a la mesa a eso de las 19.15. Santiago come con ganas y, de inmediato, después de haber terminado, se lo ve distendido, cooperante, como la mayoría de las veces: sentía hambre o, al menos, necesidad de comer... A menudo olvidamos que el ritmo de las comidas es importante en los niños y que pueden tener hambre a la hora habitual aunque hubieran comido poco tiempo antes.

Algunos niños están insoportables sin razón aparente y resulta que, al día siguiente, amanecen con fiebre alta: un problema digestivo, una rinofaringitis...

LA CALIDAD DE LA RELACIÓN ENTRE EL ADULTO Y EL NIÑO

La calidad relacional interviene, con frecuencia, en el humor del niño. Cuando se está disgustado, descontento, triste o, incluso, enojado, rechaza aquello que habitualmente da placer a la persona que lo acompaña. Es cierto que, algunos días, los críos se despiertan de peor humor que otros, pero también es frecuente que nuestro propio humor influya en ellos. Cuando nosotros mismos estamos relajados, contentos en lo personal o con lo que estamos haciendo, a menudo los niños están más tranquilos, más autónomos y juegan solos durante bastante tiempo. Por el contrario, cuando estamos nerviosos, preocupados o disconformes, nos cuesta soportar el menor desplante y los regañamos: entonces, ellos se fastidian, comienzan a toquetear todo, se arrojan al suelo, nos ocupan el tiempo, rechazan todo lo que les proponemos, etc. Nosotros, por nuestra parte, respondemos con impaciencia y la espiral ya está instalada.

> La mamá de Julián ha preparado su máquina de coser durante la siesta, pero Julián se despierta más temprano que de costumbre. Se siente fascinado por la máquina, la mira de cerca y tiene muchas ganas de tocarla. La mamá se irrita y piensa que hubiera debido comenzar la costura más temprano, después del mediodía. Se inculpa por ello y vuelca su descontento en Julián, que está tocando

el costurero y la tijera. Lo regaña, pero el niño estalla en carcajadas, se esconde bajo la mesa, como si jugara, se levanta y va a sentarse, muy serio, junto a su mamá, que no dice una palabra. Él la observa discretamente, toma un pedazo de tela y se burla. La mamá se enfada, lo coge y lo lleva a la habitación contigua. Julián llora. Ella sabe muy bien que, si hubiera tenido otro estado de ánimo, le habría dado con toda tranquilidad la caja de botones o dos o tres trozos de tela, con lo que Julián hubiera jugado en absoluta calma. «Cada vez que estoy de mal humor conmigo misma, Julián ocupa mi tiempo», dice.

La mamá ya sabe que, en ese caso, lo más útil sería interrumpir su propia tarea y jugar un rato con el pequeño, mirar un libro o participar en alguna otra actividad que le agradara. El contacto se restablecería entre ellos, ambos volverían a sentirse bien juntos, Julián se relajaría, ella también y cada uno podría luego retomar sus actividades.

Por lo tanto, quien debe detenerse a pensar es el adulto: «*Veamos, ¿qué estoy haciendo?*». ¿Qué está pasando? Respiremos, volvamos por un instante a nosotros mismos y luego, algo más tranquilos, podremos ayudarlo inventando algo para romper el círculo vicioso. «*Me corresponde a mí, como adulto, modificar las cosas.*»

> **Para un niño pequeño, sentirse incómodo o solo equivale a menudo a sentirse no amado.**

Creo que, en este sentido, el término actual «conectar» es muy adecuado. Probablemente, el niño tenga necesidad de re-conectarse con usted. Si uno se deja llevar por la primera reacción que, con frecuencia, es reprenderlo, no hace más que aumentar la distancia, el vacío que él siente entre ambos: esto provoca un incremento de las conductas inadecuadas.

Por el contrario, después de ese instante de reflexión, interrumpa su actividad para estar un ratito con él: mirar un libro o jugar con su garaje son pequeños mimos con los que usted se dedicará sólo a él. Verá cómo, casi siempre, se recarga, se «reconecta» con usted. Es probable que, a continuación, su comportamiento sea más autónomo, más tranquilo... y usted, por su parte, podrá retomar su tarea. De eso se trata: tener confianza, reencontrar placer...

Vemos bien, en el caso contrario, cómo se instaura una conducta difícil que, aunque no se vuelva habitual, puede, de todos modos, amargar toda una jornada o una velada... Cuando este comportamiento se repite con frecuencia, se habla de «un niño difícil». Uno ya no sabe cómo responder y se deja llevar por el tono reprimenda-regaño en un círculo vicioso. En ese caso, el niño puede volverse efectivamente difícil, desafiante...

Nicolás, un niñito muy inquieto de 3 años, exigente y con fama de hacer tonterías suscita el siguiente comentario: «¡Qué niño más testarudo! Por suerte, tiene un corazón de oro». Se ve que su mamá está desbordada por una gran cantidad de tareas; el padre, muy absorbido por un trabajo que lo apasiona, no puede ocuparse de su hijo. Pareciera que el pequeño, por medio de su actitud, está manifestando una búsqueda afectiva que corre el riesgo de convertirse en un rasgo de carácter. Cuando tenía 2 años, ya se decía de él: «Es muy arisco». Así, no se marca la diferencia que, sin embargo, es siempre necesaria, entre lo que el niño es y el comportamiento que manifiesta.

Podemos pensar que, en cierto sentido, se siente abandonado y que su rico y fuerte temperamento se rebela a fin de suscitar interés.

Castigarlo sólo conduce a que se sienta aún más abandonado, aún más lejos de esa madre a la que adora y con quien tanto querría entenderse. Por supuesto, él no tiene conciencia de esto; sólo sus padres pueden romper el círculo y restablecer el contacto.

Él sólo siente que no cumple las expectativas y, por lo tanto, se halla herido en su autoestima. Y si él no es «bueno», sus padres se enojan y, en consecuencia, lo aman menos o no lo aman… Angustia ésta que explica el malestar, la conducta difícil, etc.

LA OPINIÓN QUE EL ADULTO TIENE DEL NIÑO

El niño es muy sensible a la opinión que el adulto tiene de él. Nuestras observaciones en guarderías nos han enseñado mucho acerca de ciertos niños cuyo comportamiento era desagradable.

Ése fue el caso de Jerónimo, de quien nada podía decirse: no hacía nada productivo, se pasaba todo el día gimoteando.

Durante una reunión del personal, cada auxiliar reflexionó sobre qué había podido observar en el muchachito. Así descubrieron que, a veces, jugaba no obstante con unos coches azules, paseándolos sobre los radiadores y que tenía un particular afecto por la pequeña Carolina; como era muy discreto, hasta ese momento había pasado inadvertido. En el transcurso de la reunión siguiente, ocho días después, todas comentaron su sorpresa con relación al cambio de conducta de Jerónimo que se había mostrado más animado y comenzado a desarrollar actividades más variadas e interesantes.

Ésta es una observación muy frecuente: cuando uno comienza a interesarse más por un niño, él cambia su conducta hasta ese momento insatisfactoria. Esto demuestra que el malestar en la relación –tal vez un vacío, el sentimiento de no colmar las expectativas del adulto– es lo que provoca el repliegue del niño sobre sí mismo: se vuelve rebelde o desagradable como reacción. Si el adulto modifica su mirada, el niño cambia.

Carola, de 2 años y 8 meses, era considerada en la guardería familiar «poco simpática» y «decepcionante». Sonreía poco y, contrariamente a los otros niños, nunca se acercaba a las dos puericultoras cuando éstas realizaban sus visitas semanales. Ambas, en el marco de su trabajo de reflexión, decidieron interesarse en ella particularmente. Por lo tanto, pasaron más tiempo con la asistente materna para poder seguir de cerca las actividades de Carola y su conducta en general, pero sin hacer nada en particular con ella.

El comportamiento de la pequeña cambió casi de inmediato: sin estar del todo contenta, se volvió más sonriente, mostrando sus juguetes y ofreciendo la mejilla…

«Haber vivido esa experiencia cambió nuestra manera de trabajar y de ver a los niños», dijeron ambas jóvenes y la asistente materna…

Lo mismo sucede en casa: a veces debemos realizar un intenso trabajo personal cuando nuestro hijo no responde a lo que esperábamos, cuando algunos rasgos de su carácter nos sorprenden desagradablemente, mientras que el hijo de nuestros amigos tiene tal o cual cualidad. A veces es difícil aceptar al nuestro tal como es, con todas sus particularidades…

Hay padres muy activos que tienen un hijito lento, soñador, que pasa largo rato contemplando un objeto y da la impresión de «perder el tiempo». Entonces se sienten decepcionados y un poco preocupados al ver que el hijo de sus amigos ya construye una casa con grandes bloques Lego.

De lejos, es fácil decir: «Hay que respetar a cada uno; uno quiere a sus hijos como son». En la práctica, a veces nos sentimos heridos o inquietos preguntándonos si es un rasgo de carácter o un defecto del que somos, en parte, responsables… Y con eso ya basta para hacernos reproches. Cada padre reacciona de manera íntima y secreta… Pero esto no quita que la opinión que tengamos de nuestro hijo influya ampliamente en su desarrollo.

Un niño algo conflictivo o que, a primera vista, no resulta simpático, deberá encontrar un verdadero abogado en sus padres o en otra persona benévola que lo ayude a exteriorizar rasgos de carácter, que quizá se encuentran más escondidos, pero que son sumamente positivos.

Cirilo, de 3 años y medio, no se muestra demasiado activo en el jardín de infancia adonde va desde hace tres meses. Cuando su mamá lleva «dibujos» hechos en casa, y describe algunos de sus juegos, la maestra se lleva una agradable sorpresa; lo ve con otros ojos.

El niño, que obviamente estaba presente mientras su madre mostraba los dibujos, debió de sentirse reconfortado. En los días siguientes, su conducta cambió.

Con un poco de perspectiva, nos damos cuenta de que debemos hacer un trabajo de humilde descubrimiento de ese niño que es el nuestro y al que, en realidad, todavía conocemos poco y nada… Lo deseable no es que llegue a ser tal como nosotros querríamos, sino lo que más le conviene. Recordemos a Bettelheim: «*Permitirle al niño descubrir qué persona quiere ser, gracias a lo cual podrá sentirse satisfecho de sí mismo y de su modo de vivir*».

Ésta es una concepción que, para algunos padres, es, sin duda, bastante obvia y, a otros, les resulta extraña (según la realidad «interna» de cada uno) pero que, de todos modos, no es tan fácil de aplicar.

Todo niño necesita ser amado, pero esto no significa ser tomado en brazos, besado, consentido, sino **apreciado tal como es**, reconocido en lo que él es, que uno esté contento de él e interesado en lo que hace… Entonces, el niño se siente «bueno», «satisfactorio». La relación con el adulto resulta positiva y la corriente circula; está distendido y tiene deseos de vivir bien. No necesita desafiar ni hacer tonterías.

> Un niño pequeño debe luchar, a menudo, entre su deseo de corresponder a las expectativas de los adultos y la atracción hacia sus propios deseos, es decir, su naturaleza profunda…

El niño que sabe que acaba de hacer una necedad o que ha sido reprendido severamente se siente rechazado, molesto, tenso, en perfectas condiciones para continuar con la misma actitud.

Nabib le tira del pelo a Cecilia y la empuja al suelo para sacarle su camión. Un adulto presente lo riñe y lo aleja. Nabib grita, coge el cubo más cercano, lo arroja lejos con furia y da un puntapié a otro niño. Entonces, la educadora se le acerca y le dice con amabilidad, pero firmemente, que él no tenía derecho a hacer eso, que es un niñito muy bueno y que ella lo quiere mucho… Nabib llora un ratito más y luego se afloja y acepta otro juego que ella le propone.

Julián, de 3 años y medio, está jugando a los bolos y, por torpeza, tira la bola por encima de la cerca. Lo riñen severamente y está a punto de tener un acceso de ira, de arrojar todo al suelo. La mamá charla con él: es cierto que ha cometido una tontería, pero antes había estado jugando muy bien; una vez, incluso, ganó; está creciendo, etc. Julián todavía solloza pero se va calmando… cometió una torpeza pero no es mal niño. Si la madre hubiera insistido sólo en el aspecto negativo, la furia habría continuado, como expresión del sufrimiento y de su herida por no ser más que un niñito que no sabe jugar tan bien como los demás y que, además, se convierte en «malo».

Todos estos ejemplos muestran hasta qué punto la incomprensión puede empujar a un chiquilín simpático y sensible hacia la rebeldía y con bastante facilidad hacia los llamados trastornos del carácter…

En consecuencia, nuestra función como adultos es mucho más la de acompañarlo que la de reprenderlo. Por más tonterías que cometa, debemos reconocer todos sus esfuerzos sin creernos obligados, no obstante, a caer en la afectación del tipo: «*¡Oh, qué bien!*» «*¡Qué grande eres!*» «*¡Qué magnífico!*», que suelen sonar falsos... Seamos naturales y auténticos, como si le habláramos a un adulto.

La manera de decirlo

Otro ejemplo puede ilustrar este principio. Con una sutileza de lenguaje podemos volcar la atención del niño en sí mismo y ayudarlo, de este modo, a desarrollar autonomía desde su fuero interno. Así, cuando encuentra su pelota, da dos pasos o construye una torre, puede decirle: «*¡Qué bien!*». O, en cambio, al compartir después con él la proeza que a usted le provoca una íntima satisfacción: «*¿Estás contento?*».

¿Percibe usted la diferencia? En el primer caso, está emitiendo un juicio según «sus» propias normas (cosa que deberá hacer más adelante cuando él, por ejemplo, aprenda a contar), o bien usted le remite a sí mismo –para, así, adquirir más confianza en sí mismo y sentirse orgulloso– tanto o más que para darle placer a usted.

Valorar lo positivo

Demostremos nuestro **interés** por la construcción realizada, por la muñeca que está durmiendo, por los pájaros a los que escuchamos cantar... Interesémonos realmente, desde dentro, por lo que el niño ha hecho, por lo que ha descubierto de «bueno»; de estas cosas hablaremos con él o con los demás delante de él. Tendrá así mayores posibilidades de desbaratar lo prohibido o lo peligroso. Y como su campo de interés se va ampliando muy rápido, se verá atraído por otra cosa. De otro modo, estaremos contribuyendo a fijarlo justamente sobre aquello que hemos prohibido...

 Muy a menudo, oímos esta explicación: «*Se porta fatal para que le presten atención*». Sin duda la cosa funciona; si no, el niño no continuaría con esa conducta... Pero usted, por su parte, ¿a qué le prestará atención?

Decir: «*No voy a ocuparme de esto*» e irse dejando al niño solo un rato da, con frecuencia, mejor resultado que una larga reprimenda o un castigo... Por el contrario, puede ponderar ampliamente un nuevo logro, conservar algo que él hizo para mostrárselo a la noche al papá (a la mamá), etc.

Usted comprobará lo importante que es para él –y para usted– mantener ese aspecto dinámico, ese deseo de estar en armonía con usted y restarle interés a los aspectos menos satisfactorios. Valore sus esfuerzos: «*Te dejo el martillo un rato más porque veo que lo usas con tranquilidad*».

Hay algunas ideas que también podrán ayudarle a valorar a su hijo más que a castigarlo o descalificarlo para hacerlo ceder:

- **Piense en las estrategias posibles**: los niños, por ejemplo, tienen una gran necesidad de movimiento y, en esos días difíciles, hasta en un piso podemos imaginar algunas «construcciones» ingeniosas que le permitan moverse. Por ejemplo, colocar un taburete junto a un sofá en el que pueda «zambullirse», con almohadones y almohadas en el suelo. Cuando empiece a querer escribir en las paredes, cuelgue un pizarrón mostrándole claramente que allí puede escribir y hacer dibujos. Otra posibilidad son esos balones de látex fácilmente inflables y mucho más resistentes de lo que uno piensa y que, en general, se reservan, por error, sólo para las fiestas...; uno o varios niños pueden jugar durante mucho tiempo en un piso, utilizando sus energías y sin correr gran riesgo de estropear cosas. Recuerdo algunas tardes lluviosas que, de este modo, transcurrieron alegremente.

- **Encuentre ideas para hacerlo participar de sus actividades**: las compras, la cocina, la limpieza, poner la mesa, alcanzarle cosas, asociándolo así a la vida de los mayores. En ese momento, él se sentirá importante, orgulloso y, en consecuencia, implicado en una cooperación. Entonces, no necesitará manifestarse a través de la rebeldía.

La mamá de Elisa, de 28 meses, recorta una tela para cubrir un estante. La pequeña, con mucho cuidado y jadeante, ha sacado los platos y bandejas que se encontraban en él y ahora mira, ansiosa, la tijera dentada. Su mamá le propone que se siente, le da algunos papeles gruesos y le tiende la tijera: «Te la presto...».

Elisa la toma emocionada: su cuerpecito está como henchido de orgullo y usa la tijera con absoluta aplicación. En este caso, lo que colma a la niña no son palabras ni felicitaciones...

Así ve usted cómo sus actitudes pueden fomentar el lado rebelde de un niño o, por el contrario, favorecer la faceta del deseo de crecer, de integrarse a la vida social, de hacer aquello que se le solicita para estar en armonía con vosotros, sus padres.

Todos estos ejemplos muestran las tentativas de los padres para ayudar al niño y sus esfuerzos para no darle una mala imagen de sí. No criticarlo ni decirle: *«No eres capaz, eres mala, no eres bueno»*. En algunos casos, admita simplemente que aquello que usted esperaba de él, aún no está a su alcance, pero lo estará un poco más adelante. ¡No se obstine!

NO HUMILLARLO

Hemos visto que, obviamente, nunca habría que dirigirle a un niño palabras hirientes, humillantes. Esto le causa sufrimiento y, si la situación es frecuente, este **sufrimiento** puede permanecer secretamente reprimido o bien resurgir en algunas conductas inaceptables y que, a su vez, provocarán castigos, más heridas, resentimiento, agresividad: es una espiral en la que el placer, el amor y la confianza ceden su lugar a la decepción, al enojo, al rechazo y hasta al odio (nos cuesta mucho confesárnoslo, pero ¿quién no lo ha sentido alguna vez?).

En consecuencia, tratemos, de modo consciente, de no humillar a nuestro hijo ni burlarnos de él. En suma, procuremos no hacer aquello que a nosotros, como adultos, no nos gustaría que nos hicieran. Cabe insistir que la sensibilidad de un niño es mucho mayor de lo que creemos. Siempre volvemos a su necesidad de constituirse una buena imagen de sí mismo.

Por supuesto, algunos niños son más difíciles que otros. Algunos siempre están dispuestos a decir no y a hacer exactamente lo que usted no quiere... Intente ver primero si no existe un malestar como hemos dicho anteriormente. En caso contrario, quizá se trate de un «temperamento» rico que trata de afirmarse, de ocupar su lugar, no como reacción a un sentimiento de fragilidad, de malestar, sino por una fuerza personal que conlleva energía y vitalidad.

Si su hijo tiene esa fuerza personal, esta energía y vitalidad, ¡no lo anule! Fíjese también en lo que esta energía y vitalidad tienen de positivo. Quizá descubra en él un apasionado interés por el movimiento, por la música y los ruidos, por los acontecimientos, etc. Proporciónele un campo de experiencias y ocasiones de poner en práctica esto que usted ha descubierto y verá cómo el aspecto rebelde disminuye. Los niños que suelen ser desafiantes, como ya hemos dicho varias veces son, a menudo, niños que se aburren o cuyo dinamismo protesta.

Por otra parte, evitemos también hablar *de él* delante de él como si fuera un objeto.

Durante su trabajo de reflexión, algunas asistentes maternas resolvieron prestar atención al modo en que, por las tardes, describían la jornada transcurrida a los padres; decidieron entonces no hablar más con ellos del niño, sino asociar a éste a lo que se dice: «Le estoy contando a tu mamá qué hiciste hoy. Cómo jugaste, qué comiste al mediodía...».

Es importante decir *tu* mamá... ya que, cuando un adulto dice «Mamá ya viene», ¿de quién está hablando? ¿de la suya? ¿Ambos tienen la misma mamá? Seamos precisos, sobre todo con los más pequeños.

UN POCO DE HUMOR

¡No olvidemos el humor, la risa! Sepamos, de vez en cuando, reírnos de nosotros mismos, de nuestros enojos, así como de nuestros intempestivos gestos de ternura, de nuestras «regresiones» o de nuestros momentos de intelectualismo. Sepamos reírnos con nuestros pequeños incluso después de algunas tonterías. No nos olvidemos de cantar, de respirar, de movernos.

Abandonemos con ellos parte de nuestras preocupaciones prosaicas y de nuestros enormes deseos de proceder correctamente. Tomémonos el tiempo de observar la belleza de los cuerpos y de los movimientos, de escuchar la delicadeza de los balbuceos. Un crío pequeño puede devolvernos algo de la simplicidad de la vida, algo físico y poético...

A cierta distancia de nosotros, nuestro hijo accederá a la vida, entre los demás, con placer y curiosidad, con confianza...

En conclusión, digamos que para nosotros, los padres, es muy difícil, con frecuencia, cultivar la vertiente cooperativa, a causa de nuestro temperamento, de nuestra historia personal o porque todos tenemos momentos de cansancio, de tensión, de autorreproche.

Al confiar en nuestros hijos, les damos también más posibilidades de compensar nuestras insuficiencias y carencias, que forman parte de la vida. **El objetivo no es hacer siempre lo que corresponde sino permitirles construirse lo mejor posible junto a sus padres tal como son.**

Estas actitudes les devolverán una (bastante) buena imagen de sí y una confianza en ellos mismos que les permitirán conectarse con sus energías internas... sin demasiadas inhibiciones ni dudas ni la preocupación de no sentirse amados lo suficiente. Pues la insatisfacción consigo mismo y la duda provocan, generalmente, un resentimiento contra los demás, que conduce a la agresividad e incluso odio –aunque esto quede oculto. **Sólo se puede amar a los demás realmente, cuando uno se ama a sí mismo** (recordemos a Nicolás, págs. 184-185).

Cómo Ayudarlo

No existe una receta mágica para ayudar a un niño: lo que resulte útil para uno carecerá de efecto sobre otro. A partir de este ejemplo, voy a hacer, no obstante, algunas sugerencias. Nunca es fácil cambiar de actitud y es necesario reflexionar previamente:

- podemos ayudarlo brindándole **cortos lapsos de completa atención**, si él está dispuesto a aceptarlos: «*No puedo ocuparme de ti mucho tiempo pero, como ves, antes de la cena, podemos estar juntos un rato tranquilos*»; es muy útil para el niño acordar entre ambos, a veces, un momento para compartir en calma ya que, de este modo, puede situarlo en el transcurso del día y esperar;
- o bien podremos seleccionar **dos o tres juegos que le atraigan particularmente** y, poco a poco, disponernos a la escucha de su mundo, intentando participar sin ningún juicio de valor, sino pura y simplemente para encontrarnos con él, tal como es, estar bien con él y proceder de modo tal que él se sienta bien con nosotros.

Es indispensable salir del círculo sanción-exclusión ya que, como decíamos anteriormente, el malestar del niño desemboca obligatoriamente en conductas desafiantes, en hacer tonterías, etc. Por el contrario, sin duda haría falta reflexionar sobre la opinión que uno tiene de ese niño: ¿pensamos que él *es* así y que, por lo tanto, no hay nada que uno pueda hacer salvo seguir insistiendo en que obedezca o bien que habitualmente *es de otra manera* pero que quizás está sufriendo y sea posible ayudarlo?

La escuela

Comenzar la escuela durante este difícil período puede desembocar en una relativa catástrofe: «*Habrá otros más fuertes que tú, la maestra ya te obligará a obedecer*». A menos que el niño encuentre en esa maestra una aliada benévola que lo sostenga para canalizar bien su energía y sus capacidades.

Debemos pensar siempre que el niño necesita expresarse y sentir la estima de los demás –especialmente de los adultos– hacia él. Según como responda la maestra, puede llegar a asimilar la escuela a un castigo durante mucho tiempo o, por el contrario, asimilarla a un lugar interesante.

En el primer caso, tal vez llegue a someterse y dedicarse al trabajo escolar como un modo de satisfacer a sus padres. De este modo, dejarán de percibirse sus dificultades subyacentes. Sin embargo, sería bueno recordarlas para comprender ciertas peculiaridades: descargas agresivas, momentos de gran fatiga (el niño hace mucho esfuerzo para controlarse y reprimir el resentimiento o la agresividad), actitud de censura o búsqueda de dominación... que pueden aparecer de inmediato o más adelante. Estas conductas son defensas para ocultar lo que aparecería como insatisfactorio a los ojos de los adultos esforzándose por corresponder a las expectativas. Esto nos recuerda que los niños pequeños hacen muchos más esfuerzos de lo que hubiéramos pensado para satisfacernos.

Un padre absorbido

Muchos progenitores, hombres en particular, temen no saber, no dar en la diana, no corresponder a lo que el niño necesita. Permanecen en un segundo plano, rígidos y sin encontrar su lugar. También en este caso, si usted confía en su hijo, será él quien lo conduzca a su mundo.

Déjese conducir en parte, aflójese y verá como pronto se hallará a gusto y juntos gozarán de un cierto placer... que puede llegar a convertirse en un gran placer.

Un padre demasiado absorbido por su trabajo debería reflexionar sobre qué representa su hijo para él y por qué no se interesa realmente. ¿Se siente decepcionado? Quizás aún no tuvo la ocasión de descubrir las verdaderas riquezas «originales» de su hijo. Podría también encontrar un momento para jugar con él, para compartir sus actividades, para descubrirlo y poder así vivir juntos algo positivo. No es necesario que estos lapsos sean muy prolongados: un cuarto de hora «de buena calidad» puede ser precioso. Muchas veces, es impresionante ver cómo puede cambiar la conducta de niños que ven muy poco al padre después de unos buenos momentos pasados con él.

De todos modos, conviene reflexionar sobre dos aspectos:

- Las primeras veces quizá sean un poco decepcionantes: el niño estará sorprendido, no sabiendo muy bien qué hacer, ¡y el padre también! Ya lo hemos dicho varias veces: cuando se hace algún cambio de hábitos antes de decidir renunciar, primero se debe insistir.

- Trate de seguir a su hijo en vez de querer dirigirlo. Aproveche para observarlo y aprender a conocerlo. Trate de escuchar sus propuestas, de percibir lo que a él le interesa, lo que le gusta o, por el contrario, le da miedo, las áreas en las que se siente fuerte y aquellas que lo inquietan un tanto. Sin duda, enseguida comprobará que es algo muy interesante.

Un ejemplo concreto: aprender a controlar los esfínteres

También podrá depositar confianza en su hijo con vistas a este aprendizaje, en el que se trata, sobre todo, de una adhesión interna: no basta con aprender y saber; además es necesario «querer», aceptar. Todo el ser está implicado; si no, se trataría de un adiestramiento.

Quizás algunos de ustedes piensen que «*ya aprenderá solo*» y que no vale la pena preocuparse por ello. Es una posición bastante justa, sin duda, desde esta óptica de confiar en el niño. Usted le indica un objetivo y él, tranquilamente, a su ritmo, lo conseguirá. Por medio de avances y retrocesos, habrá logrado el control alrededor de los 3 años, un poco antes un poco después, y nunca más tendrá problemas a este respecto (en el control nocturno intervienen otros factores que van más allá del «límite de edad» que hemos escogido abordar en este libro). No obstante, quizá le interese comprender qué ha sucedido durante ese tiempo y saber cómo presentarle las cosas.

Al igual que en otras áreas, tampoco en ésta le exija a un niño algo que aún no es capaz de lograr: se requiere una cierta maduración fisiológica para aprender a controlar los esfínteres.

ESPERAR EL MOMENTO FISIOLÓGICAMENTE POSIBLE

Para que un niño logre el control de sus esfínteres, hay que esperar, ante todo, a que pueda actuar voluntariamente sobre ellos. Se trata de músculos anillados que permiten la apertura y el cierre del ano y de la uretra. Sólo podrá controlarlos a partir del momento en que las terminaciones nerviosas de la médula espinal hayan madurado. Cada niño tiene su ritmo, pero es posible observar que esta maduración corresponde al momento en que es capaz de subir, erguido, solo, una escalera, alternando los pies –lo que sucede alrededor de los 2 años. Usted podrá ver entonces cuándo comenzar, aproximadamente, el aprendizaje.

EL APRENDIZAJE SE HACE POR ETAPAS

Verá así cómo atraviesa tres etapas más o menos sucesivas antes de alcanzar el resultado que usted espera:

En cuanto un niño puede mantenerse
bien de pie, solo, se lo puede cambiar
en esa posición: basta con sentarse
en un taburete bajo que el mismo
pequeñín en crecimiento podrá utilizar
para sacarse o ponerse él mismo los
calcetines. Estos sencillísimos ajustes
le permitirán poner en práctica sus capacidades
y el adulto se limitará sólo a «completar».
Un contexto de este tipo facilita el aprendizaje
del control, que tiene más posibilidades
de lograrse en un marco de orgullo que de conflicto.

- Ante todo, tendrá que **diferenciar sus sensaciones** y ser más consciente de lo que pasa en su cuerpo: la sensación de la necesidad, la posibilidad de retener, el placer de aliviarse por sí mismo y el bienestar consecuente. Puede sentir sus eyecciones en mayor o en menor medida, o sucesivamente, como objeto de orgullo –algo sale de su cuerpo– o como una pérdida –algo se desprende de su cuerpo; son sensaciones íntimas, muy intensas que, en ciertos momentos, llegan a preocuparlo mucho e, incluso, angustiarlo.

- Luego, tendrá que **ser capaz de aguantar**, de pedir, de desplazarse, de sacarse la ropa interior. Debe ser capaz de no moverse demasiado en el orinal sin dificultad, etc. (elija un orinal lo bastante estable).

- Finalmente, tendrá que **aceptar lo que se le pide**. Si usted espera que su cuerpo esté suficientemente maduro, si le presenta las cosas como para que vea que es una ocasión para crecer, para ser como los mayores y si le brinda una información clara: «*De lo que comes, una parte sirve para crecer y queda en tu cuerpo; el resto no sirve, se va y uno lo tira*», verá usted que no habrá mayores dificultades.

Si puede mostrarle el objetivo como algo que lo reafirma, pero que no es ni urgente ni un asunto de estado ni una gloria, él irá expresando sucesivamente su asombro, a veces su perplejidad, sus preocupaciones, sus placeres, sus momentos de orgullo. Verá cómo lo asume con una gran convicción (sin duda, más de una vez sentirá usted mucha emoción y algunas situaciones le resultarán graciosas).

Lo que el niño va a vivir, sin tener conciencia de ello, es que su cuerpo es realmente él, un cuerpo del cual él dispone completamente. Tiene el tiempo y el derecho de decir «no» para rechazar la sumisión pasiva y, a continuación, poder decir «sí» por sí mismo, libremente, desde un impulso personal, existiendo así por entero. Háblele, explíquele, escuche sus preguntas y todo lo que quiera expresar... Percibirá usted que él adquirirá una mayor «profundidad» vital a partir de esa experiencia.

Dará un gran paso en el conocimiento de sí mismo y de su cuerpo, en su «proyecto personal»; decidir crecer en vez de seguir siendo pequeño y, respecto a su relación con «el otro», darle placer, responder a sus expectativas sin abdicar de sí mismo.

RESPETAR EL RITMO DEL NIÑO

El niño registra que hay una exigencia del otro sobre su propio cuerpo, sobre el interior de sí mismo, sobre su ser más íntimo y secreto, sobre su ser más profundo y que aún no conoce bien. El otro ¿le va a dar su tiempo o lo va a ayudar, va a ser exigente obligándolo a someterse? ¿Deberá emprender un combate para defender su propia necesidad de decisión personal y de autonomía interna?

Al hablar del «papel del aprendizaje del control esfinteriano en el desarrollo del sentimiento de sí, de ser de pleno derecho una persona», Bettelheim escribía:

Es cierto que si este aprendizaje no se realiza de modo satisfactorio, uno puede llegar a pensar que uno no está conduciendo su propia vida pues los demás le imponen su voluntad, incluso en lo que concierne al buen funcionamiento del cuerpo. Del mismo modo, no deberíamos desdeñar la reflexión recíproca: que esta misma experiencia puede hacer mucho por convencer a una persona de que es ella quien se conduce a sí misma, que puede tener y, de hecho, tiene algo que decir en lo que respecta al funcionamiento de su propio cuerpo.[23]

Nuestra sociedad impone el control por un lado y la precocidad por otro (es real que estamos ansiosos por no tener que comprar más pañales, ¡pero pensemos en nuestras abuelas, que los lavaban!). Entonces, por supuesto, usted no irá a adoptar la actitud del adulto que se impone a la fuerza, como se hacía antaño, colocando a los bebés en el orinal antes incluso de que se mantuvieran sentados o, quizá después, pero lo antes posible y durante un largo rato para asegurarse de obtener resultado. Esto tiene que ver más con un adiestramiento o un condicionamiento que con una educación.

Si usted insiste demasiado y demasiado pronto

Si lo riñe con severidad, el niño se someterá o lo enfrentará, incluso tal vez llegue a manifestar ciertos trastornos, agitación, dificultades para dormir u otras... Más tarde, podrá quedarle la idea –siempre inconsciente– de que «el otro» trata de imponerle algo que él no desea y que su cuerpo

Cuando el aprendizaje es demasiado precoz

Françoise Dolto menciona las consecuencias del aprendizaje precoz del control de esfínteres en el caso de mamás muy exigentes:

«El niño así contrariado, sacado de su ritmo, [...] no sabrá nunca qué quiere hacer: mamá era quien sabía todo lo concerniente a la caca y el pipí [...] y, por desgracia, lo que sucederá luego con las manos, con el cuerpo y con la inteligencia, durante toda su vida, será una metáfora de este estado de cosas. Siempre necesitará una ley externa, llamados de atención y mandatos externos para indicarle qué debe hacer pues ha comenzado a vivir sin saber nada de sí mismo: era su madre quien sabía por él...[24]

23. B. Bettelheim, *La Forteresse vide*, Gallimard, 1969, p. 57 (trad. cast.: *La fortaleza vacía*, Laia, 1987).
24. F. Dolto, *La Difficulté de vivre*, Gallimard, 1997.

no le pertenece realmente. Corre el riesgo de conservar cierta desconfianza *a priori*, necesidad de defenderse o, por el contrario, una tendencia a la sumisión que nadie pensaría relacionar con su educación para el control de esfínteres (o acaso con el conjunto de su educación).

Si tarda, realmente, en aprender a controlar

Sea más paciente y estimulante que severa/o y desvalorizante. Su hijo, como la mayoría, hace sin duda reales esfuerzos, y puede resultarle muy doloroso que no sean reconocidos. Tristeza, rebeldía agresiva, trastornos del sueño o disminución de la confianza en sí mismo pueden ser las consecuencias (quizá tenga usted que defenderlo contra las exigencias de su entorno). Hay temperamentos ricos, más «profundos» a veces, que no quieren que los obliguen, niños activos a quienes este problema no les interesa y lo resuelven en un santiamén. Pero en realidad, a menudo lo que está en juego es nuestra propia manera de considerar el problema. Y, lo repito una vez más, no comience demasiado pronto. Espere a que esté maduro y tenga deseo de lograrlo. *«¡Lo hará (prácticamente) solo!»* Si usted intenta comprender la manera en que sus «resultados» la/o afectan o no, pensando en él y con relación a los otros niños del entorno, podrá tomar un poco más de distancia y estar interiormente más disponible y más suelta/o.

Durante este período, le oirá decir cada vez con mayor frecuencia «*yo*», porque irá tomando una clara conciencia de sí como individuo independiente. Del mismo modo, irá tomando conciencia de ser una niña o un niño, descubrimiento al que acompañarán diversas reacciones emocionales; también se interesará mucho por el cuerpo de los demás. Una vez más, usted podrá acompañarlo tranquilamente, con indulgencia y, a veces, hasta en forma divertida. Sea muy respetuoso/a y pronuncie algunas palabras muy simples: ¿no es fantástico ser como tu mamá o como tu papá, o como tal o cual, a quien el niño quiere mucho?

Así, desde los 18 meses a los 2 años es un período sensible para aprender a esperar, a controlar los deseos y movimientos, a no dejar que una energía desbordante se expanda por todos lados.

Recalquemos, ante todo, algo esencial: permitirle a un niño que realice el máximo de experiencias por sí mismo y escuchar y respetar lo que siente no quiere decir dejarle hacer cualquier cosa ni sentir culpa porque haya que prohibirle algo.

Los límites, prohibiciones y frustraciones, cuando la realidad los hace necesarios, permiten canalizar la energía, desarrollar la inteligencia y el imaginario, el pensamiento simbólico y el respeto por los demás.

Algunos niños manifiestan su oposición o sus deseos tan ruidosamente, que los padres pueden verse sorprendidos y sentir temor o hasta pánico de esas reacciones que, a veces, son espectaculares. Terminan entonces por ceder frente a los gritos, el llanto y la determinación de su hijo (que suelen admirar en secreto…).

Tenga confianza en su hijo, manténgase firme –y tranquilo– si es posible. Su amor y admiración por usted serán más fuertes que sus protestas. También en este caso, él es actor de su propia vida, no destinado a someterse pasivamente, sino debiendo aceptar la realidad para ser, en ella, un participante activo.

La carrera de la precocidad

Usted quiere, y con justa razón, que, al ser más grande, sea educado, se comporte bien en la mesa, que sepa compartir... Sin embargo, observe a los niños mayores a su alrededor y hable con sus padres: los aprendizajes más sólidos no son siempre los más precoces.

Entonces, ¿para qué empezar antes de que el niño sea capaz de lograrlo? ¿Por qué desear que coma con la cuchara antes de que pueda sostenerla con firmeza? Y ¿por qué enojarse cuando deja caer puré sobre la servilleta a los 20 meses? Ya hemos mencionado este aspecto al hablar de la alimentación.

Si usted le ofrece la cuchara a su bebé muy pronto, se entretendrá con ella, tal vez la arroje al suelo, la golpee contra la mesa, etc.; para él, será al mismo tiempo un objeto para jugar y hacer ruido y un objeto para comer. Es muy probable que revuelva dentro de la comida, que la haga «bailar» y... que produzca muchos desastres... usted quizá se enoje, quizás insista, seguramente habrá algunos gritos y esto se tornará agotador. Espere algunos días o algunas semanas...

El niño seguirá con sus progresos «motores» jugando y manipulando sus juguetes. Cuando le vuelva a dar la cuchara, conseguirá utilizarla con mayor facilidad y usted se habrá evitado algunos conflictos desagradables. Él habrá podido comprender qué le pide usted en el momento en que, efectivamente, sea capaz de lograrlo... mediando, de todos modos, unos días de aprendizaje.

Se advierte la importancia de adaptar el entorno para que el niño pueda canalizar estas posibilidades en actividades motrices, manuales, de imitación de los adultos, fantaseadas con libros e historias. Pero, al mismo tiempo, aquello que no logra expresarse en forma directa con el cuerpo y a través de las satisfacciones inmediatas a causa de las prohibiciones y las leyes –transmitidas de manera firme, pero condescendiente, por parte de los adultos– puede ser imaginado, simbolizado, pasa por el lenguaje que, de este modo, a esta edad se desarrolla en forma espectacular. Es el acceso al estado de ser humano que comienza también por saber respetar al otro y aquello que le pertenece.

La calidad de la relación con sus padres y con las personas que se ocupan de él, pero también sus actitudes internas e inconscientes son, evidentemente, determinantes.

> Debemos pensar que nuestros actos tienen consecuencias, no seamos niños nosotros. Las criaturas integran, ya a su manera, con sus capacidades personales, aquello que nosotros les brindamos. Es cierto que lo transforman a su manera, pero lo que utilizan es lo que nosotros les damos.

Capítulo 7

La separación, historia de toda vida humana

Me he puesto alrededor del cuello
una bufanda de luna;
en mi bolsillo una hogaza
también ciruelas, algunas.

Me he calzado gruesas botas
y un sombrero para el viento
y así he comenzado a andar,
cuerpo y ánimo contentos.

Iré hasta el fin del mundo
y de regreso me verás.
(Como la tierra es redonda
mi meta estará detrás.)

Arthur Haulot, 1990[25]

La separación es la condición de todo ser humano en el curso de su vida: pasar de la fusión, de ese indecible bienestar en el interior de la madre, al descubrimiento de ser uno, diferente; superar el miedo y luego la inquietud de sentirse solo, ir descubriendo, poco a poco, el verdadero yo, no aquel que le dará el gusto al padre y a la madre, sino el que constituye la concreción de las propias capacidades, de la originalidad propia de cada persona.

Pero es, al mismo tiempo, albergar en lo profundo de sí algo de los padres que hace que uno se sienta intensamente vivo, que uno se sienta con raíces y lo suficientemente sólido como para poder tomar distancia.

Ser uno mismo: capacidad de estar solo interiormente, condición necesaria para poder entablar relaciones afectivas profundas y verdaderas, que no sean una reacción contra... ni sólo imitación, sino una creación, imprevisible, como toda creación...

25. Traducción libre de Rut Mijelshon.

La vida es larga... o, mejor dicho, la evolución de un ser humano es una obra lenta, larga, interna, secreta, nunca acabada...

El pequeño que nos ocupa se encuentra en el umbral de esa larga marcha...

«Uno no cría a los hijos para uno.» Uno cría a los hijos para que se descubran a sí mismos y vivan su vida en una libertad interior respecto de sí mismos, cargados con la fuerza que hayan podido constituir durante sus primeros años.

Es una historia importantísima también para los padres. Y, vista de cerca, liberadora (siempre se trata de la confianza en el niño y en el inmenso potencial que alberga), aunque vaya acompañada de renuncia e, incluso, de sufrimiento, y obliga a cada uno de ellos a madurar y, por lo tanto, a progresar.

Pero, ¿qué sucede en la realidad?

Vemos cómo la llegada de un primer hijo, y de los siguientes, produce, en general, una especie de revolución cuyas formas son totalmente imprevisibles: la joven independiente se descubre sorprendentemente ligada a su bebé, incapaz de dejarlo un rato; la que soñaba con este bebé descubre que la cansa y la limita en sus actividades...

La mayoría de las veces, durante las primeras semanas, lo que más la sorprende es la intensidad de lo que circula entre el bebé y usted, su madre, la manera en que él se aferra a usted y en que usted se siente, en cierto modo, garante de su vida, como si fuera su presencia, su «pensamiento», su amor, sin duda, los que lo mantienen vivo. Es «inconcebible» dejarlo solo o con otra persona.

¡Por supuesto! Así es la naturaleza: el cachorro de hombre necesita por completo de los cuidados y de la atención de alguien para poder seguir viviendo física... y psíquicamente. Sin relaciones afectivas, evolucionaría hacia conductas regresivas que podrían llegar hasta las patologías más graves.

Esta situación tan particular no dura mucho. A medida que él se va creando a sí mismo, la dependencia de su madre y del entorno va disminuyendo. Lo hemos visto tomar conciencia de sí como un ser separado del otro; luego vimos cómo se desarrolla su «capacidad para estar solo» y descubre el placer de jugar y de vivir por sí mismo, alternando momentos de presencia y momentos de relativa ausencia materna.

Así, utilizar en principio esta **política de alternancia** sumado a las palabras que la acompañan, será la mejor manera de ayudarlo a ser capaz de enfrentar las separaciones, a orientarse hacia *la* separación.

En casa, será usted la persona con quien se reencontrará. Pero durante el tiempo de separación, no la encontrará a usted, sino a **otra persona.** El interés de esta situación y el desafío consisten para él en darse cuenta de que **no se trata de una pérdida sino de un «alejamiento» provisional:** mamá vuelve siempre; poco a poco el niño podrá ir conservándola dentro de sí, podrá ir llevándola en sí por medio de una representación mental y la confianza en su regreso. Uno podrá decirle: *«A tu mamá no la estás viendo, pero la llevas en tu corazón»; «A tu mamá ahora no la ves, pero ella está pensando en ti».* Como siempre, lo que se va instalando, lentamente, es toda una dimensión mental, psíquica.

Es un cuadro que podemos esbozar rápidamente. Las separaciones pueden ser enfocadas desde un ángulo dinámico. Pero ¿cómo manejarlas para que, realmente, se conviertan en experiencias positivas para todos?

Tres niveles de «separaciones»

Distingamos, ante todo:

- separaciones cortas, en que el niño es confiado durante unas horas, de vez en cuando;
- separaciones considerables en duración y en organización, generalmente cuando la mamá vuelve a su actividad profesional;
- separaciones previstas o imprevistas, de mayor o menor duración, por causa de una enfermedad, de un parto o de un viaje.

No abordaremos aquí las separaciones de muy larga duración: abandono, muerte, enfermedad mental de la mamá o cualquier causa que permitiría considerar que el niño deba mantenerse «alejado» de sus padres.

DOS PERSPECTIVAS

Enfocaremos la separación desde dos puntos de vista:

- el vuestro, el de las mamás y también el de los papás que, a veces, se sienten muy afectados por el hecho de que su pequeño sea confiado a otra persona o que haya partido a una colectividad de niños;
- el del bebé: la experiencia me ha enseñado que no hay que «bromear» con las separaciones. *Todos se adaptan*, se dice. Sí, muchos se adaptan… en apariencia… Y, ¿qué quiere decir «adaptarse»?

Así como las separaciones progresivas, bien vividas por una criatura, pueden constituir una fuente de maduración, del mismo modo, aquellas que resultan dolorosas pueden dejar en el niño cierta fragilidad, tendencia a aferrarse y una inquietud subyacente. Esto es problemático para el futuro y, sin duda, se puede evitar.

En concreto, volveremos a abordar desde este ángulo un cierto número de ideas ya expuestas, comenzando por la comprensión de lo que vive un bebé.

Este niño de 10 meses trepa al reborde de una pequeña piscina. Es probable que, en un principio, haya querido ir a buscar a su mamá que se encontraba del otro lado. Pero, rápidamente, absorbido por completo por el esfuerzo y la tensión de ese movimiento, la dejó por entero de lado. Ella no lo ayudó en absoluto, aunque estaba allí, y muy cerca...

Me parece que estas imágenes evocan bien todo lo que un pequeño puede elaborar por sí mismo sin ninguna referencia ni el auxilio de ningún adulto. ¡Qué fuerza interior está construyendo! Está aprendiendo a estar solo —y bien— en presencia del otro para, un día, estar solo —y bien— alejado del otro.

Cuando la separación aún está lejos

Separarse supone que se ha vivido juntos. Su bebé ha vivido todo el período de gestación y luego sus primeros días y primeras semanas de vida muy cerca de usted, en lo que algunos han llamado «estado de fusión». Durante toda esta etapa, ha podido alimentarse de usted y experimentar bienestar –en el amor y la seguridad. De este modo, ya ha podido ir constituyéndose un cierto sentimiento de existencia y adquiriendo confianza en aquello que aún conoce muy poco: la vida.

LOS BEBÉS, HASTA LOS 3, 4 O 5 MESES

Ellos necesitan acumular la mayor cantidad posible de **experiencias positivas** para integrar en su interior un sentimiento de seguridad, la noción de ser importantes, la convicción de que mamá siempre está allí cuando la necesitan o que, cuando tienen una dificultad, siempre será resuelta positivamente. Si hubo sufrimiento, éste no ha sido destructivo: ha llegado a su fin acompañado de un vínculo de ternura.

Esto es lo que su hijo ha experimentado de la vida con usted y con esto abordará otras situaciones difíciles por venir. Sabemos ahora que los niños que han sido así «colmados» por relaciones maternas tranquilizadoras durante los primeros meses de vida son más fuertes frente a separaciones posteriores.

A los 4 o 5 meses, su bebé comienza a ocuparse activamente y hemos visto cómo usted puede, de modo progresivo, dejarlo jugar unos minutos solo y, luego, cada vez más tiempo. Hemos visto también cómo él descubre ese placer de estar solo y cómo la alternancia entre los momentos de autonomía y de relación le permite «recargarse» regularmente e ir constituyendo una fuerza personal.

A Amelia, de 7 meses, la cría su madre, quien siente mucho placer por estar con ella. La coloca en una sillita después de haberla aseado y la pasea con ella por todas las habitaciones de la casa. La mamá le habla, en fin, están en permanente interacción. A Amélie le gusta mirar a su alrededor... pero no soporta estar sola ni un instante. Rodeada de juguetes en el suelo, llora y no trata de alcanzarlos; extiende los brazos para que la alcen.

La madre de Damián, de 5 meses, comenzó a colocarlo sobre un colchón con juguetes, luego del aseo, momento muy íntimo de intercambio. Le dice que va al baño y que enseguida vuelve. Al principio, Damián se sorprendía un poco, permanecía inmóvil y, a veces, lloraba: su madre volvía, hablaba con él y se iba de nuevo. Muy pronto, comenzó a tender su mano hacia un objeto cercano; lo sacudió, gorjeó, lo sacudió otra vez, todo su cuerpo se puso en movimiento. Eso duró unos minutos, y luego rezongó.

La madre, que lo observaba sin ser vista, se presentó ante el niño. Habló con él y se quedó un ratito. En los días siguientes, Damián fue pudiendo pasar así unos minutos solo, pero también hubo muchos momentos en los que protestó y lloró; su madre lo llevó entonces al cuarto donde trabajaba, dejándolo en un moisés o en una alfombrita y preguntándose si no debería comprar una sillita.

Sin embargo, siguió proponiéndole a Damien que jugara en el colchón preparado para él en su habitación mientras venía a verlo con frecuencia. Una semana más tarde, se sintió muy feliz y conmovida al ver que Damián, con alegría, comenzaba a estirarse para asir uno de sus juguetes; cuando alguno de ellos se alejaba o se acercaba, todo su cuerpo se ponía en movimiento. Al cabo de unos quince días, Damián pudo quedarse solo en su habitación durante un cuarto de hora o un poco más, sintiendo verdadero placer al hacer sus propias experiencias.

En otros momentos del día, podía estar en el suelo, en el cuarto de trabajo de su madre. Desde allí podía verla pero, a menudo, parecía no ocuparse de ella, absorbido en la contemplación de sus manos o de un objeto cercano.

Estos dos niños son felices, duermen y comen bien y parecen colmar a sus respectivos padres. Desde el punto de vista que nos ocupa, estas observaciones pueden ayudarla/o a reflexionar acerca de lo que usted espera:

- un bebé que descubre la vida en una permanente relación, con el otro;
- un bebé que obtiene mucho placer con esa relación pero que descubre también el placer de estar en actividad solo: logra experimentar así, en momentos con mucha alegría, una distancia posible entre él y su madre, distancia aún muy limitada, pero que no implica ni un vacío ni un sufrimiento.

Los niños que se han visto «colmados» con relaciones maternas reaseguradoras durante sus primeros meses serán más fuertes frente a las necesarias separaciones futuras!

Hacia los 6 o 7 meses

Su hijo va a comenzar a diferenciarla/o mejor de sí mismo y a diferenciarla/o mejor de las otras personas a las que ahora percibirá como extraños. Esos extraños suelen provocarle miedo y, como muchos niños a esta edad, puede llorar o tener reacciones de huida.

Gilles está en el cambiador junto a su mamá. Una amiga cercana viene a verlo: él la mira, interesado, casi maravillado... La amiga extiende los brazos para alzarlo y entonces Gilles, llorando, se vuelve enérgicamente hacia su madre como si lo agradable hubiera sido sólo el descubrimiento, el conocimiento, pero con la condición de permanecer en esa relación esencial con su mamá.

Su hijo gozará de una inestimable experiencia si el aprendizaje de «ese otro desconocido», siempre algo difícil, se desarrolla junto a usted, con la seguridad de su presencia siempre cercana. Estando con la mamá tendrá menos miedo y él mismo será más fuerte cuando se encuentre solo con los extraños.

« Solemos escuchar: *«Está acostumbrado a ver a mucha gente, no le va a costar separarse...».* **»**

No es así. Lo que ayuda a los niños a vivir bien la separación no es el hecho de ver a mucha gente, por más que eso sea útil, sino el poder acumular suficiente confianza en lo más profundo de sí, suficiente tranquilidad interior (entre aquellos que han visto mucha gente, hay, sin embargo, algunos que, a los 3 años y medio, no logran separarse de su madre para quedarse en la escuela o, a los 6 o 7 años, permanecen pegados a sus padres cuando llegan a una casa poco conocida).

Hacia los 10, 12 o 15 meses

Un poco más adelante, separarse de usted puede constituir para su hijo una fuente de tristeza, de pena y, quizá también, en algunos momentos (para ciertos niños), puede ser percibido como **un**

ataque al poder de dominio sobre su madre: ella no está cuando él lo desea, en cuanto él lo desea.

Su hijo empieza a tomar conciencia de que usted tiene una vida independiente de él (algo muy doloroso para algunos...). Pero existen diversos medios para enfrentar esta situación, que puede, entonces, convertirse en una fuente de maduración.

Veremos un poco más adelante cómo los niños separados precozmente de su madre sin una suficiente preparación, pueden tener dificultades e, incluso, sufrir lamentables secuelas. Por eso, los sitios que congregan a padres e hijos son preciosos: los niños concretan allí sus experiencias casi al margen de los padres, pero teniendo en claro que siempre pueden volver a su lado; descubren a otros niños y otros juegos, se enriquecen sus descubrimientos, se vuelven más sólidos y la dependencia respecto de sus padres tiende a disminuir. Usted vivirá esto espontáneamente en reuniones familiares o de amigos. En caso contrario –o además– trate de frecuentar alguno de esos lugares inspirados en la Casa verde[26] creada por Françoise Dolto.

> Lo que ayuda a los niños a vivir bien las situaciones de separación es su confianza y su tranquilidad interior.

Piense que, a una criatura pequeña, no sólo separarse de usted le resulta una situación difícil: cambiar de guardería, de asistente materna, de cuidadora es angustiante y, a menudo, triste para el niño. Esto significa justamente que su desarrollo anda bien, que las relaciones que establece son importantes y se compromete en lo que vive. Por otra parte, un niño afectivamente rico, «dotado» en este aspecto, seguramente sentirá con mayor intensidad la pérdida de una persona amada que un niño menos sensible, aunque no lo exprese violentamente.

Primeras experiencias

FRENTE A LA SEPARACIÓN

Como usted ahora tiene una clara conciencia de que el pequeño es un ser activo que ya puede «apropiarse» de su vida y participar realmente en ella, trate de que las separaciones ocurran con su cooperación. Un rato antes de alejarse, explíquele que tendrá que dejarlo y el motivo de ello

---

26. Allí son recibidos conjuntamente padres e hijos. También se encuentran algunos psicoanalistas con quienes las madres, los padres o los niños pueden dialogar. Actualmente existen en algunos países europeos muchos espacios de reunión de este tipo (véanse Direcciones útiles, al final del libro).

(ir a hacer compras, volver al trabajo, irse a descansar con el papá...) y cuéntele quién va a ocuparse de él durante su ausencia. Explíquele que, por supuesto, regresará; que pensará en él mientras no esté y que lo sigue amando intensamente aunque no esté presente. Las palabras de usted son las que su hijo quiere oír y que comprende.

Si, nuevamente, usted siente una especie de pudor en hablarle así a un bebé, no se preocupe: comience a hacerlo cuando esté sola/o con él y es probable que, mientras le habla, la intensidad de su mirada le haga ver cuán interesado está por lo que usted le dice, y esto le dará ánimo.

No siempre poseemos lo medios para evitarle el sufrimiento al niño, pero podemos proporcionarle algunos recursos para enfrentarlo. Ya hemos dicho que **hablarle** así no evita la dificultad, pero lo dejará menos indefenso.

El tiempo de entrar en conocimiento

- Trate de que su bebé pueda **familiarizarse** ante usted con la **persona** que va a ocuparse de él; ocúpese de él frente a ella, no sólo para que esta persona conozca su modo de proceder y actúe de igual modo, sino también para que, al familiarizarse con ella, su hijo pueda sentir simpatía y confianza desde el momento en que ustedes dos parecen entenderse bien. Cuando usted esté ausente, ella se asociará a usted en la cabeza de su hijo y la representará; así, estará usted, en parte, presente para él a través de ella.
- Si el niño no va a permanecer en casa, que también pueda conocer con usted el sitio donde vivirá durante su ausencia: se sentirá menos desconcertado. Que pueda conocer, junto a usted, los nuevos ruidos, los olores y, si es posible, a los otros niños. Póngale palabras a lo que él va descubriendo de este modo; que pueda tener algunos referentes y la posibilidad de comprender, en parte, lo que le sucede.

Pero tenga en cuenta que un niño necesita tiempo para realizar ese trabajo de «familiarización»; prevea varios días o, incluso, algunas semanas si la ausencia va a prolongarse bastante o si su hijo tiene «carácter» sensible o a causa de su edad (véase el capítulo 8 sobre la organización concreta de los dispositivos).

Ciertamente, alguna pertenencia suya, impregnada con su olor, lo ayudará mientras usted no esté, pero podría convertirse sólo en un objeto banal si usted no toma todas las precauciones de las que acabamos de hablar.

El tiempo de la separación

Durante el tiempo de separación, a su pequeño/a lo ayudará:

- si la persona que se ocupa de él refuerza en su mente la idea de que la madre y el padre y, de haberlos, los hermanos y hermanas, siguen existiendo, que piensan en él, que regresarán de inmediato o muy pronto, etc., que ella le proporciona los cuidados del modo más parecido posible a como lo hacéis vosotros y diciéndoselo;

- si él puede encontrar actividades motrices y manuales familiares (tratad de prever que tenga a su disposición algunos de sus juguetes preferidos).

EL REENCUENTRO

Los reencuentros son muy diferentes para cada niño. El retorno de la madre no siempre conlleva un alivio inmediato: a menudo, el bebé gira la cabeza, tiende los brazos hacia la persona que se ha ocupado de él e, incluso, se aferra a ella. También puede llorar o manifestar una excesiva euforia: cada uno tiene un modo particular de expresar la emoción que siente. La intensidad de la reacción, a veces, corresponde más al temperamento del niño que al grado de sufrimiento concreto.

¿Acaso podemos saber con exactitud qué emociones se acumulan en el bebé: alivio, alegría, llanto contenido, que puede por fin liberar ahora que su mamá ha regresado? ¿Resentimiento? Quizá también.

¿Qué hacer para ayudarlo en estos «reencuentros»?

¿Besarlo, reír, hacerle cosquillas, recordar todo lo que le gusta, para hacer desaparecer la tristeza y las dudas lo más rápido posible?

¿Por qué, por el contrario, no **darle el tiempo** para volver a usted por sí mismo, teniéndola a su lado, hablándole o mirándolo con dulzura, pero sin insistir demasiado? Si es muy pequeño, usted verá que, a menudo, desvía la mirada y, poco después, la observará intensamente, como si se planteara algunas preguntas. Luego, de pronto, su mirada se ilumina: la ha reencontrado. Con un impulso de todo su ser, se dirige nuevamente hacia usted...

A veces, usted puede contenerlo: «*Te veo muy triste, ¿estás enfadado?... yo te había dicho que volvería cuando te despertaras... que Paulina se ocuparía de ti mientras yo no estuviera...*».

María, de 6 meses, se quedó sola durante dos horas con una amiga de su madre a la que conoce bien. Jugó con ella, en calma, sin llorar y sin dificultades aparentes.

Al regresar su mamá, María se precipitó hacia Teresa, quien la toma en brazos pero se dispone a partir. La mamá le habla: «A lo mejor estás un poco triste o te preocupaste, te preguntabas si yo volvería...». La nena la mira, acurrucada entre los brazos de la otra. «¿Ves? Siempre vuelvo.»

Teresa se inclina para dejarla en brazos de su mamá, pero María se resiste y, muy molesta, la amiga intenta, a su vez, hacerla entrar en razón. Se acercan a la puerta del piso y la mamá pregunta: «¿Qué vas a hacer? ¿Quieres irte con Teresa?».

La pequeña observa alternativamente a una y a otra dos o tres veces y luego, de pronto, tiende los brazos hacia su madre, que, obviamente, la acoge. María se acurruca, mirando cómo Teresa se va. Finalmente, madre e hija se «reencuentran».

Sin duda, un bebé como éste no se vería gravemente perturbado si su cuidador/a se marchara rápido. Sin embargo, la calma, la facilidad para dormirse, la sensación de seguridad que se revelan en la mirada de ciertos niños ¿no tendrán sin duda como origen, además de su propia naturaleza, la acumulación de esas pequeñas experiencias en que se sienten escuchados y respetados en su ritmo?

 «¡Esto es fabricar problemas! Los niños son así: van en brazos de otra persona, lloran un poco pero rápidamente se recuperan y se acostumbran a ir con todo el mundo».

Primera respuesta: no muchos niños se acostumbran tan rápidamente y sus cuerpos rígidos y la expresión de sus rostros, si se los mira bien, traicionan un gran esfuerzo para no llorar.

Segunda respuesta: ir al meollo de nuestro tema es tomar en cuenta los sentimientos del bebé y su trabajo de comprensión activa de lo que ocurre.

Muy a menudo, por el contrario, zarandeamos al bebé, queremos divertirlo: ¡él se ríe y todo el mundo está contento! En realidad, los adultos colocan al bebé al margen de la situación que le concierne y sin que se considere su opinión... («aprende» que, a menudo, es necesario expresar algo diferente de lo que en realidad siente).

¿No es una ocasión para brindarle a su bebé que pueda retornar hacia usted desde su fuero íntimo, con sus verdaderos sentimientos? En ese caso, es él quien se dirige hacia usted, no es usted quien lo toma (por la fuerza).

Es posible que él haga una «regresión» al reencontrarse con los padres después de una ausencia de algunos días. Usted puede sentirse molesta/o, irritada/o o tener deseos de zarandearlo (y, en efecto, esto no suele ser muy agradable).

Sin embargo, trate de responderle a su nivel: el bebé necesita reabastecerse con el recuerdo de sus experiencias anteriores y volver a hacerse muy chiquitín en sus brazos. Es muy probable que, una vez colmada esa necesidad, se escape a continuación rápidamente...

Respóndale, ¡y confíe en él!

Natalia, de 3 años, regresa a casa después de un mes de ausencia, transcurrida en la casa de su abuela, alejada de su hogar. Su madre tuvo que someterse a una operación y el padre trabaja lejos. Simón, su hermano mayor de 5 años, permaneció en casa de una amiga. La familia se reencuentra, pero Natalia se niega a saludar a su madre, evita su mirada y parece molesta, actitud que se prolonga durante dos o tres días. La mamá lo comenta con una psicóloga e intenta luego explicarle a Natalia: «¿Tal vez estás enfadada conmigo porque crees que te quiero menos que a Simón, a quien tenía más cerca? Pero si te mandé a casa de la abuela fue porque pensé que ella se ocuparía mejor de ti mientras yo estuviera en la clínica... En cuanto a Simón, tampoco lo he visto durante este tiempo... ¿Qué piensas?» Silencio de Natalia durante unos segundos; cabizbaja, escu-

cha y parece reflexionar… luego, levanta la cabeza y, con una sonrisa radiante, salta al cuello de su mamá, le hace un prolongado mimo y retoma alegremente su vida.

No se preocupe si le parece que el reencuentro con el papá es más fácil que con la mamá: es lo que a menudo sucede. La fuerza y la intensidad del vínculo con él no despiertan, sin duda, algo tan visceral e interno como la relación con la mamá.

En el capítulo 8 le sugeriremos algunas ideas más concretas para cuando vuelva a su trabajo.

Las separaciones más largas

Quizá deban vivir también separaciones más prolongadas: un parto, un acontecimiento familiar particular, si desea tomarse unas vacaciones… O un hipotético internamiento del niño…

CÓMO VIVE EL NIÑO ESTAS SEPARACIONES

Tal vez le interese saber que se han descubierto ciertas constantes en la conducta de los niños menores de 3 años que, durante una o dos semanas, son confiados a alguien diferente de sus padres. Han sido descritas por J. Robertson[27] y aquí sólo puedo resumírselas rápidamente.

El desarrollo suele ser el siguiente: el pequeño «se adapta» bastante bien los dos o tres primeros días. Luego se vuelve más triste, menos activo, como si se «vaciara». A continuación, se observa una especie de viraje: comienza a apegarse con más fuerza a la persona que se ocupa de él, como si creyera que debe hacer el duelo de su madre y su padre.

Si la separación se prolonga y la persona es atenta, el niño puede instalarse realmente y hacer más intensa su relación. Cuando los padres vuelven, se produce un nuevo desgarramiento, y suelen precisarse varias semanas para que el niño vuelva a sentirse completamente en confianza con sus padres. Necesita que éstos lo ayuden con palabras y con una gran benevolencia respecto a todos los sentimientos contradictorios que pueda experimentar.

Sean entonces prudentes para decidir una separación. Dejarlo con otra persona durante ocho días cuando es muy pequeño puede llegar a debilitarlo. Si bien es probable que, unos días después del retorno, con ayuda y paciencia, él vuelva a sentirse completamente confiado y a sus anchas, suele suceder, no obstante, que un niño pequeño manifieste preocupación si su madre se ausenta o tenga dificultades para dormirse… Es usted quien debe decidir si el hecho de marcharse le resulta indispensable en este momento o si puede esperar un poco. Más adelante, esos pocos años en que sus hijos fueron muy pequeños le parecerán cortísimos.

27. J. Robertson, *Jeunes Enfants à l'hôpital*, Le Centurion, 1972.

Sin embargo, algunos siguen creyendo que, cuanto menor sea el bebé, la separación es menos importante «*ya que no comprende, le basta si tiene su biberón*». Sin duda usted se dará cuenta, y ahora lo sabemos con total certeza, de que esto no es así en absoluto, sino más bien es todo lo contrario.

> Si usted debe ausentarse, intente, al menos, que el bebé permanezca en casa con alguien que lo conozca bien y a quien él, a su vez conozca, y que su partida esté bien preparada.

EL INGRESO AL «NIDO» O AL JARDÍN DE INFANCIA

Otro ejemplo es el del ingreso al jardín de infancia que, a menudo, es demasiado prematuro: muchos niños se crean falsas expectativas, sobre todo cuando tienen hermanos y hermanas mayores. Piden ir a la escuela y, en general, a las mamás las pone muy contentas.

Las dificultades no aparecen durante los primeros días, sino con el transcurso de las semanas y del año escolar: gran cansancio, rinofaringitis y enfermedades menores, momentos en que el niño rompe a llorar sin motivo aparente. Entonces, surge el asombro: «*¡Si ella (él) era la (el) que quería ir…!*».

Otras veces, el rechazo no se traduce en llanto, sino en una actitud muy «pegada», algo regresiva o, por el contrario, en una cierta agitación que es fácilmente atribuida al carácter del niño pero que, en realidad, demuestra que ha debido enfrentarse a algo demasiado difícil, que encaró la situación, pero no llegó a sentirse cómodo en ese nuevo medio.

Internalizar a los padres

La siguiente información le permitirá comprender mejor qué está sucediendo.

Al final del primer año, el pequeño comienza a darse cuenta de que el juguete que desapareció de su vista sigue existiendo y jugará mucho, solo o con los adultos, a esconder el objeto, a simular tristeza o preocupación y luego a encontrarlo. Esto es lo que se ha dado en llamar el aprendizaje de la noción de **permanencia del objeto**.

Paralelamente, si va a la guardería, por ejemplo, se da cuenta de que sus padres, a los que no está viendo, existen igual y que siempre vienen por la tarde. Tiene, en cierto sentido, un conocimiento «intelectual» de la existencia parental.

Sabemos ahora, gracias a todas las observaciones realizadas, que el niño va constituyendo poco a poco otro tipo de certeza: la de **la permanencia del amor de sus padres**, noción más importante y, sobre todo, mucho más difícil de adquirir de lo que podría creerse.

Hemos visto que el bebé se siente como «revitalizado» por la atención y el amor de la persona que se ocupa de él. A los 2 y 3 años sigue siendo importante para él ser «revitalizado» por ese mismo amor, pero internalizándolo. Como si la vitalidad insuflada por la proximidad de los padres ahora estuviera permanentemente en el interior del niño. Podrá, entonces, comenzar a alejarse sin dificultad.

El trabajo con educadoras y grupos de asistentes maternales nos ha aportado mucho acerca del conocimiento concreto de este proceso. Les doy algunos ejemplos:

Una asistente materna relata: «Cuando le hablo a Kevin, que tiene 13 meses, de su mamá o de su papá, se le ilumina la mirada, se lo ve como "recargado". Suele suceder cuando está un poco cansado, como distante… Después, con frecuencia, vuelve a su actividad y parece más activo y vivaz…».

Algunas se preguntaban si era sensato hablar así de los padres con el riesgo de que los niños se pusieran a llorar. Todas acordaron finalmente que, si un niño comienza a llorar cuando se le habla de su mamá, significa que la pena no está tan lejos y que no es bueno para él quedarse solo y sin consuelo. Adquirieron también la convicción de que era necesario hablarles de los padres a todos los niños de la guardería (obviamente, con los matices propios de cada situación), incluso, y sobre todo, si los padres estaban pasando por un momento difícil o no siempre estaban «en la misma longitud de onda» que su hijo.

Françoise Dolto también lo pensaba cuando decía: «*Un niño debe enraizarse en sus propios padres*». «*Como tu mamá tiene dificultades en este momento, me pide que me ocupe de ti.*» Esto quiere decir: «*A lo mejor yo estoy más tranquila que ella y, como quiere que estés tranquilo, me pide que me ocupe de ti. Tu mamá siempre desea lo mejor para ti*».

De este modo, el niño se siente reforzado por algo proveniente de sus padres, sin desmoronarse ni verse afectada su profunda estima por ellos.

En el jardín de infancia de una guardería familiar (allí las asistentes maternas están agrupadas en torno a una puericultora y a un equipo de contención y los niños pueden participar en actividades colectivas), Fabrizio, de 2 años y 3 meses se encuentra aislado, apartado. Noto que, estando solo en su camión, habla en voz baja, como para sí, murmurando: «Papá». Relato esta observación a la educadora. En la ocasión siguiente, Fabrizio está jugando con el teléfono. La educadora entra en el juego: «¡Hola! Es papá… Sí… Estoy escribiendo, etc.». El rostro de Fabrizio se ilumina y continúa la conversación. Le descubrimos un vocabulario que no sospechábamos. Este niñito, privado del lazo con sus padres, vivía al mínimo; el cambio de conducta se prolongó y, durante el resto de la jornada, se lo vio más activo y más presente.

Otra educadora nos contó la siguiente historia: «Federico, de 2 años y 7 meses, gritaba todos los lunes por la mañana cuando lo iban a buscar a casa de su asistente materna para la jornada de jardín de infancia. Un día, la asistente materna me contó que él llegaba a la mañana en motocicleta con su padre. Entonces, le pregunté en el coche a Federico si tenía casco y le hablé de su papá y de la moto. Se calmó y respondió a las preguntas. Luego, bajamos la velocidad al pasar frente al comercio de ciclomotores para que me mostrara «la motocicleta de papá». Fue espectacular. Estaba completamente transformado… A partir de entonces, todos los lunes por la mañana, hacíamos el mismo recorrido, como un rito. Federico seguía llorando en el momento de dejar a su asistente materna, pero se calmaba en cuanto se le hablaba del papá y de su motocicleta. Al cabo de unas semanas, Federico dejó de llorar».

También en un grupo de guardería familiar veo un varoncito de 2 años y medio participando en la preparación de un pastel. Me sorprende su total ausencia de lenguaje, que contrasta con una activa participación; es hábil y su mirada denota mucha presencia. Cuando llega la mamá, la mira apenas y va a sentarse junto a una niñita con quien habla usando un lenguaje bien construido. Luego se desplaza y prueba el pastel, mientras continúa hablando con otros niños… Al estar presente su mamá parece que el niño puede aprovechar todas sus posibilidades.

A este proceso se lo llama **interiorización de las imágenes parentales** (imágenes, puesto que lo que el niño alberga no es la realidad de sus padres, sino la representación afectiva e intelectual que tiene de ellos).

Este trabajo de interiorización es progresivo. Ha comenzado tempranamente y se va consolidando en el transcurso del tercer año y buena parte del cuarto.

> La «separación interna» no es, por lo tanto, un alejamiento sino, por el contrario, un «guardar dentro de sí», de modo tal que el niño puede distanciarse sin detrimento, sin perder los ánimos y sin preocupación. Aunque alejarse pueda provocar una cierta tristeza o pena, la perturbación del niño no será grave.

Sólo cuando ha culminado este trabajo, un pequeño podrá pasarlo bien y sin excesivo esfuerzo, separado de sus padres durante cuatro o cinco horas seguidas, sin llegar a constituirse en objeto de especial atención como sucede, en principio, en una guardería… También soportará estar varios días sin ver a sus padres sin que disminuya su nivel de actividad ni aparezca una inquietud que pueda dejar huellas.

Así, observe a su alrededor: antes de los 3 años, y a pesar de las ideas de moda, pocos niños se sienten realmente a sus anchas en la escuela maternal (lo cual no significa que no haya excepciones o grupos en los que se trate a los niños de manera más individualizada). ¿Es necesario señalar que para los más pequeños quedarse además en el comedor escolar es someterlos a prueba, ya que el tiempo de separación, sin poder recuperarse, es demasiado largo para ellos?

Separaciones mal vividas

Lo decimos una vez más, cada niño es diferente de los demás, pero parece como si la mayoría de la gente no llegase a representarse con «justeza» lo que significa una separación para *este* niño en particular. Cada uno amplifica o minimiza las dificultades de acuerdo con las propias actitudes internas. Por mi parte, no es mi propósito dramatizar, sino sólo que usted pudiera tener una conciencia más clara acerca de qué se pone en juego para que entonces logre encontrar las soluciones más convenientes.

En efecto, las separaciones mal preparadas o mal vividas pueden tener consecuencias muy lamentables. Además de los trastornos visibles (protestas, rinofaringitis, trastornos digestivos y del sueño...) que no deben despreciarse, puesto que lo fatigan y disminuyen sus posibilidades de exploración, un niño pequeño puede conservar huellas más profundas:

- ansiedad cada vez que usted se dirige a otra habitación o deja de verla/o; volviéndose «pegajoso», exigente o desconfiado de las personas desconocidas que vienen a casa: es una manifestación de su sentimiento de inseguridad, pues en cualquier momento puede producirse una nueva separación;
- ansiedad que puede provocar inhibición o, por el contrario, agitación.

Dos niños de 2 años y medio llegan a un sitio desconocido donde hay mucha gente. Mientras uno se desplaza prudentemente pero con interés, observando a personas y objetos, el otro ya ha recorrido cuatro veces la habitación, corriendo y riéndose (pero habiéndose golpeado dos veces). Le ha quitado a un adulto el periódico de las manos y se ha sentado en las rodillas de otro. Su madre dice con orgullo: «Es porque va a la guardería. Está obligado a arreglárselas con los demás y a defender su lugar».

Hoy en día, se suele dar más valor al niño vivaz, que corre por todas partes y se impone a los demás: *«Es capaz de defenderse»*, se dice. ¿Defenderse de qué? ¿De la agresión de los otros? ¿De su propia inseguridad porque se siente solo y desarmado? Cierto aspecto de su desarrollo puede verse estimulado por esto, pero ¿no lo es en detrimento de una tranquila y sólida confianza en sí mismo y en los demás, que es lo que ayuda a no tener necesidad de agredir *«a priori»*?

- **Dificultades ante cualquier nuevo cambio en su vida**, como si en cada ocasión se actualizara un sufrimiento anterior; por ejemplo, ansiedad ante un cambio de grupo, al irse de vacaciones o, simplemente, no querer quedarse a dormir en casa de un amiguito.
- **Mala imagen de sí mismo.** Es probable que un niño que se sienta (tal vez sin razón, pero ésa es su vivencia) alejado «por la fuerza», se imagine que el motivo es que se ha portado mal, que ha sido «malo» y, por lo tanto, se lo rechaza. Una vez más, cada niño lo vive a su manera, pero todos los que lo han sufrido han visto afectada su autoestima. Pueden albergar en su fuero íntimo el sentimiento de que sus padres, maestros o compañeros no los quieren tanto. Y, en un futuro, por ejemplo, podrán sentirse menos apreciados que sus colegas de trabajo... Ustedes saben bien que las experiencias de la primera infancia dejan huellas en nosotros, adultos, cuya conciencia hemos perdido pero que, sin embargo, permiten explicar no pocas reacciones. Reacciones que nos sorprenden porque no son racionales y que, no obstante, son muy intensas. Solemos decir: «*No sé por qué pero no puedo evitar pensar...*»;
- **Temor a comprometerse en relaciones afectivas.** Cuando un niño ha sido confiado en forma sucesiva a varias personas con las que podía entenderse bien, ese niño se hace a la idea de que las relaciones afectivas no duran y que las separaciones son dolorosas: por lo tanto, más vale no comprometerse demasiado... Podemos imaginar, en ese caso, las consecuencias para las relaciones sociales y afectivas posteriores.

¿Cuál es su papel en esta aventura?

¿Cuál es su papel?, el de la mamá, sobre todo, ya que, en general, es la que vive la distancia con mayor dificultad.

Coexisten, a menudo, en nosotros, por un lado, el deseo de alejarnos del niño y el miedo de hacerlo realmente, la culpa de dejarlo, el miedo de que se apegue a otra persona o que se sienta mejor con ella, la amargura por el hecho de que otro llegue a colmarlo o que el niño pueda prescindir de nosotros. Y, por otra parte, también nos sentimos muy reconfortados ante la idea de que toda la vida y toda la alegría de vivir de este pequeño ser dependen de nosotros.

En principio, muchos de nosotros sentimos un profundo placer en la relación con nuestro bebé. La perspectiva de que esta relación se rompa suele resultarnos muy penosa, pero... no nos atrevemos a decirlo por temor a ser objeto de burlas o críticas: «*Eres como una mamá gallina, lo empollas demasiado, eres demasiado ansiosa...*».

Piense que la intensidad de su apego es lo más natural del mundo y que constituye un inmenso regalo para este niño. Cuando él vaya mostrando poco a poco su deseo de descubrir el mundo por sí mismo, empezará a sentir que usted no es siempre indispensable, aunque siga siendo la más im-

Los deseos y las necesidades de las madres y los deseos de los hijos

Los partidos políticos presentan en sus programas, y a menudo con convicción, medidas que apuntan a favorecer el trabajo de las mujeres o, por el contrario, que apuntan a favorecer el hecho de que permanezca en casa criando a sus hijos. Unos se oponen a otros y cada uno piensa que el suyo es el camino correcto. ¿Y si éste fuera permitirle a cada mujer —y, por lo tanto, a cada pareja— en la mayor medida posible, que eligiera la solución que más le conviene? Y no seguir pretendiendo conocer la verdad, pues en esto no existe una verdad. Siempre volvemos a la misma concepción: cada uno debe encontrar en sí mismo lo que le conviene. Atreverse a preguntarse, antes, y ahora que el bebé está aquí: ¿cómo voy, y cómo vamos, a sentirnos mejor?

Busquemos entonces aquello que podamos poner en práctica para realizar este deseo ahora reconocido: lo que nos gustaría, a nosotros. Luego, podremos realizarlo o no pero, al menos, lo conoceremos y las decepciones, preocupaciones y esfuerzos por hacer se habrán identificado mejor y, por lo tanto, se podrán superar con mayor facilidad.

Si los partidos políticos pretenden tener conocimientos sobre la cuestión, lo que necesitan es flexibilidad e imaginación para inventar soluciones:

- para las mujeres que quieren trabajar fuera (pues ¿podemos decir que las que se quedan en casa no trabajan?), crear suficientes lugares para acoger a los niños que tengan los medios para funcionar correctamente, es decir, que respondan realmente a las necesidades infantiles;
- para las mujeres que prefieren criar ellas mismas a sus hijos, encontrar posibilidades de remuneración, de reciclaje de competencias, cuando los niños sean mayores, que les permitan acceder de nuevo a una actividad profesional de calidad, etc.

En la concreción de nuestros deseos, no olvidemos las necesidades de nuestros hijos.

portante. También en esto, usted podrá acompañarlo: si logra llegar a ser lo bastante flexible verá que él la ayudará. Será el momento en que usted se interese por otra cosa y comience a mirarlo quizá de otro modo: el placer de descubrir el ser que se está construyendo puede aportarle satisfacciones de tipo más intelectual que le permitirán salir de una relación demasiado estrechamente afectiva y también de la monotonía cotidiana. Podrá así tomar un poco de distancia...

Su hijo es único, pero también usted es única...

Cada uno debería tener la posibilidad de expresarle a otros la realidad de sus sentimientos sin ser criticado ni censurado. Verá usted cómo necesitará hablar con otras mamás o intercambiar aquello que siente. También en esto, lugares como los inspirados en la Casa verde (véanse pág. 209 y nota 26) pueden ser agradables y útiles ya que le permiten darse cuenta de que no es la única persona en tener sentimientos contradictorios. El hecho de poder comunicárselos a alguien que no los juzga ya es muy tranquilizador.

Y si usted logra ir organizando paulatinamente, tal como las hemos descrito, algunas ocasiones para alejarse un poco de su hijo, verá que esto la/o ayudará a tomar conciencia de sí y ganará en seguridad, construyendo la certeza interna de que usted siempre vuelve a ser usted misma.

Cuando son los padres quienes se separan

No es raro actualmente que los padres se separen unos meses o unos años después del nacimiento de un bebé. No es éste el lugar para investigar las causas (podemos sólo recordar hasta qué punto la llegada de un bebé provoca un reacomodamiento interior y profundo...), ni para hablar de las tensiones que suscita la separación tanto en los padres como en los niños y en sus relaciones mutuas.[28]

En general, un niño muy pequeño se queda con su madre, pero el padre puede querer disponer de un tiempo para ocuparse de él, ya sea con el bebé solo o junto a hermanos y hermanas mayores.

En medio del sufrimiento y, a menudo, del desaliento que envuelve a esas situaciones, algunas ideas claras y concretas sobre la organización de la vida cotidiana de los niños pueden ayudar a los padres a no dejarse invadir por sus propias emociones. Esto es una especie de salvavidas al cual aferrarse... ambos, ya que ambos siguen siendo los padres de ese niño o niños, y ambos desean que su crecimiento siga siendo el mejor.

Por lo tanto, conviene tener presentes nuestros principios básicos y todo lo que acabamos de decir sobre la separación.

Ante todo, considere la necesidad de que su pequeño continúe sintiéndose **seguro física y**

28. Existen obras interesantes a este respecto (véase «Donde se habla de los padres», en la Bibliografía).

afectivamente. Cuanto más pequeño sea, es tanto más deseable que pueda permanecer en el mismo espacio. El cambio de lugar (para ir a casa de su padre, por ejemplo), si es inevitable, debe ser breve y prepararse de manera progresiva; cuide que la persona que se ocupa habitualmente del niño sea capaz de darle a la otra persona indicaciones lo bastante precisas, y que estas indicaciones sean tenidas en cuenta seriamente, de modo que el bebé sienta una continuidad en los cuidados que se le brindan y no lo desconcierte el hecho de que se lo trate de modos completamente diferentes.

En síntesis, retomamos aquí todos los aspectos ya abordados cuando mencionábamos las primeras separaciones del niño respecto a su madre. Si usted se encuentra en una situación de este tipo, debería tomar las mismas precauciones pero, además, prestar aún mayor atención, dado el clima de inquietud e incertidumbre en el que el niño se encuentra casi siempre.

Dejar por escrito o precisar horarios, hábitos de comida, de sueño o tipos de juego (en suma, lo que usted haría si se ausentara dos días por una actividad profesional y confiara su bebé a alguien) puede ayudarlos en esta difícil situación:

- a volver a centrarse juntos en ese niño considerado como persona independiente de vuestro drama y que debe seguir viviendo;
- a mantener juntos un momento de diálogo al margen del conflicto, ya que es necesario centrarse en las pequeñas cosas materiales, absolutamente simples y precisas.

Deberá usted recordar también que cuanto más pequeño es el niño, menos puede soportar una larga separación de su madre: fin de semana largo o vacaciones de una semana o quince días. El problema no es simple, ya que el padre puede pensar, con razón, que es posible emplear esos momentos para desarrollar la relación con su hijo. Tiene la oportunidad y quiere aprovecharla. Pero debe pensar que el bebé, durante el primer y segundo años, se sentirá inquieto y hasta angustiado en un lugar desconocido y alejado de la madre; recuerde lo que hemos dicho anteriormente, al margen de cualquier problema familiar. Si la separación no se prepara con todo cuidado, al pequeño le costará mucho aprovechar lo que su padre realmente querría brindarle.

El niño también debe estar seguro de que «entregarse» al padre no le implicará perder a su madre. De otro modo, y sin manifestar un rechazo demasiado evidente, en su fuero íntimo, se cerrará a ese padre cuya presencia está asociada al miedo o al sufrimiento. En el caso de una permanencia prolongada, el niño puede experimentar con su papá lo que hemos descrito anteriormente (véanse observaciones de J. Robertson, pág. 213): un apego «sustitutivo» que compensará el desasosiego de no estar con su madre, pero que dificultará el reencuentro con ésta cuando vuelva a casa. Y será un nuevo desgarro.

No se olvide de insistirle en que él no tiene nada que ver con la separación (recuerde que un niño se cree el centro del mundo...).

Es importante mantenerse alerta respecto a todos estos puntos, ya que se está jugando el futuro de sus mutuas relaciones.

En el caso de un niño muy pequeño, lo mejor sería que el padre fuera con frecuencia a ver al bebé al domicilio de la madre (la mamá podría ausentarse durante ese tiempo si fuera difícil compartirlo). Cuanto menos fragmentado se sienta un niño a esta edad temprana, más posibilidades tendrá en el futuro de entablar relaciones positivas con sus padres y, por ende, con el padre en particular.

Ya que, después de todo, el objetivo real, a largo plazo, no es que un niño viva con ambos padres, todos juntos, sino que llegue a ser *él mismo*, pudiendo apoyarse en una relación confiable con cada uno de ellos (por más que no podamos negar la pena y el sufrimiento por no estar con los dos al mismo tiempo).

No confíe demasiado en una aparente adaptación de su hijo que le haga creer que es indiferente a estos cambios: los niños tienen una extraordinaria capacidad para sentir –y hacer– aquello que los padres interiormente necesitan.

No intente compensar su ausencia mediante regalos, asistiendo a espectáculos, etc. En su interior, su hijo sabe que usted le está dando lo más importante cuando trata de estar atento a lo que sea mejor para él. Los regalos son, a menudo, una forma de seducción. Uno suele no confiar demasiado en el valor de lo que es capaz de brindar en el transcurso de las actividades compartidas y de los momentos de intercambio... que, sin embargo, resultan más «ricos» que los objetos...

Dado que usted se sitúa desde una óptica de colaboración, puede preparar el bolso junto con el niño: la ropa, los juguetes que va a llevar; ayudarlo a explicitar (se) lo que le apetecería o no durante esos días... Si es más pequeño, puede mostrarle lo que va preparando.

En efecto, él necesita **comprender**[29] lo que le va a suceder, lo que va a ocurrir en su propia vida, ahora y en el futuro cercano: si se quedará o no en casa de su padre, si volverá con su madre, en qué momento. No «dentro de un rato» o «esta noche», sino «*después del baño... después de la merienda*». El niño pequeño necesita explicaciones muy precisas; su representación del tiempo y del espacio no es tan clara como la nuestra.

Aquellos que lo acogen pueden decirle: «*Aquí estás en otra casa y a lo mejor resulte difícil para ti. Voy a tratar de actuar lo más parecido posible a tu mamá, porque quiero que aquí también te sientas feliz...*».

Quizá necesite tiempo para sentirse confiado, activo, para participar. Esto enriquecerá la relación profunda entre ambos, si usted puede respetar sus reticencias y no apresurarlo.

Naturalmente, estas sugerencias son válidas también para usted, si es quien acoge al niño de otro/a.

---

29. El problema entre los padres no es el suyo. No voy a entrar aquí en una reflexión sobre lo que se puede decir o no acerca de las razones de las tensiones, de la ausencia de uno de los padres, etc.

Hemos hablado con frecuencia acerca de la importancia de dejar que el niño viva y progrese a su ritmo. Si va a su casa, papá, nadie puede prever cómo se comportará: sería bueno que usted comenzara por observar qué juego elige y qué hace... no *evaluando los progresos que hace en casa de su madre* –pues quizá no sea esto en absoluto lo que vaya a mostrarle–, sino para responder a lo que *él* le solicita.

Así, puede elegir juegos de «nenito» a los que jugaba cuando usted vivía en la casa, anulando, en cierto modo, la ruptura, lo que le permite asegurar de este modo una continuidad, un nexo con lo que conoce y que le es fundamental. Le está pidiendo que se encuentren, usted y él, «como antes». Cuando se sienta suficientemente nutrido, será él quien le reclame coches, salidas u otras actividades más complejas.

La decodificación no siempre es simple, pero dígase que, en estas situaciones, al igual que con la comida, su hijo *sabe*, en algún lugar, qué es lo que necesita. Una vez más, puede observarlo y tratar de dejarse guiar un poco por él, tenerle confianza...

Por supuesto, nadie puede comprender ni responder por completo a todo pero, en la actitud de escucha, habrá algo que su hijo captará y lo ayudará a hacerse más fuerte y a crecer. Él sentirá

Sólidamente «asegurado» en parte por sí mismo (sus manos, la sensación plena de todo su cuerpo), el niño puede buscar en lo desconocido otro punto de apoyo para ir en la dirección que él escruta con intensidad.

inconscientemente que el deseo de su padre es que pueda crecer por sí mismo, de acuerdo con lo que sea mejor para él.

Observe su alegría de vivir y su dinamismo.

En efecto, al mismo tiempo que sufren, los niños nos sorprenden por su formidable potencial de vida, de risa, de actividad, por su deseo de descubrimiento. No los encerremos en el sufrimiento aunque, en ciertos momentos, esta vitalidad pueda hacernos daño, porque, a veces, puede ser vivida como una especie de ofensa a nuestro propio sufrimiento. Pero, si podemos aflojarnos, esa misma vitalidad podrá, al poco, volver a conectarnos con el placer...

Capítulo 8

Otros ámbitos de vida del pequeño, cómo manejarse

El mantenimiento excesivo de la dependencia, así como la precipitación en la separación, son, para el niño, fuente de peligros físicos y mentales [...]

Para que el movimiento de separación se realice en buenas condiciones, debe estar de acuerdo con las posibilidades madurativas del niño.

Myriam David, *Les séparations de la naissance à la mort,*
obra colectiva, EPE, Privat, 1976

Ahora vosotros ya tenéis una idea bastante clara de lo que representa la separación para un niño muy pequeño, de su evolución de acuerdo con la edad y del «espíritu» de las precauciones que hay que tomar.

Quizás hayáis percibido que un bebé confiado a otras manos durante el día, en el transcurso de sus primeros meses, se enfrenta a una difícil tarea. Muchos profesionales piensan que habría que esperar, por lo menos, hasta la mitad del segundo año, para darle la oportunidad al pequeño de haber construido ya una seguridad interior de base suficiente y un principio de conciencia de sí. Numerosas observaciones confirman esta opinión, pero intervienen demasiados elementos como para que sea posible dar una respuesta válida para todos. El tema es sumamente vasto y complejo como para debatirlo y agotarlo aquí.

La lectura de las páginas precedentes os habrá tranquilizado al menos, supongo, con respecto a la idea frecuente de considerar al «nido», de manera incorrecta, como un lugar donde los profesionales podrían llegar a compensar las propias insuficiencias y aportarle a vuestro hijo las múltiples y precoces estimulaciones que podrían constituir una carta de triunfo para el futuro. Vosotros podéis, en casa y cuando es muy pequeño, aportarle lo mismo con creces y mucho más aún.

Finalmente, habéis visto hasta qué punto es necesario, para aprovechar lo que los demás pudieran darle, es decir, para «socializarse» (como se dice), poseer una sólida **seguridad interior** y una verdadera **confianza en sí mismo**. Ambas pueden provenir, sobre todo, de vosotros.

Entonces, no se debería pensar en el «nido» o en la asistente materna como una solución automática, natural, sino analizar su viabilidad como una alternativa. Considerad también, ahora que el bebé se encuentra aquí, si dejarlo en otro sitio corresponde siempre, realmente, a vuestro deseo. Una inscripción en la institución no es necesariamente definitiva, y a menudo es posible retrasar el ingreso. A veces uno se asombra de encontrar soluciones que no había imaginado unos meses antes.

Sea como fuere, vosotros podéis encontraros en una situación tal de veros imposibilitados de proceder de otro modo o con la convicción de que es la mejor solución para él: irá, por lo tanto, al «nido» o con una asistente materna, a menos que se opte por otro sistema de «cuidados», en casa, con su familia u otro...

El tema de este capítulo será entonces: ¿cómo puede un adulto ajeno ayudar a que un bebé pase sin contratiempos ese período de alejamiento de sus padres? ¿De qué modo el niño puede obtener aun así el máximo beneficio?

¿Existe la posibilidad, ante todo, de adaptar esos otros ámbitos de acuerdo con lo que ya hemos descrito, cuya importancia para los niños pequeños hemos resaltado? Esto realmente es difícil y exige un enorme trabajo de formación y de reflexión por parte de directoras, del personal y de las asistentes maternas en sus hogares. Exige también que la administración y los políticos no perturben esa adecuación haciendo que personas incompetentes efectúen «controles» o imponiendo excesivas restricciones presupuestarias.

Pero sostengo que eso es posible, y también decía al comienzo del libro que las concepciones enunciadas aquí ya han sido trabajadas con centenares de profesionales de la protoinfancia que las han enriquecido con su experiencia. Cada vez son más numerosos los «nidos» que logran ponerlo en práctica. La mejoría es notable desde hace unos veinte años, pero aún insuficiente. Quizá vosotros debáis contribuir a esas mejoras.

Existen buenos libros con respecto a este tema, pero quiero llamar vuestra atención sobre algunos puntos importantes desde la óptica que aquí hemos adoptado.

Los ámbitos en lo cotidiano

EL «NIDO» O JARDÍN DE INFANCIA

Vuestro bebé pasará allí la mayor parte de su tiempo de vigilia. Por lo tanto, será en ese lugar donde vivirá –o no– las experiencias que van a permitirle desarrollar el conocimiento y la imagen de su cuerpo, del espacio, sus posibilidades de concentración, de atención, de lógica (es decir, su inteligencia); también allí experimentará, o no, la seguridad necesaria para el desarrollo de sus competencias.

Es importante, en consecuencia, que observéis qué es lo que se le ofrecerá.

Controlad si las necesidades básicas se ven cubiertas y no os dejéis seducir demasiado por las actividades «de punta»: música, danza, aprendizaje de idiomas, ¿por qué no informática? Tal vez sea interesante, pero es un «plus» cuando está resuelto lo esencial: seguridad, persona de referencia, vínculos con vosotros, medios a disposición del bebé para plasmar sus potencialidades de manera autónoma.

Desconfiad de lo que aparece como «efectista» (bastante característico de nuestra sociedad). Esos «espejitos de colores» pueden ocultar ciertas carencias más profundas.

Algunos elementos nos han parecido esenciales para que el niño se encuentre bien en el «nido»:

La preparación progresiva
Esto es indispensable, tal como hemos visto en el capítulo anterior. Las directoras de «nido» experimentadas prevén de tres semanas a un mes como mínimo para que un bebé, cualquiera que sea su edad, pueda pasar sus primeras jornadas en el «nido» sin perjuicio. Ése es el tiempo necesario para considerar «desde lo más íntimo» a ese segundo lugar como un lugar conocido y «habitado» por sus padres; el niño podrá entonces sentirse totalmente seguro, no manejado afectivamente, y con la condición de poder confiar también en un referente.

Una persona de referencia

Es una auxiliar de puericultura, o una educadora responsable del niño, que le dará de comer y le proporcionará los cuidados la mayor cantidad de veces posible, que le permitirá orientarse más fácilmente y, sobre todo, evitará la dispersión de sus impulsos afectivos. El peligro de contar con demasiadas personas alrededor es que los niños se acostumbran a no entablar relaciones verdaderas ya que, cuando sólo se tienen pocos meses, no es posible tener un apego real con varias personas al mismo tiempo; el bebé no puede, en esas condiciones, sentirse amado en el sentido de *«ser considerado como objeto de interés y de atención»*, lo cual, como hemos visto, es necesario para que pueda desarrollarse armoniosamente. Tampoco un adulto puede conocer íntimamente las reacciones de diez o quince niños. Las auxiliares confiesan hasta qué punto cambió su interés por el trabajo cuando se hicieron «nominalmente» responsables de cuatro, cinco o seis niños (según las edades).

A causa de los imperativos horarios, la persona responsable quizá no esté presente durante todo el tiempo de la permanencia de cada niño, pero será ella quien va a organizar las transiciones, a transmitir lo que es importante para cada uno en ese momento, quien se constituirá en interlocutora de los padres, etc. La organización de los horarios tiene en cuenta esta exigencia.

Siempre hay que tener presente la realidad interior del niño y no sólo su comportamiento externo.

> Si vuestro hijo no cuenta allí con **una persona de referencia** no logrará sentirse realmente amado (en el sentido de ser considerado como alguien merecedor de todo interés y atención) lo cual, como hemos visto, es indispensable para que pueda desarrollarse armoniosamente.

La participación de los padres

Debéis considerar si tendréis la posibilidad de participar en la vida de vuestro hijo, pues él necesita que vosotros seáis acogidos al mismo tiempo que él. Además del necesario trabajo de «interiorización» de su padre y de su madre, el bebé necesita sentiros presentes durante la jornada. ¿Cómo hablar de ellos, por ejemplo, cómo describir las necesidades y particularidades del momento, los pequeños acontecimientos familiares que pueden ser muy importantes para él, si los padres no pueden pasar unos buenos momentos en el «nido»?

El respeto de la autonomía motriz

Las adaptaciones que permiten que el bebé lleve a la práctica sus posibilidades también son realizables en colectividad pero exigen, como todo el conjunto, un enorme trabajo por parte de la directora y del personal y, a menudo, la ayuda de los padres.

La calma y la seguridad

Vuestro bebé las necesitará. Sabéis que es posible, en un lugar colectivo, separar a los bebés de los grandes, en una alfombra, en algunos casos protegido por una simpática barrera. Allí, en la mayor seguridad, podrán realizar las experiencias que hemos descrito, durante todo el tiempo que haga falta, con el pequeño «material» que les convenga, sin que los mayores los lleven por delante o, incluso, los pisen.

Sin este dispositivo de seguridad, observad a esos bebés que reptan hasta el embaldosado. Manipulan un juguete que, de pronto, otros niños les quitan sin que puedan entender nada, a no ser que «un objeto tiene el poder de desaparecer». ¿Acaso en esas condiciones se puede desarrollar reflexión, concentración, sentimiento de continuidad durante este período en que sabemos que se organizan los circuitos nerviosos? Los bebés así estallan en llanto pidiendo ayuda, ya que tienen muy pocas posibilidades de poder descubrir en sí mismos esa seguridad de la que hemos hablado.

Podéis registrar a continuación si los niños que, en plena edad de exploración, comienzan a ponerse en pie y a caminar disponen de un espacio delimitado, que no esté vacío, así como de un material que corresponda a su edad y sobre el que puedan ejercitar sus nuevas posibilidades motrices. Los juegos disponibles deben tener una significación y no estar demasiado desordenados. Existen aún lugares donde los niños no encuentran tales posibilidades.

Dicen que Guillermo, de 11 meses, es conocido como el que lloriquea, «se aferra a los adultos y no hace nada». Una auxiliar lo alza de su cuna y lo coloca delicadamente en una alfombra, en el suelo. Permanece algo alicaído durante unos minutos, luego se incorpora con suavidad, se pone a cuatro patas, encuentra un aro, lo chupa y lo hace rodar. A continuación avanza, se yergue hasta el borde de una chimenea donde se halla una pecera y la observa con interés. Al rato, se deja caer con dificultad, rezonga un poco, ve un cubo, lo chupa y repta otra vez hasta un caballito oscilante; trata de elevarse hacia él pero es imposible porque el animalito se mueve sin cesar. Guillermo refunfuña, se aleja y encuentra a su paso un libro de tela, una muñeca sin ropa. Los toca y sigue avanzando con la mirada un poco en el vacío. Los padres saben que, en casa, su hijito es activo y voluntarioso. Aquí vaga sin detenerse en nada y las auxiliares piensan que algo no anda bien. Pero, ¿acaso puede desplegar sus potencialidades con esa mescolanza de objetos que no le permiten demasiadas actividades, experiencias, descubrimientos y movimientos?

A partir de los 2 años, un niño participa de numerosas actividades en el seno familiar. Los ámbitos de que venimos hablando están bien equipados, en general, en este plano: existe material que permite poner en práctica las posibilidades motrices e intelectuales e identificarse con los adultos (jugar al garaje, a los cochecitos, a las muñecas, a cocinar, a reparar objetos, etc.). Algu-

229

nos padres se sienten algo incómodos: «*En casa, no podemos ofrecerle todos estos materiales…*». En ese caso, quizá puedan tomar algunas ideas pero, en casa, viven la vida real…

No necesariamente debéis festejar las actividades colectivas si éstas se organizan demasiado precozmente. Recordad la riqueza de elaboración y de invención de que es capaz una criatura cuando puede explotar al máximo sus experiencias tal como él las imagina.

Padres y profesionales codo con codo

En cuanto a **vuestra participación** en la vida del «nido», sabed que, en general, el personal de las mismas trata cada vez más de mantener encuentros con los padres y colaborar con ellos. Sin embargo, la experiencia muestra que, a menudo, queda una cierta aprensión y, a veces, una mutua desconfianza. En realidad, cada uno se siente intimidado por el otro… En el nido, suelen pensar que los padres son exigentes y llegan a aceptar mal algunas de sus actitudes. Los padres, por su parte, piensan que los profesionales saben más que ellos y, con frecuencia, se sienten juzgados.

¡Ojalá fuera posible lograr que los unos dejaran de recelar de los otros! Anímese a hablar de su hijo, de su vida, de sus gustos, de sus dificultades, de aquello que usted piensa que es útil para él y fíjese de qué modo se puede llevar a cabo en el contexto de ese «nido» en particular. Verá que, muy probablemente, esto les caerá muy bien a las educadoras. Debéis tratar de actuar codo a codo, padres y profesionales, ante ese niño al cual cada uno trata de ayudar de la mejor manera posible.

Si tenéis la impresión de que el diálogo no es posible, obrad con prudencia y tratad de encontrar otra solución.

Es necesario saber que tanto auxiliar de puericultura como educadora de niños muy pequeños son oficios muy recientes a los que todavía no se considera en su justa medida y que requieren una real formación: la vida en colectividad exige adaptaciones muy especiales para que los niños no se perjudiquen. Son profesiones que se aprenden y hay exigencias que se deben respetar absolutamente. El futuro de vuestro hijo depende de eso.

Recordad que, si vuestro bebé está pasando por un período difícil (retraso en su desarrollo, agitación, agresividad, malestar físico, etc.), puede tratarse de un momento particular en su crecimiento o de algo que no cuadra en la organización de su vida.

Es, por lo tanto, importante que podáis **hablar** del tema con las personas que se ocupan de él.

De otro modo, vosotros llegaríais a pensar que él no se halla bien junto a esas personas y ellas pensarían que vosotros no hacéis lo necesario. Vuestro hijo se encontraría en el medio, finalmente solo.

Hay un punto en el que los profesionales de la protoinfancia están de acuerdo: siempre se observa un progreso cuando se habla de un niño entre todos (la educadora, la directora del «nido», los padres, la psicóloga, a veces el pediatra), y a menudo sin que, incluso, se haya llegado a comprender realmente la razón del malestar. Comienza a circular una cierta corriente a su alrededor y también con él y, de esta manera, su desarrollo y su dinamismo pueden volver a expresarse y a recobrar impulso.

Si esto no es suficiente, es necesario observar si están dadas las condiciones de las que hemos hablado reiteradamente: seguridad, presencia de los padres, ocasiones suficientes para ejercer sus competencias, etc. A veces, son pequeñas cosas, muy simples las que causan efecto.

Pensad también que, para un bebé, el tiempo es larguísimo: el lapso en que se halla separado de vosotros le parece una eternidad. Intentad entonces ejercitar su imaginación para limitar la duración: a menudo se pueden acomodar los horarios de trabajo o bien el papá y la mamá pueden arreglarse para que uno lleve al bebé y el otro vaya a buscarlo, etc.[30]

Si lo esencial de estas condiciones está cubierto pero las dificultades persisten, no dudéis en consultar con un psicólogo especialista en niños pequeños o con vuestro pediatra de confianza. Una vez más, si se interviene precozmente, es muy probable que todo se arregle con rapidez.

LA ASISTENTE MATERNA

Si vais a recurrir a una asistente materna, modalidad a la que se puede optar en algunos países, considerad de nuevo, de todos modos, lo que decíamos respecto a los «nidos». Los principios son los mismos: la importancia de la preparación en particular, que el niño tenga posibilidad de ejercer sus capacidades, que el lapso de la separación sea limitado y sobre todo que vosotros, como padres, estéis absolutamente presentes.

El tema de la **preparación** es tan importante con una asistente materna como en el «nido». También en este caso debería durar algunas semanas, ya que es el bebé quien debe adquirir la certeza de que su madre y su padre siguen existiendo, que van a volver y que continúan siendo los más importantes. De otro modo, el bebé corre el riesgo cada día de vivir una pérdida que es «compensada» durante la jornada por otra persona «atenta» y el riesgo de revivir cada tarde una nueva pérdida y tener que hacer un nuevo trabajo de refamiliarización.

30. T. B. Brazelton, en *À ce soir* (Stock/Laurence Pernoud, 1986), brinda buenas ideas a este respecto.

Esto le provoca un gran cansancio, frecuente llanto, una vitalidad que se reduce al mínimo y una especie de fragmentación interna: tiene dos vidas diferentes en lugar de sentir una como la prolongación de la otra.

Si vosotros deseáis que vuestro hijo manifieste seguridad, confianza y calma interior, es necesario que experimente una unidad entre sus dos ámbitos de vida y, en consecuencia, un acuerdo, una profunda correspondencia entre la persona que lo cuida y vosotros.

Sean cuales fueren la experiencia y la calidad de la asistente materna –o del «nido»– *vosotros sois y seguiréis siendo sus padres*, las personas más importantes para vuestro hijo (comprobar si, en esos ámbitos, efectivamente vosotros sois reconocidos como tales, constituye una buena prueba). Por lo tanto, una vez más, es preciso *hablar*, sin ninguna vergüenza de expresar las ideas, qué os parece importante, vuestras convicciones. El papel de la asistente materna es representaros a vosotros ante vuestro hijo, de ninguna manera tratar de hacer las cosas mejor que vosotros.

Mamá, para que su hijo no se encuentre frente a dos madres, téngase confianza (quizás este libro la haya ayudado...): usted sigue siendo esencial para su bebé, hable mucho de él con la asistente, de sus vivencias en casa, de lo que ansía...

A veces es difícil sentirse completamente madre frente a otra mujer, sobre todo si es mayor y «tiene experiencia» (más allá de la calidad de esa experiencia). En su fuero íntimo, usted puede llegar a sentirse como una niña frente a su propia madre. Esto puede intimidarla, incomodarla y hacer que no sienta muy segura de usted misma. Darse cuenta de esto puede ayudarla.

Todos juntos pueden observar al bebé como mencionábamos, hablar acerca de qué hace, qué puede estar sintiendo... Aquí lo que importa no es tanto una mayor o menor competencia, sino la capacidad de escucha para con su bebé. Lo mejor no es quedarse ambos cara a cara comparándose o, incluso, enfrentándose, sino estar una/o junto a la otra, **intentando, entre todos, conocer mejor a ese misterioso pequeño ser.**

Si su bebé llora, está un poco apático o no come con placer, no se quede fijada/o al «síntoma», hable con la asistente de todos los aspectos de la vida del pequeño, no oculte el placer y el orgullo que siente por él. Seguramente él se lo agradecerá. Al sentirse mejor «reconocido», tendrá más alegría de vivir y, sin duda, estará mejor... La confianza... Obsérvelo: usted es su portavoz ante esa mujer que, con toda seguridad, también quiere que el bebé se sienta bien con ella.

El bebé tiene su vida, es actor de su vida en esa situación como en todas las demás. Si vosotros, papá y mamá, pensáis en ello realmente, sabréis encontrar actitudes y palabras para sostener a ese bebé en su propia vida. Veréis que él os brindará muchas satisfacciones... En cierto sentido, habréis «batallado juntos».

Sin embargo, es necesario conservar el **espíritu crítico**: la mayoría de las asistentes maternas quiere hacer las cosas bien. Tratan, y generalmente lo logran, de dar una buena impresión de sí mismas; pero no todas tienen la capacidad requerida ni la paciencia necesaria, en general o en ese momento preciso, para cumplir su función, sobre todo si se ocupan de varios niños.

A veces con mucha valentía, algunas enfrentan sus propias dificultades financieras o sus problemas de pareja. La confrontación permanente con los niños –a menudo escogen este trabajo para poder criar al mismo tiempo a sus propios hijos– moviliza en ellas, como en los padres, su historia personal. Además, el hecho de estar demasiado encerrada en el hogar y de salir poco no permite tomar suficiente distancia.

INTERCAMBIOS NECESARIOS

No podemos dejar de insistir entonces sobre el hecho de que las asistentes maternas tienen que agruparse y establecer numerosas ocasiones de intercambio con profesionales competentes, sobre sus experiencias en la vida profesional, y en la vida personal, ya que ambas están necesariamente vinculadas. Su trabajo es a menudo mucho más difícil y con mayores responsabilidades de lo que se podría llegar a creer.

Si vosotros tenéis alguna preocupación al respecto, no dejéis pasar el tiempo para ver las cosas más de cerca, por vuestra propia cuenta o consultando el servicio de atención materno-infantil, en caso de haberlo en vuestra localidad. Las puericultoras, las asistentes sociales y los pediatras están cada vez más atentos; quizá baste con un asesoramiento a su asistente materna: la consulta puede resultarle muy útil.

En algunos países, el agrupamiento en «nido» familiar ofrece ocasiones de intercambio, posibilidades de ayuda mutua y de enfocar la situación con cierta perspectiva tanto a las asistentes maternas como a los padres, y brinda también posibilidades de actividades colectivas para los niños.

No tema, por lo tanto, explicar sus modos de proceder, sus horarios... La vida de un bebé no es más que una sucesión de pequeños detalles que pueden parecer insignificantes, pero que no lo son... No se sienta «desvalorizada/o» y analice con la asistente materna, hasta donde usted lo crea necesario, en qué medida ella también puede atender a esos pequeños detalles cotidianos. Explíquele lo que a usted le parece esencial y por qué.

Sin duda, usted también deberá ayudar a su hijo a acostumbrarse progresivamente a las **diferencias**, tratar de explicárselo. *«En casa de mamá y papá, puedes subir y bajar la escalera solo, pero en casa de tu cuidadora no. Ella se preocupa por ti y tiene miedo de que en su escalera te hagas daño. ¿Ves que hay una barrera?, etc.»*

Los hijos de la asistente materna

Algunas asistentes maternas son, a su vez, madres de niños pequeños que reciben a otros, uno o dos, en su propia casa. Este párrafo está dirigido a ellas.

Si usted desea acoger a un niño pequeño en su hogar, reflexione sobre la diferencia que existe, para sus propios hijos, entre:

- el hecho de soportar en casa la presencia de un extraño y
- el hecho de aceptar desde lo más íntimo esa presencia, sin la angustia de verse privado de su propia madre e, incluso, considerando «al otro», por el contrario, como fuente de interés.

Sus hijos necesitarán tiempo para acceder a ese segundo nivel.

Si usted decide convertirse en asistente materna, nunca reciba, para el cuidado cotidiano, a un niño de la misma edad que los suyos sin haberlos preparado de manera muy progresiva también a ellos.

Observe sus respectivas reacciones. Los niños de la familia anfitriona siempre se sienten despojados de sus juguetes, de su habitación y, sobre todo, de la atención de la madre. A raíz de esto, pueden sentir inseguridad, lo cual es desagradable y también preocupante.

Ellos aún no saben –porque aún no han tenido tiempo de experimentarlo– que recuperarán sus juguetes, que usted seguirá estando con ellos en casa, que «el otro» va a marcharse, etc.

He podido ver a muchos niños desbordados por sus emociones que, al no tener otra salida más que someterse, se volvieron agresivos para con el intruso, o comenzaron a expresar el problema, desplazándolo, en forma de dificultades somáticas, pérdida del sueño o del apetito. Esto se acentuó cuando la asistente materna, queriendo hacer bien su «trabajo», le pedía con insistencia a su hijo que fuera amable con el otro.

Si usted se toma el tiempo necesario (entre dos y tres semanas, por lo menos), su pequeño tendrá tiempo de «vivirlo» desde su fuero interno: el asombro, la inquietud, la frustración de deber reponerse o de rebelarse a la tarde y en todos los momentos en que «el otro» no esté. Tal vez se muestre cansado, regresivo o excitado y usted lo leerá como la consecuencia de sus esfuerzos o como manifestación de sus emociones. No haga interpretaciones «salvajes» como un mal psicoanalista: *«Pienso que te enervas de este modo o que estás tan enfadado conmigo porque no te gusta que haya venido X».* Por el contrario, dígale que usted comprende cuán difícil es para él y que de ninguna manera lo considera un niño «malo». Si puede hablar, tal vez le cuente qué es lo que no le gusta pero, en todo caso, se dará cuenta de que usted comparte sus preocupaciones y reticencias.

Si «el otro» se queda, las primeras veces, durante lapsos cortos, su hijo la recuperará muy rápido y muy rápido tendrá la experiencia de que sus juguetes siguen perteneciéndole. Poco a poco, irá esperando al otro con un interés creciente, con mayor curiosidad. Al estar un poco más relajado, es más probable que pueda pasar con él buenos momentos. Cada espera irá siendo más positiva y usted verá, sin duda, que entre ellos nace una especie de amistad.

Si usted los fuerza a convivir de la noche a la mañana, tal vez acepten, en apariencia, esta vida en común, pero conservarán en su fuero íntimo reticencias, desconfianza y resentimiento mutuo.

No tema hablar de su hijo con la mamá o el papá del otro niño. Si usted es capaz de prestarle atención a su propio hijo, sin duda será también capaz de prestarle atención al hijo de otra/o. Estaréis ambas/os a la escucha y podréis daros ideas mutuamente.

Por ejemplo, quizás el niño que llega podría traer algún juguete propio. Al comienzo, sería posible repartir el espacio de modo tal que su hijo dispusiera de un sitio parcialmente secreto donde el otro no entrara. Otórguele el derecho de conservar sus propios juguetes. Poco a poco, y con el tiempo, él llegará a prestar y a compartir, porque ya no estará preocupado. Querer lograrlo demasiado pronto no hará más que retrasar o, incluso, imposibilitar ese aprendizaje.

Demuéstrele siempre a su hijo su atención. Explíquele bien que el otro niño tiene a su mamá y su papá, que vendrán a buscarlo todas las tardes, que no se quedará a dormir salvo un imprevisto, que para usted es un trabajo y que sus padres le dan dinero para que usted se ocupe de él durante el día.

Pero no olvide que el hecho de que usted se lo haya dicho no significa que el niño se vaya a tranquilizar de inmediato. Es preciso que, teniendo esas palabras a su disposición, él pueda comprobar, por una parte, que son reales, y por otra, que se le permite expresar sus emociones.

Si el otro niño es menor que él, tenga cuidado para que el suyo pueda continuar jugando a su propio ritmo, ya que, de pronto, se sentirá desconcertado si ve a un niño que no sabe caminar solo, ni comer solo y que tira todo al suelo y que, no obstante, parece tan importante para usted. ¿Acaso es eso lo que hay que hacer ahora para complacerla?

A la inversa, si el otro niño es mayor, ayúdelo a no sentirse desvalorizado frente a todas las realizaciones que aún le resultan imposibles.

En consecuencia, se trata siempre del mismo principio: dé a su hijo la posibilidad de ser un colaborador activo en lo que usted decide, pero a su ritmo.

Esto requerirá seguramente varios días o quizás algunas semanas. ¿Es algo engorroso? Sí, puede ser. ¿Quizá sea considerada usted como sobreprotectora a los ojos de quien desconoce el funcionamiento de los niños? Sí, puede ser. Pero ¿eso tiene importancia?

Más adelante, se repetirán momentos en que la presencia del otro niño no le agradará, se enojará y ambos reñirán. Serán momentos de disgusto, sanos en cierto modo, y no la expresión de un malestar interior. En suma, lo que vive el niño está vinculado con una situación similar a la de la llegada de un hermano o una hermana. Es la experiencia de compartir y de salir reforzado, profundamente enriquecedora para la personalidad, aunque resulte difícil.

Si una criatura debió someterse violentamente y reprimir sus impulsos negativos, en el futuro puede llegar a despertarse en ella cierta sensación de amenaza o desagrado con la aparición de personas desconocidas. En ese momento, usted se preguntará por qué es tan poco sociable, tan temeroso o por qué se opone a lo que no conoce; por qué, cada tanto, comete «maldades» inexplicables... Así habrá obtenido un resultado contrario a lo que había deseado cuando decidió incorporar a otro niño a su casa.

LOS OTROS ÁMBITOS

Es el caso de una situación particular ya que ocurre durante un breve lapso y, a veces, a un ritmo irregular. Pero su bebé necesita que usted tome las mismas precauciones que para el ingreso al «nido» o con una asistente materna y esto es más importante cuanto más pequeño sea el niño: adaptación progresiva, personas de referencia, explicaciones a su hijo que le permitan fijar que usted siempre volverá después de cada ausencia.

El «nido», guardería o jardín de infancia circunstancial

Observe la atmósfera general de ese «nido», la relación de los adultos con los niños y de los niños entre ellos y la variedad de las actividades posibles (lo cual, una vez más, no implica material sofisticado).

Si su hijito aún no tiene experiencia con otros niños, pregúntese cuál es la primera idea que podría hacerse de estos otros: ¿hay un clima de distensión y seguridad, o bien existe el riesgo de que pueda cogerles miedo a los demás? No se puede socializar a la fuerza: sí se puede proponer a los niños situaciones en que los otros estén asociados a sensaciones de placer, de seguridad, de tranquilidad, al hecho de realizar actividades interesantes, etcétera.

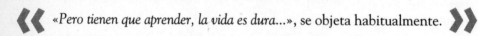 *«Pero tienen que aprender, la vida es dura...»*, se objeta habitualmente.

Que aprendan, sí, pero que las huellas indelebles que queden inscritas en su interior sean antes placenteras que de temor y que, en parte, ya hayan consolidado un tanto su fuerza interior. De otro modo, por tratarse de sus primerísimas experiencias, los niños aprenderán en primer término la agresividad como manera de defenderse contra las desdichas que consideren inevitables.

Éste es, a mi entender, una de las causas de la agresividad actual.

Si su hijo se muestra feliz de ir a esta «nido», no habrá problemas. Si él se ve reticente pero usted no tiene otra solución –sería deseable que el niño no fuera demasiado pequeño...– entonces se trata siempre de lo mismo, de que él colabore: *«Sé bien que no es lo que te gustaría, pero no puedo proceder de otra manera»*.

Ayúdelo, ayude a la maestra a conocerlo, menciónele cuáles son sus actividades preferidas en casa, los hechos que hayan ocurrido y de los que ella le pueda hablar...

Si es algo mayor, tal vez él mismo logre contarle qué siente: «*Etuve jubando, peo no eda mu divetido*». Si es muy pequeño, puede que, de regreso, se muestre menos comunicativo, más frágil y llore fácilmente. Háblele de ese difícil momento que acaba de pasar y trate de mimarlo un poquito más, acérquese y acepte que, durante un rato, sea un poco más bebé. Después de una dificultad, a menudo los niños necesitan un rato de «regresión», como para reaprovisionarse de energía interna que les permita, más tarde, remontar la cuesta y mantenerse a flote.

Lo importante no es siempre evitar vivir cosas difíciles, sino poder mostrarse «más fuerte» que ellas para, después del trance, sentirse igual o más fuerte aún. Si la dificultad es demasiado grande, deja huellas: fragilidad, miedo, resentimiento.

La vecina, el o la cuidadora

Los principios son siempre válidos, incluso para una sola noche. El niño puede despertarse y será particularmente sensible al hecho de que usted no esté allí.

Explíquele qué hará usted durante su ausencia, la duración, las condiciones del regreso. Proceda de modo que el niño conozca a la persona con quien va a quedarse. Hágala/o venir a su casa con anterioridad una o dos veces y que un día se ocupe del niño estando usted en una habitación contigua.

Si, excepcionalmente, esto no fuera posible, explíquele a su bebé que él no lo/la conoce, pero que es usted quien le pide que se ocupe de él. Propóngale a esa persona que le diga al niño, si se despierta una o varias veces durante su ausencia: «*Tú no me conoces, pero tu mamá (o tu papá) me ha pedido que me ocupe de ti y me ha dicho que te gusta tal cosa, ella te ha preparado tal otra...*».

Pídale que se refiera a usted varias veces durante su ausencia. No violente la separación. Bríndele a su hijo el tiempo para adaptarse a esa nueva persona, estando presente, pero a cierta distancia.

Las reacciones de los niños son muy variables. Solemos experimentar una curiosa sensación cuando no recibimos ninguna respuesta a nuestro «*¡Hasta luego!*» o a nuestro beso, como si él nos dijera, redoblando su actividad: «*Tú vive tu vida y yo la mía*». A menudo la emoción es demasiado fuerte y el niño trata de disimularla.

Tal vez, en su aparente indiferencia, haya un poco de todo esto.

Usted le permitirá vivir, a él, una experiencia que será, a la vez, penosa y favorable. Con sus propios recursos, obtendrá algún provecho de la situación. Un ejercicio difícil pero exitoso es, en general, beneficioso.

Si a usted le preocupa el éxito de esta experiencia y, sobre todo, si él es pequeño o sensible, observe sus reacciones siguientes. ¿Se muestra inquieto, «pegajoso» o intranquilo? ¿Tiene el mismo dinamismo? ¿Duerme sin problemas? ¿Cuáles son sus reacciones cuando vuelve a ver a la persona o personas a quienes usted lo ha confiado? Verá usted entonces si puede volver a repetir la experiencia próximamente, o si es mejor esperar hasta que sea mayor. Trate de proceder de manera tal que su hijo vuelva a ver a esas personas en su presencia a fin de prepararlo para futuras experiencias y, quizá, también para ayudarlo a sacar el mejor provecho de lo que acaba de vivir.

La adopción, acogida fundamental

No hablaremos de la adopción en sí, sino de la manera en que nuestra reflexión puede ayudar a los padres que adoptan niños y, obviamente, a los niños mismos.

ANUDAR EL LAZO FUNDAMENTAL

Hemos dicho que la historia de una vida humana podía considerarse como un largo camino desde la «fusión» inicial con la madre y la estrecha relación con su padre y su madre hasta la autonomía interna.

El niño adoptado tiene otro trabajo por hacer, anterior a ése, que es anudar una relación intensa, «visceral», con sus nuevos padres. Solamente entonces podrá construirse realmente con verdadera «fuerza», y adquirir autonomía interior.

Creo que esta etapa primera se olvida con frecuencia. Sin duda, no se toma el tiempo suficiente para comprender la diferencia entre:

- la relación exteriormente buena: sentir placer de estar juntos como con los amigos, reír, comer, ocuparse activamente, quererse de verdad;
- y la relación que es arraigo, no intercambiable, definitiva y, por lo tanto, única y que, si no ha sido «naturalmente» creada por el nacimiento, puede y debe «construirse» después.

Éste es el «trabajo» fundamental con el que se ve confrontado todo niño adoptado al comienzo de su nueva vida. Es un trabajo feliz, pero que no siempre marcha sin tropiezos.

Una gran transformación interna

Cuanto más pequeño es el niño, menos difícil es el trabajo y menos imprevisible pero, de todas maneras, debe realizarse y, aunque ayudado por los padres adoptivos, es el niño quien debe hacerlo y nadie puede hacerlo en su lugar. Es él quien va a «entregarse» fundamentalmente a esa madre y a ese padre que lo están esperando, pero a los que aún no conoce. Lo que él conoce de la vida, es una ruptura con su «madre biológica», una pérdida; y, muy a menudo, ha vivido otras pérdidas, otras separaciones, además de muchos otros diversos sufrimientos. Esto es lo que conoce de la vida, lo que lleva inscrito en sus células cuando se introduce en la alegría de toda una familia.

Por más pequeño que sea, el niño percibe que le está sucediendo algo muy importante: muchas «enfermeras» de diferentes casas-cuna refieren percibir un cambio en la conducta de los bebés cuando los adultos han decidido una adopción para ellos e, incluso, antes de que sus futuros padres lleguen, o cuando están a punto de llegar.

Si los padres pueden «recoger» de inmediato a «su» hijo sin preparación se observan en él, con mucha frecuencia, trastornos somáticos, diarrea, trastornos respiratorios, enfermedades de la piel, etc., que son signos de la reacción del cuerpo. Estos trastornos deben ser comprendidos como tales y no hay que apresurarse –en la medida de lo posible– en curarlos demasiado rápido, privando así al cuerpo de su capacidad de expresión y obligándolo a manifestarse de otra manera.

Habría que pensar, sobre todo, en lo que hemos descrito acerca de la necesidad de una preparación al ingresar al «nido» o acudir con una asistente materna:

- que el niño no viva una pérdida de su madre;
- que pueda familiarizarse «desde su interior» con la nueva persona que va a ocuparse de él.

Esto que es real en esa situación «ordinaria», lo es más aún para los niños que van a ser adoptados.

Una adaptación progresiva

Es, por lo tanto, deseable que un bebé que va a ser adoptado no sea arrebatado bruscamente de su lugar de vida, sino que **vaya conociendo progresivamente** a sus nuevos padres. Actualmente, se presta cada vez más atención a esto en la DDASS[31] y en las casas-cuna. En otros países, aún no es habitual: los padres tienen prisa por «llevarse» a su niño y los ámbitos que los albergan, con frecuencia, están impacientes por liberar una vacante.

Vosotros, que sois los padres, no olvidéis, pues, qué importante es para vuestro bebé ese conocimiento progresivo. Los trastornos somáticos a los que me he referido son, probablemente, la reacción del bebé a la pérdida brusca de las personas que se ocupaban de él, a menudo con mucho amor y al hecho de que, a pesar de todo vuestro amor, **él todavía no lo conoce**.

A pesar de que no siempre sea fácil llevarlo a cabo, tratad de hacer las cosas de tal modo que el niño pueda ir conociéndoos manteniéndose en su lugar habitual, hablándole con delicadeza, explicándole quiénes sois vosotros y qué queréis para él... Sí, aunque sea muy pequeño... y, obviamente, también si es mayor y puede comprender en parte el lenguaje. Hay que cuidar que todo esté bien explicado por una persona que le resulte familiar, si es posible, y en su propio idioma.

Al ir a buscarlo, muchos padres adoptivos olvidan que también él, como cualquier otro niño, es una persona activa y que, deben considerarlo de inmediato, como tal: este acontecimiento le concierne en mayor grado. El niño no debe ser un objeto que vosotros cambiaréis de lugar, aunque se haga con mucho amor.

Vosotros lo veréis observaros y dirigirse luego a las personas que conoce; sentiréis tal vez en él

---

31. Dirección Departamental de Asuntos Sanitarios y Sociales.

un impulso que se orienta hacia vosotros, pero dirigirá aún amplias sonrisas hacia «los otros». Es oportuno proporcionarle algunos cuidados en el lugar para no trastornar demasiado sus hábitos y no que no cambien todos los modos de proceder en cuanto se halle con vosotros (de tener que producirse una gran diferencia, se debería organizar una transición entre el alimento que recibía y el que vosotros le proporcionaréis).

De este modo, se verá muy apoyado con vistas al futuro, ya que se le permite conservar en él algo de su pasado, a pesar de la pérdida vivida. Así, irá hacia vosotros por sí mismo.

Si debiera abandonar de inmediato el lugar en el que se encuentra, es conveniente llevarse una sábana, alguna ropita o juguetes que se devolverán más adelante. Es bueno también regresar varias veces, que él pueda vivir un desplazamiento y no una pérdida: las personas a las que se había apegado no lo han abandonado, sino que se lo confían a otras personas para que sea más feliz. Así lo han hecho la mayor parte de las veces sus padres biológicos –y sobre todo su madre– que lo dan en adopción para que logre vivir más feliz, a pesar del sufrimiento que pudieran sentir. Ésta es una gran prueba de amor.

No olvidéis que todas las vivencias quedan inscritas en su interior. Por supuesto, esto será superado más tarde por todas las experiencias positivas, pero podría resurgir según los acontecimientos que le esperan.

Antes de partir, es mejor acumular la mayor cantidad de información posible sobre su pasado, tomar fotos: son huellas de todo lo que le pertenece y que un día pedirá.

Todo esto resulta difícil de llevar a cabo en el caso de los niños que llegan de lejos, pero si vosotros habéis comprendido el «principio», encontraréis alguna solución para que esos niños puedan vivir una cierta continuidad con lo que han sido hasta entonces.

Permanecer a la escucha

Con la llegada «a casa» y en medio de la euforia, los nuevos padres necesitan, a menudo, rodearlo, verlo sonreír, reír, ¡percibirlo transformado, en suma!, como signo del placer de estar ahora con ellos.

El niño, por su parte, sorprendido sin duda por estas nuevas alegrías, se entrega a ellas y reacciona, a veces, más con excitación que con plenitud. Puede estar muy contento con esta feliz relación pero, en definitiva, es aún bastante superficial para él, y se comporta entonces más en respuesta a los otros que con impulsos realmente procedentes de su interior.

Precisamente entonces, **escuchar** al niño puede resultar precioso: darle tiempo para expresar también su asombro, los miedos y sus formas de tomar distancia de las situaciones conflictivas.

En efecto, posteriormente, sobrevienen con frecuencia momentos de fatiga, de pequeños trastornos de salud, de regresión o de excitación. Si se observa con atención, daría la impresión de que hay ocasiones en las que el «cuerpo-mente» pareciera plantearse preguntas; y otras en que, frente a esta propuesta de amor, pareciera retraerse como si, ante ese desconocido, dudara en comprometerse o bien temiera ya una nueva pérdida.

Un bebé de 3 meses, recibido por sus padres a la edad de 1 mes y medio, parecía «instalarse» muy bien. Luego, durante unos quince días, se negó a cruzar la mirada con su madre, negándose a mirarla cuando ella le daba el biberón. Pero cuando se lo daba su padre, el niño volvía la cabeza hacia ella para mirarla…

Aparentemente, a la madre no le ocurrió nada especial en ese momento y la conducta del niñito fue comprendida como una vacilación para «entregarse». Su mamá, entendiéndolo así, le habló de su mamá biológica, de la admiración que sentía por ella y por su padre, de lo que sabía de su breve historia, de que, ahora, ellos eran sus nuevos padres para siempre…

«Y, una tarde, mi muchachito hundió su mirada en la mía, tranquilamente, con el cuerpo absolutamente relajado y nunca más tuvo esas reacciones de evitamiento. Tuve la impresión de que me decía: "Ya está, ahora sí, tú eres mi mamá".»

Es todo un trabajo que se lleva a cabo en la profundidad del ser…

Los momentos del aseo y de la comida son, sin duda, los que mejor le permitirán al bebé experimentar esta nueva relación. Aquí aparece la importancia del cuerpo a cuerpo, de las caricias o de los masajes, aún más que en el caso de un niño «común». Tal vez es mucho más útil para él estar a la escucha de sus reacciones, antes que tratar de hacerlo reír, hablar, cantar, hacerle cosquillas… (recuerde la observación de ese bebé en el capítulo 2).

Que ese pequeño que ha vivido el abandono, la mayor herida que existe, se sienta ahora escuchado por entero, que todas las manifestaciones propias de su ser sean reconocidas y tomadas en cuenta por una mujer y un hombre que, a partir de ahora, están –y estarán– siempre presentes.

Le harán falta muchos años para adquirir la certeza de que no será abandonado de nuevo –en su profunda intimidad, ¿estará alguna vez seguro de ello?

Atención a las separaciones

En todos los niños adoptados, se observa una **gran sensibilidad a las separaciones** –y a todo lo que pueda evocar una pérdida–, aunque dicha sensibilidad no se manifieste necesariamente a través del llanto: descenso del ánimo cuando la mamá no está, fiebre inexplicable durante una ausencia o incluso un viaje con los padres, gran importancia atribuida a la presencia o a la partida de los amigos, ingreso complicado al jardín de infancia teniendo, no obstante, 3 años y medio y estando manifiestamente interesado por las actividades y los niños que concurren…

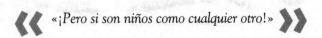

«*¡Pero si son niños como cualquier otro!*»

Sí, en lo que se refiere a sus capacidades; no, en lo que se refiere a su historia. Lo que han vivido está inscrito en ellos. En consecuencia, son necesarias aún más precauciones.

Evite dejar a su hijo adoptado con otras personas demasiado pronto y retrase lo máximo posible el ingreso al «nido» o dejarlo al cuidado de una asistente materna. En la organización de su rutina de vida, recuerde lo que hemos mencionado respecto de la alternancia entre los momentos de relación y los momentos de actividad propia. Si es inevitable dejarlo durante algunos ratos, trate de brindarle la mayor cantidad posible de comidas y cuidados (aunque tenga 2 o 3 años), ya que ésos son los instantes en que más se nutrirá de usted y déjelo con otra persona preferentemente durante el tiempo de sueño o de juegos.

Cuando esté presente, tal vez debería tenerlo muy cerca bastante tiempo pero, al igual que los demás, encontrará su mayor placer en ocuparse activamente por sí mismo. Se reabastecerá constantemente mirando a sus padres mientras va experimentando sus propias capacidades. Quizá necesite estar en brazos más que otro niño, pero no olvide cuánto lo ayudará permitiéndole estar a gusto desarrollando todas sus potencialidades.

Y más aún si presenta un retraso o cierta fragilidad particular: su dinamismo, sea cual fuere, se manifestará al máximo sólo si se encuentra en una situación de confianza (véase capítulo 3).

Respete, pues, por completo su ritmo, no lo presione. Como los otros niños con dificultades que hemos visto, es él quien se recuperará y tanto más y más pronto cuanta mayor confianza se le brinde.

Este niño necesita, más que cualquier otro, encontrar en sí mismo esa confianza en sus propias fuerzas, poder sentirse orgulloso de lo que hace –aunque, por el momento, otros de su edad hagan más– y placer en desarrollar todas las potencialidades que alberga.

Habiendo adquirido un poco más de fuerza y de independencia interior, podemos pensar que el día en que tome real conciencia de su situación –nadie sabe cuándo– se sentirá un poco menos indefenso que un niño a quien sus padres siempre han querido proteger y a quienes ha tenido siempre junto a él en los pequeños aconteceres de la vida cotidiana. Habrá integrado la experiencia de que uno puede encontrar soluciones dentro de uno mismo.

Tal vez, así, le resulte más fácil la adolescencia, período en que suelen reactivarse situaciones de la primerísima infancia, viviéndola sin demasiada angustia ni sentimiento de abandono, ni temor de no ser querido, de fracasar...

Quizá, de vez en cuando, percibáis en vuestro hijo algunas manifestaciones de regresión, como en todos los niños; en su caso particular puede tratarse, en ciertos momentos, de la expresión de su inquietud frente a su origen, a su historia, a su situación. Si lo comprendéis así, podréis encontrar los medios para ayudarlo (volver a hablar de los primeros acontecimientos de su vida, repetirle que vosotros no lo abandonaréis nunca...).

Pues ésa es su historia, su particularidad y ¿por qué no también una de sus riquezas? Al tratar de actuar como si eso no existiera, lo estaríais privando de algo esencial que le pertenece.

Capítulo 9

¿Y nosotros, los padres?

Hay personas que piensan que un niño es como arcilla entre las manos de un alfarero. Comienzan a moldear al bebé y a sentirse responsables del resultado. Están equivocadas. Si eso es lo que usted siente, se verá aplastada por responsabilidades que no necesita en absoluto asumir. Si acepta la idea de un bebé que existe por sí mismo, entonces se sentirá libre para interesarse muchísimo en la observación de lo que sucede cuando el bebé va creciendo, sintiéndose usted feliz, al mismo tiempo, de satisfacer sus necesidades.

D. W. Winnicott, *L'enfant et sa famille*, Payot, 1957

Para terminar, hablaremos un poco de nosotros, los padres. Afiliarse a esta concepción de la libertad de movimiento y de la confianza en el niño con frecuencia es menos fácil de lo que parece: pensar en el ambiente, en la educación, en resonancias profundas e inesperadas. Sin embargo, eso que es a la vez maestría y fuente de conocimiento de los más pequeños y de nosotros mismos, ¡cuántos placeres, cuántos deslumbramientos nos brinda!, y al mismo tiempo un mayor alivio: no es necesario ser padres perfectos...

Si algunos aspectos os provocan un cierto rechazo, dejad pasar el tiempo, utilizad aquello que os parece posible actualmente y observad vuestro bebé, su manera de ser y de reaccionar, qué «os dice». Poco a poco, los otros aspectos os resultarán menos extraños o imposibles y más aceptables. El ser responsables de un niño tan pequeño nos permite progresar. Lo que parece asombroso, imposible o preocupante puede dejar de serlo unos meses más tarde. Tratemos de conservar una cierta flexibilidad, no nos mantengamos atrincherados en nuestras posiciones. Es un itinerario que se recorre entre varios, donde cada uno aporta lo suyo...**Y vosotros experimentaréis poco a poco mayor placer y tranquilidad.**

Un placer que os habrá acompañado a lo largo de vuestra lectura: No hay palabras suficientes... Observar a un pequeño en plena actividad es algo absolutamente prodigioso. La vida con una criatura es raramente feliz de manera uniforme, aún no se habla bastante de las incertidumbres, del cansancio, de las decepciones, de los cambios que se operan en las relaciones de la pareja.

Acerca de algunas reticencias

Debemos, ante todo salir al paso para **enfrentar ciertas ideas** muy difundidas, tales como:

- Es necesario estimular a los niños para que se desarrollen;
- si uno no lo hace caminar, ¿cómo aprenderá?
- lo más importante es amarlos, y eso se nota;
- si usted lo coge en brazos cuando llora, se volverá caprichoso;
- los bebés necesitan ser entrenados;
- los bebés deben socializarse muy pronto.

¿Estimulación?

Muchos niños están colmados de juguetes que rompen y con los que no saben qué hacer. Gran cantidad de padres oscilan sin cesar entre la permisividad y la sobreexigencia.

Es difícil no dejarse llevar por la moda: hoy en día se valora a los niños precoces. Se publican numerosas obras sobre la hiperestimulación, el aprendizaje de la lectura, de la música, de las lenguas extranjeras desde la más tierna edad y se valora más al niño hiperactivo que a aquel que es más tranquilo, más reflexivo, a veces más profundo. Sin embargo, este último tiene buenas posibilidades de lograr ir ocupando su lugar pausadamente, de desarrollar sus diversas capacidades y la confianza sí mismo relativamente con poca agresividad.

En el mundo tal como se manifiesta en la actualidad, seguramente los diplomas son importantes, pero la confianza en sí mismo, la seguridad interior, el dinamismo, la creatividad, la imaginación, ¿no lo serán más aún?

¿Socialización?

También se pretende «**socializar**» a los niños demasiado pronto.

Lo más importante en nuestra vida humana es, sin duda, la calidad de las relaciones que podemos establecer con los demás. Pero la mejor carta de triunfo para crear relaciones sociales positivas es la calidad del desarrollo personal, individual. Ésa es la condición de una buena «socialización».

Ya he descrito esa sorprendente «capacidad de estar solo» en presencia del otro, que le permite al niño el desarrollo de la conciencia de sí, autónoma, en que le brinda placer estar con el otro, pero no dependiendo de él. El pequeño que no se siente (casi) nunca amenazado por los demás, no concibe actitudes de defensa, agresivas o de dominación. Éstas aparecerán más tarde (tal vez con una cierta utilidad), pero las bases que se han puesto son las de la confianza en el prójimo. Como cada acontecimiento se vive en función de las experiencias pasadas, estos niños se acercan a los demás con una expectativa positiva y, más adelante, con el modo de intercambio y de colaboración que sus padres han tenido con él.

El hecho de que un bebé no esté mucho en contacto con otros niños no perturbará para nada sus relaciones futuras, sino todo lo contrario, en el caso de que esta experiencia consigo mismo pueda realizarla con autonomía. Pero, en cambio, entre los 18 y los 24 meses, es conveniente suscitar ocasiones de encuentro si éstas no se dan espontáneamente. Ya a sus anchas y confiando en sí mismo, el crío descubrirá a los demás con mucho interés. Obviamente, no sucederá lo mismo si el niño crece en una relación de gran dependencia respecto al adulto.

> La satisfacción de las necesidades naturales, primarias, le aporta al niño una seguridad, una confianza y una alegría de vivir fundamentales que, reunidas, constituirán la base de la capacidad de establecer relaciones positivas.
>
> J. K. Stettbacher[32]

Sólo se puede estar realmente bien con los demás si, al confiar en uno mismo, uno tiene pocas actitudes (o ninguna) de dominación o de miedo. Los otros son percibidos como iguales, aunque distintos a uno. La vida puede consistir en intercambio y colaboración. También se sientan las bases de la tolerancia y del espíritu crítico, ya que los padres mismos aceptan y soportan el cuestionamiento.

Nuestras sociedades, ¿no serían más generosas y menos agresivas si los niños pudieran vivir en una mayor seguridad y con una mayor autonomía interna?

¿Espontaneidad?

Otra frecuente objeción es que «en educación hay que ser espontáneo».

No hay una respuesta incisiva para algo que nos toca tan hondo a cada uno... Pero reaccionar con los propios impulsos a lo que se siente en un momento dado, sin pensar, ¿permite acaso tener en cuenta cómo es ese bebé en particular, considerar su temperamento y sus necesidades personales?

---

32. *Pourquoi la souffrance, op. cit.*

Uno responde a lo que aparece como exterior y no a lo que se esconde detrás... El niño puede convertirse en un pequeño objeto que uno manipula al compás de los propios deseos y humores.

Desconocer los impulsos internos es igualmente nefasto.

Se trata de una sutil dosificación para la que, tal vez, la lectura de este libro haya aportado algunos elementos.

¿Una cuestión de amor?

«Basta con amar...»

Cada uno puede reflexionar acerca del sentido que le otorga a la palabra **amar**:

- tomarlo en brazos, besarlo, sentirse desdichado/a por dejarlo, preocuparse mucho por él...;
- ver en él a una persona diferente de uno, al cual uno tiene la misión de ayudar a crecer al máximo de sus capacidades y a ocupar su lugar en el mundo que lo rodea. Ver esas capacidades, esas particularidades que, a lo mejor, no son las que uno esperaba, pero que son las suyas; aceptarlas para que se sienta amado **por lo que él es** y no por lo que se espera de él.

Después de un poco de práctica, quizás estas palabras vayan adquiriendo para vosotros su sentido más pleno...

En el primer caso, estamos induciendo una relación cercana, muy emocional, en la que cultivamos la dependencia y que puede llegar a conducir a situaciones conflictivas.

En el segundo, aliviamos un poco al niño de sus emociones y tenemos más en cuenta cómo es él, con sus particularidades. Una cierta destreza y una parte de reflexión pueden permitirle a él desarrollar mayor energía y vitalidad manteniendo cierta distancia respecto de los padres.

En la realidad, hay alternancia entre momentos «espontáneos» y momentos en que las actitudes son más controladas, un poco más distantes, una especie de paralelo a estos dos tiempos complementarios:

- relación cercana durante los cuidados y las comidas;
- autonomía del niño durante sus actividades.

El lugar de la inteligencia

Nueva objeción: *«Si hay que reflexionar acerca de todo esto, es muy complicado»*.

Tal vez os sintáis abrumados por **la cantidad de actos y momentos** sobre los que os invito a reflexionar.

Por una parte comprobaréis que os iréis confrontando con ellos en forma progresiva y que todo no se os presenta a la vez. Cada experiencia previa os resultará útil para ver un poco más claro en las siguientes.

Por otra parte, es cierto que esto tiene que ver con muchas cosas, y muchas pequeñas cosas —¡y hay muchas otras de las que no he hablado aquí! La vida de un bebé no está constituida más que por una serie de pequeñas cosas. Y reflexionar con bastante profundidad sobre algunos detalles puede aportaros numerosos elementos para comprender vuestras propias actitudes, por un lado y qué es la educación, por el otro.

El hecho de que haya lugar para la inteligencia y la reflexión es muy satisfactorio. La educación se vuelve así un verdadero trabajo con sus dificultades, sus incertidumbres y sus progresiones posibles. Comprobáis, entonces, que estáis haciendo un trabajo interesante, gratificante, al que ciertas mamás suelen comparar con un trabajo «profesional».

Si dudáis, podréis hacer anotaciones. Si registráis periódicamente en un cuaderno qué hace vuestro bebé, podréis releerlo con deleite más adelante; resulta también valioso ante una dificultad: podéis hacer un alto y tomar distancia, un poco como si lo hablarais con alguien.

Sobre algunas dificultades reales

APRENDER A SER PACIENTES

En efecto, es difícil contenerse para **no ayudar demasiado** a un niño, para no interrumpirlo. Es igualmente difícil lograr que el entorno haga lo mismo. ¿Qué adulto no irá de inmediato a ayudarlo a bajar del sillón, a subir la escalera o a gritarle «¡cuidado!»?

Recordemos el ejemplo de los adultos que acaban de ofrecer un regalo a un niño. ¿Quiénes le permitirán desenvolverlo a su ritmo, jugar con el hilo y el papel, encontrar por sí mismo el modo de abrirlo y sólo descubrir el regalo cuando pueda llegar hasta él? Y, sin embargo, no suelen interrumpir a un adulto que está haciendo algo importante…

Aprender a esperar, antes que hacer rápido, en su lugar… es el aprendizaje de la paciencia, del autocontrol y, a veces, ¡de la sangre fría!

Contener las propias palabras exige atención, reflexión; pensar acerca de «qué hubiera podido decir», de tal modo que la próxima vez uno se encuentre menos desarmado/a, o se sienta menos inhábil.

Pensar a largo plazo

Es difícil **resistir al placer aparente** de un niño.

Puede parecer muy contento en su «andador» o en su «asiento saltador», puede gustarle realmente que lo alcen para bajarlo de la silla a la que se ha trepado o querer que lo ayuden a estar de pie...

Yo misma he vacilado a veces, pero, al observar mejor al bebé, me he forjado una convicción: no hay que ver el efecto de las cosas sólo en el instante en que éstas suceden, sino a más largo plazo. Así, se le puede dar al niño un chocolate, y luego otro chocolate... Por supuesto, el niño estará contento, pero él no sabe que eso le perjudica. Si uno le hace probar algo que, en realidad, resulta nefasto para él, le está imponiendo, *a posteriori*, una frustración difícil de tolerar. En ciertos casos, es mejor evitar que la conozca.

¡Cuánto deberéis limitarlo más adelante!: el exceso de golosinas, el tiempo frente al televisor, cuando quiera jugar en lugar de hacer la tarea escolar, etc. Es mejor aprender desde ahora a mantenerse firme frente al niño sin sentirse por ello cruel o severo.

Es más difícil **cambiar de actitud** cuando el bebé ya ha crecido un poco y se han instalado otros hábitos. Pero también hemos visto que nunca era demasiado tarde y cómo proceder en esos casos con delicadeza.

El placer

Con el bebé a vuestro lado, seguramente experimentáis la fascinación de verlo, totalmente concentrado, dedicándose a colocar un tercer cubo encima de los dos primeros o intentar bajar algunos escalones; percibir la multiplicidad de experiencias de las que es capaz, así como su imaginación y su habilidad, y de escuchar sus vocalizaciones. De vez en cuando, sentiréis, conmocionados, una especie de grito visceral que os inunda, ante la impresión de que toda la energía del mundo se expresa a través de ese cuerpecito que es casi demasiado pequeño para contenerla.

Y vosotros ya debéis sentiros orgullosos, o lo estaréis muy pronto, de un niño tranquilo, concentrado, hábil, que suscita simpatía porque no es devastador ni intrépido en exceso, sino porque todo le interesa: las personas y las cosas.

El placer consiste también en funcionar en la plenitud del ser. Los niños han demostrado cómo la energía, incluida la energía psíquica, cómo la inteligencia y la confianza en sí mismo tienen sus raíces en la actividad corporal. La totalidad de su ser está allí, y ello es una fuente de reflexión para vuestra vida personal.

«Un niño es, a la vez, maravilloso y terrible.»

Al mismo tiempo, ambas caras de la moneda. Fatiga, frustraciones, decepciones, ¡la libertad de movimiento no resuelve todo! Pero la vida con **un niño pequeño ya autónomo**, ingenioso, que sabe alternar momentos de relación y momentos de independencia es relativamente más liviana.

Una pareja recién llegada a una ciudad desconocida en la que aún no han entablado relaciones, deja al hijo de 18 meses, para ir a jugar al tenis, con una baby-sitter a la que el niño conoce poco (desde su nacimiento, es la primera vez que los padres retoman juntos una actividad deportiva). Eric los acompaña hasta la puerta, la mamá lo mira con emoción y le dice hasta luego. El niño la mira fijamente a los ojos, se da media vuelta y se marcha con un paso muy decidido arrastrando su camión, al tiempo que farfulla, como diciendo: «Tú vives tu vida, yo vivo la mía…».

Reacción que sorprende a la mamá, quien siente que el corazón se le encoge pero, al mismo tiempo –y sobre todo–, ¡qué alivio para ella! Al pensar que, durante su ausencia, el niño estará activamente ocupado, con alegría, como de costumbre (hecho confirmado a su regreso por la cuidadora y la actitud del niño).

De este modo, resulta posible dejarlo de vez en cuando con otra persona sin que esto tenga consecuencias.

Es un gran alivio saber que, si los momentos de cuidados implicaron la calidad de intercambios que hemos descrito, el pequeño albergará en sí un dinamismo que le permitirá desenvolverse con placer durante nuestra ausencia. Puede de este modo, «llevarnos» consigo.

Y después de esos primeros meses, en los que el bebé nos absorbe casi por completo, podemos reanudar nuestra vida anterior con sus actividades y contactos sociales. Al ir encontrando poco a poco en sí mismo el placer de sus actividades autónomas, el niño empieza a poder prescindir, en parte, de nosotros. No hay ninguna necesidad de acudir ante sus mínimos reclamos: si hemos podido adaptar el tiempo y el ambiente, él solo encontrará sus propias compensaciones muy rápida y gozosamente.

Es nuestra responsabilidad que los momentos que pase con nosotros sean «de buena calidad». Si sabemos cómo concretar nuestra presencia de la manera más adecuada, las ausencias no serán tan dramáticas.

Es probable que esta distancia progresiva nos ayude a nosotros mismos, en el futuro, cuando debamos dejarlo partir hacia la escuela, a casa de otros niños o a cualquier otra parte. Nos ayudará a intervenir menos en su vida personal.

Al comienzo, cuando aún es fácil, también a nosotros nos crea «buenas costumbres».

COMPARTIR NUESTRA RESPONSABILIDAD

Si vosotros sois dos para criar a vuestro/s hijo/s, es conveniente tratar de ayudaros mutuamente: cuando uno se sienta desbordado, cansado, que pueda confiar en el otro. Con frecuencia, las mujeres creen que deben hacerse cargo de todo, pero el padre también está ahí. Nosotras, las madres, a menudo debemos estar atentas a no minimizar su papel y ellos, por su parte, sin duda deberían tratar de no dejarnos hacer todo... Además, el padre representa «la ley», lo que es importante, incluso, cuando el niño es muy pequeño.

Hablar con otras personas también es útil, pero tenemos que desconfiar de los consejos y numerosas opiniones que cada uno prodiga con convicción. Si escuchamos a todo el mundo, ya no sabremos a quién creer... Hablar con los demás permite, sobre todo, situarse en perspectiva: lo que parecía enorme o dramático recupera proporciones razonables. Pero es útil recordar constantemente algunos principios e informaciones básicos para tratar de adoptar una posición personal y coherente.

Es necesario disponer de relevos, o crearlos si no existen. Los abuelos, la familia, los amigos,

SALVAGUARDAD VUESTRO AMOR, ENRIQUECED VUESTRA RELACIÓN

Al comienzo, y sobre todo después del nacimiento de vuestro primer hijo (pero también con los siguientes), vuestros vínculos en la pareja van a cambiar: la transformación radical en la organización de la vida cotidiana, la responsabilidad sobre el pequeño, la comprensión de las reacciones del otro modifican los intercambios y la calidad de las relaciones. Es necesario adoptar una actitud benevolente para con el otro, interesada más que crítica frente a sus reacciones, yendo a su encuentro y a su redescubrimiento, como al del bebé. «*¿Qué padre, qué madre serás tú?*» Hablad, preguntad, escuchad las respuestas, tened confianza en el otro, sostenedlo en ese deseo de ser «el mejor de los padres posible», «la mejor de las madres posible» para este pequeño. Las dificultades y los obstáculos pueden hacer crecer el amor cuando se buscan juntos las soluciones.

Velad sobre vuestro amor como sobre un tesoro que tal vez pueda ser frágil. Sin duda es el más hermoso regalo que podéis ofrecer a vuestro niño, incluso si debéis para ello confiarlo[33] en algunos momentos a otro, para que vosotros podáis reencontraros. El amor de los padres, de uno hacia otro, su alegría de vivir pueden brindar tal confianza en la vida que no debemos sentirnos por ello egoístas por privar al bebé de alguno de nuestros momentos o de nuestras atenciones (si nosotros podemos utilizar ahora lo que conocemos acerca de los alejamientos temporales y de la manera más conveniente de actuar en esos casos). A veces permitíos ser esposos antes que madre o padre. Ningún niño necesita que se sacrifique en su nombre el amor que sus padres sienten el uno por el otro.

33. Salvo, tal vez, durante los dos o tres primeros meses.

los colegas... Uno necesita poder descansar de su hijo o hijos de vez en cuando. Al crecer, ellos necesitarán descansar de nosotros.

NUESTRAS INCERTIDUMBRES

Varias veces hemos visto cómo podemos ayudarnos frente a nuestras incertidumbres. A menudo, no podemos saber si estamos procediendo bien o no: ¿reñirlo con dureza? ¿dejarle llorar? Ya hemos mencionado la actitud interna que solemos formularnos más o menos así: «*No sé bien qué hacer y hago esto... pero no sé si es la mejor solución. Así que ahora, hijita, te toca a ti, ¡intenta aprender de esto lo más posible!*».

En efecto, a menudo, **no existe una única solución, sino varias posibles**, y cada una tiene sus ventajas. Como escribió Saint-Exupéry: «*No hay solución sino fuerzas en marcha*».

Poco a poco, vosotros iréis logrando integrar la incertidumbre como un hecho y no como una carencia de vuestra parte y entonces confiaréis en vuestro hijo. Para algunos, es difícil renunciar a la idea de perfección; sobre todo por su hijo y, sobre todo, si es muy pequeño. Sin embargo, en la vida, nada es ideal, nada es perfecto; sólo se trata, en principio, de ser buenos integrando las propias carencias como parte de la realidad.

Al mismo tiempo que tratamos de brindarle a la criatura el máximo de alegría y felicidad, estamos obligados a ir renunciando, poco a poco, a la idea de que pueda vivir en una felicidad permanente: muy rápido debemos imponerle límites y frustraciones, pero también debemos aceptar la idea de que le ofrecemos lo mejor que le podemos brindar, pero no puede ser lo ideal, limitados como estamos por nuestros medios físicos, económicos, psicológicos... en suma, por la realidad.

La vida es así. Y, por otra parte, si el niño estuviera permanentemente «saciado», ¿podría desarrollar sus propias fuerzas y formularse reales objetivos?

DEJAR DE QUERER SER PERFECTOS

Hemos visto en qué medida nosotros, los adultos, también vivimos nuestras emociones, podemos tenerlas en cuenta y hablarles de ellas, si fuera el caso, a nuestros hijos. Françoise Dolto nos ha señalado la posibilidad de decir pura y simplemente: «*Ésa vez no estuve bien*».

Así, ser padres perfectos no le haría al pequeño ningún favor. Podríamos reflexionar sobre nuestra idea de la perfección. Si, de niños, hemos internalizado la idea de que ella es posible, querremos ser perfectos como el modelo que llevamos dentro. Nos creeremos, entonces, mejores que los demás o, por el contrario, movidos por la vivencia de no corresponder a ese modelo internalizado, tenderemos a desvalorizarnos o culpabilizarnos.

Ambos sentimientos pueden coexistir en una alternancia muy incómoda entre momentos y situaciones en que la persona:

- se siente o se cree superior a los demás;
- se siente o se cree muy inferior.

Si muchos padres pudieran dejar de querer ser perfectos y que sus hijos fueran perfectos, si aceptaran la «mediocridad», sin duda muchos niños estarían mejor...

Del mismo modo, si vosotros no corréis a ayudar a vuestro hijo a bajar del sofá, él encontrará la solución para hacerlo solo. Si permanece en casa un tiempo más de lo previsto, si su comida no es excelente, si, más adelante, vosotros no podéis ofrecerle todos los deportes y actividades que a él le gustarían, si no siempre os comportáis con una delicadeza ideal, él ya encontrará sus propias soluciones.

Esta manera de actuar ¿le brindará tal vez a usted algo semejante a esto que una mamá describía?

En los momentos en que dejo de querer hacer todo, siento que me relajo entre los hombros, y luego, en todo el cuerpo, deseos de respirar profundamente. Entonces me doy un poco más de cuenta de que mis hijos también pueden tener su propia vida si yo les brindo la posibilidad. ¡Pero debo repetírmelo todos los días!

Si nosotros acaparamos menor espacio, los niños pueden ocupar uno mayor.

Y si sentimos el **placer de vivir**, también nuestro hijo lo sentirá.

Hacerlos menos vulnerables a nuestras dificultades personales

Así, podemos hacerles un inmenso favor a nuestros hijos: permitirles tomar un poco de distancia respecto a nuestros humores e íntimas dificultades. En la medida en que hayan adquirido cierta autonomía interior y placer por estar en actividad solos, sin necesidad de nosotros, serán sin duda menos vulnerables a nuestras dificultades personales, a nuestro autoritarismo o a nuestra voluntad de poder, a nuestras preocupaciones, o a nuestras angustias....

En cuanto a nuestras problemáticas inconscientes, a veces mucho más complicadas, no podemos proteger completamente de ellas a nuestros hijos. Se las comunicamos sin saberlo.

Pero, al permitirles desarrollar al máximo sus posibilidades, algo alejados de nosotros, al permitirles adquirir una identidad más clara a partir de sus propias realizaciones, sin duda los estamos protegiendo un poco de nosotros mismos y así podrán adquirir mayor solidez (muchos investigadores y psicoanalistas están trabajando actualmente sobre este aspecto). Resultan entonces menos vulnerables, probablemente se vean menos afectados por nuestra «neurosis» y se hallen más fortalecidos para poder enfrentarla. Esto me parece muy reconfortante para todos los padres que se encuentran angustiados, deprimidos o presa de otras dificultades psicológicas.

CONOCERSE UNO MEJOR

He mencionado varias veces que la lectura de este libro también podía ayudarlo/a a conocerse mejor: *«¿Qué es lo que hace que yo esté de acuerdo o en desacuerdo con tal frase, que esa propuesta me entusiasme o, por el contrario, genere en mí tanta resistencia?»* *«Mi dificultad en dejarlo solo me está revelando el deseo que tengo de que me necesite siempre».*

Nuestras reacciones de adultos respecto del niño nos hacen descubrir, sobre todo, partes de nosotros mismos que ignorábamos, así como la vida en pareja nos permite descubrir otras. De esta manera cada ser humano va evolucionando, a menudo, en el sentido de una progresión. Integrar poco a poco toda la riqueza que está escondida en nosotros, a veces bloqueada por la educación o por acontecimientos lamentables, es una empresa que nunca estará terminada. Paul Salomon lo formula así: *«El ser humano, un ser en eclosión».*[34]

CUANDO UNA SITUACIÓN FAMILIAR PROVOCA DIFICULTADES

Cuando los padres (y especialmente las mamás) regresan exhaustos, por la noche, frecuentemente con muchas preocupaciones, disponen de poco tiempo y energía para dedicar a sus hijos, quienes, por su parte, pasan mucho tiempo en los distintos lugares de acogida. Cuide, por lo tanto, la calidad de esa acogida, preserve momentos de placer compartido, aunque sean cortos y no trate de compensar su ausencia por medio de objetos materiales o de una excesiva permisividad, en parte compadeciéndose del niño... Obligado a recurrir más a sus propios recursos y sintiendo, al mismo tiempo, su amor, quizá salga fortalecido para el futuro.

En situación opuesta se encuentran las mamás que han decidido (a menudo con alegría y convicción) ocuparse de sus hijos y que, poco a poco, van sintiéndose encerradas, acosadas por las tareas domésticas, aquellas que no tienen o no encuentran una actividad profesional, aquellas que están solas y permanecen en casa para criar a su/s hijo/s. Con frecuencia, el padre interviene menos «porque ellas están allí». Por este hecho, viven en directo todas las emociones familiares y los conflictos adquieren grandes dimensiones que no tienen forma de canalizar ni tampoco pueden tomar distancia. Algunas suelen deprimirse, ya que utilizan escasamente todas las capacidades que albergan.

Si usted siente que está en esa situación o que se está deslizando hacia ella, **reaccione de in-**

---

34. En un libro apasionante de título algo curioso: *La Sainte Folie du couple, op. cit.*

mediato: salga, pregúntese qué es lo que particularmente le interesa y encuentre el modo de hacer algo por usted misma. Para que cada uno pueda realizar su vida, es necesario que usted realice la suya.

Si usted no les permite ir asumiendo las pequeñas dificultades de la vida, sus hijos crecerán con mayor dependencia y no podrán descubrir sus propias capacidades. Utilice las guarderías temporales y/o luche para que haya más cantidad. Vaya a la plaza, hable, intercambie direcciones y recetas útiles...

Los abuelos son valiosísimos para que los niños puedan estar tranquilos mientras «mamá se recupera». Pero las familias se desplazan cada vez más y quizás usted no cuente con ningún conocido a su alrededor para aliviarla (y, de paso, a veces puede ser positivo no contar sólo con los padres para poder seguir madurando uno mismo). En ese caso, atrévase a hacer algo que, quizás en algunos países, no es muy habitual: golpee a la puerta de sus vecinos, pídales un favor que usted podrá oportunamente devolver... ¡Tal vez ellos se sientan tan solos como usted! Téngase confianza, téngala en sus propios valores. Si el asunto no funciona, intente por otro lado pero, quizás, ellos se sientan gratamente sorprendidos. Todos tenemos algo que aportarles a los demás.

Las dificultades de vuestro hijo

Vuestro hijo puede tener reacciones o dificultades que os asombren o preocupen.

Si, en cierto momento, pareciera no andar del todo bien, probablemente se encuentre frente a alguna *dificultad*:

- una dificultad «sana» tal vez, debida a su crecimiento y, entonces, lo que deberíais hacer es apoyarlo;
- una dificultad interna vinculada a un hecho determinado como una separación, la llegada de otro niño, etc. Puede verse enfrentado con descubrimientos que le provoquen miedo: su impotencia ante ciertas situaciones, el poder de su padre, el recuerdo de experiencias dolorosas... No debéis haceros reproches, sino ayudarlo a superar el escollo que constituye una nueva etapa en su desarrollo.

O bien podéis considerar que hay algo en el entorno que no está funcionando del todo bien en la organización de su vida cotidiana o que simplemente reaccione a ciertas dificultades (conscientes o no) que en realidad son las vuestras.

Antes de decir entonces «*No hay que culpabilizar*», debéis distinguir dos tipos de «culpa»:

- la culpa malsana con la que uno se mortifica y que no permite avanzar: «*Esto no es para mí*»;
- la culpa sana, útil, que os ayuda a daros cuenta con realismo y coraje de lo que no está muy

ajustado en vuestras actitudes, en vuestra conducta, etc., y os permite, entonces, rectificar el rumbo. En ese caso, los reproches que podáis plantearos juiciosamente os apoyarán para una mejor resolución de los conflictos.

No se trata de una vergüenza inconfesable, ¡muy al contrario! Sólo se puede progresar si uno toma conciencia de las carencias y trata de subsanarlas. Todos las tenemos. Así que, ¡bueno! podréis de este modo superar una dificultad o un período algo decepcionante.

Si parece que vuestro hijo se muestra incómodo (duerme mal, está inquieto o, por el contrario, se repliega sobre sí mismo, se chupa el pulgar o se ve demasiado pasivo...), deberíais preguntaros si, en vuestro modo actual de ocuparos de él, existe algún elemento que pudiera molestarle o que le estuviera faltando; es una advertencia útil, no dramática, positiva (un niño guía a sus padres si éstos saben observarlo). Entonces, simplemente, intentad sólo mejorar. Quedaréis muy satisfechos y vuestro retoño también.

Vivir con un niño, o varios, es, como hemos visto, un formidable manantial de progreso si uno puede ser mínimamente modesto y receptivo a lo que ocurre a su alrededor. Y el progreso siempre aporta mayor bienestar y alegría de vivir.

COMPRENDED VOSOTROS MISMOS LO QUE SUCEDE

Creo que este libro os brinda numerosas pistas.

La reacción habitual es tratar de no pensar en lo que está pasando, de encontrar explicaciones racionales, de creer que es producto del propio carácter del niño o que hay que esperar, *«no se puede hacer nada»*, *«ya se va a arreglar»*, etc. En una palabra, no hacer nada efectivamente en concreto. Sin embargo, vosotros estáis preocupados.

Ante la gran cantidad de niños que, en la actualidad, se ven ansiosos, que tienen trastornos del sueño o alimentarios, muchos adultos piensan que eso es normal y olvidan que existen bebés tranquilos, alegres que duermen y comen bien. En general, hay una mayor atención focalizada en la salud física que en la salud psíquica de los bebés.

Tomemos el ejemplo de una pequeña de 18 meses que sólo dijera «mamá» y «no». ¿Es normal o no lo es?

Cada uno podría hablar de sus propias experiencias: «He visto un niño que... he visto un bebé que...».

Para ayudaros a que, en un principio, vosotros mismos podáis comprender mejor, os transmito una técnica, en parte profesional, que consiste en investigar, ante todo, la globalidad de la vida de la pequeña: ¿cómo se desenvuelve en sus actividades, en sus juegos, en sus relaciones con los demás (familiares cercanos, niños, personas desconocidas), cómo duerme, cómo se alimenta, etc.? Si, en todos estos puntos, manifiesta una clara alegría de vivir, confianza en sí misma, bienestar; si el nivel de su desarrollo corresponde, grosso modo, a la media de los niños de su edad, podéis pensar que su negativa a hablar tal vez corresponda a una actitud particular de autonomía pero que, en principio, no traduce ninguna dificultad, nada de importancia. Sin duda, tendréis que esperar un poco tratando, de todos modos, de «escucharla», de estar atentos a ella. Por el contrario, si detectáis otras dificultades (llanto frecuente, exigencias y caprichos, pobreza de realizaciones, problemas de sueño o de apetito), el retraso de lenguaje observado sin duda corresponderá a una desazón en esta pequeña, a un rechazo o al miedo de comprometerse en la comunicación, por ejemplo, o a una manera personal de tratar de imponerse por encima de un deseo demasiado fuerte de sus padres respecto a ella, o a otras muchas cosas. Tratad, en tal caso, de pensar en algún tipo de ayuda, sin plantearos: «Dos palabras a los 18 meses, es normal, conozco otros casos...». Sería una pena por ella, que, poco a poco, seguiría profundizando en sus dificultades. Luego, claro está, sería más difícil ayudarla.

El síntoma de un niño es un lenguaje muy útil que también podemos comprender desde nuestra actitud de confianza.

El niño es capaz de decirnos: «Me está pasando algo».

Es formidable, ¿no es cierto? Escuchémoslo. Es duro porque uno puede sentirse decepcionado, humillado, culpable... Ahora bien, podemos ser culpables de nuestra terquedad, no de nuestra historia; todo el mundo tiene carencias. La diferencia está en que son más o menos visibles y no todas tienen las mismas consecuencias.

Esta niñita, en este momento, no «congenia» demasiado bien con vosotros. ¿Es un problema de ella? ¿Vuestro? ¿De uno o de la otra? ¿De todos? Ella os está señalando que eso la hace sufrir. Pedir ayuda es la oportunidad para tomar un poco de distancia. Informaos bien: cada vez hay más pediatras, psicólogos, psiquiatras que conocen en detalle estos aspectos vitales y no dramatizarán.

Ellos sentirán el mayor respeto por vosotros (ya que, para formarse, debieron tomar conciencia de muchas de sus propias dificultades y saben bien de qué se trata). Vosotros recobraréis, con ellos, todas vuestras reales capacidades. Se encuentran cada vez en mayor número en los centros de PMI (Protección Materno-Infantil), en las guarderías y jardines de infancia. Tal vez existan otros lugares de ayuda del tipo Casa verde cerca de su hogar. Podéis averiguarlo.

Con esta posibilidad de ver los problemas con mayor perspectiva, tal vez os deis cuenta de que en realidad, todo lo que hay que cambiar son actitudes educativas simples o una rutina de vida que a la niña no le cuadra. Quizá se trate, por ejemplo, de una niña muy activa o plena de energía que no encuentra suficientes ocasiones para utilizarla.

Reflexionar sobre la propia historia

Puede ocurrir también que esto os lleve a reflexionar sobre las actitudes que provienen de **vuestra propia educación**, de la relación con vuestros padres, de las ideas de autoridad que habéis integrado, del deseo de actuar bien, de la angustia... Es muy interesante descubrir todo esto en pareja (lo que supone mucha benevolencia...), aunque algunos de vosotros pudiérais sorprenderos... Todos estamos «fabricados» de manera un tanto similar: lo que se pueda descubrir será lo propio pero, sin duda, no demasiado original, a menos que debáis evocar un acontecimiento doloroso de vuestra historia, que creíais olvidado, superado, y que la presencia de este niño ha podido reavivar de modo imprevisto.

Aun así dejaréis libres muchas energías, al mismo tiempo que las emociones a ellas vinculadas. Son intercambios que os permiten acercaros el uno al otro y, misteriosamente, mejorar el comportamiento de vuestros hijos.

Quizá sintáis las resistencias ligadas a ese pasado, a esa educación. Todos tenemos una tendencia a reproducir aquello que hemos vivido antes pues, en cierto modo, está integrado en nuestras células, y le hacemos revivir a otro lo que nosotros hemos vivido, así como el niño le hace al muñeco lo que acaban de hacerle a él. A veces, esto ¡no nos provoca mucho placer! Pues nos reencontramos, ejerciendo con nuestros hijos, las actitudes que tenían nuestros padres, aunque no seamos conscientes de ello o deseemos que las nuestras fuesen diferentes (a menudo, las hemos olvidado y, en mayor medida, cuanto más desagradables o dolorosas hayan sido). Con demasiada frecuencia, nos hallamos prisioneros de esas primitivas relaciones.

Es necesario, por lo tanto, que intentemos tomar una cierta distancia interior respecto de nuestros propios padres y aceptar el hecho de darnos cuenta de que –¡horror para algunos!– hay también resentimiento en el amor que sentimos por ellos, hay enojo y, a veces, odio.[35] En todo ser humano coexisten los opuestos. Nadie escapa a ello. Sólo que a muchos de nosotros nos cuesta creerlo y tomar conciencia de ello. No obstante, así como la ira de su hija o hijo no puede llegar a destruirlo/a a usted, tampoco usted podrá destruir a sus propios padres si se permitiera sentir enojo o resentimiento contra ellos[36] o, mejor dicho, contra el comportamiento que han tenido: demasiado exigentes o demasiado indiferentes; más preocupados por sí mismos o por sus opiniones que por lo que era realmente importante para usted; a veces realmente nefastos o crueles aunque no fueran (muy) conscientes de lo que hacían. El hecho de que usted se dé cuenta, sin embargo, ¡no los matará! Por el contrario, es probable que su relación se vuelva más auténtica, más rica y agradable.

Le propongo este pequeño ejercicio: trate de encontrar en sus propias actitudes dos o tres rasgos que fueran los de sus padres, o pídale a alguien que se los haga notar a usted... Le doy algunos ejemplos:

35. Véanse en la bibliografía los libros de Alice Miller sobre estos temas.
36. Véase J. K. Stettbacher, *op.cit.* (nota 33).

Una joven había sufrido a una madre demasiado exigente, y no deseaba en absoluto reproducir ese patrón con su hija. Así, expresaba mucha frescura con ella, tanto durante los cuidados como en el resto de la vida cotidiana.

De pronto, y durante varios días seguidos, su bebé se negó a comer, cosa que a la joven le sentó muy mal y le provocó accesos de ira. Como consecuencia, la relación con su niñita se vio algo deteriorada porque, durante el día, ella iba anticipando las dificultades de la comida siguiente. Ambas se pusieron obstinadas y la mamá se volvió más exigente, no pudiendo soportar la actitud de su hija…

Otra mamá no quiere, sobre todo, ser rígida y detallista, como lo había sido su propia madre, pero no concibe colocar a su bebé de 8 meses sobre una alfombra en el suelo porque eso es sucio y el bebé lo va a desordenar todo.

Una última mamá, finalmente, en general poco segura de sí misma, le habla escasamente a su bebé. Ella percibe que, en el fondo, alberga un sentimiento que le dice que si llegara a hablarle mucho, él comprendería demasiado pronto, podría ser capaz de tener una opinión, un juicio y entonces se animaría a hacerle frente: la joven siente miedo del «poder» y de la seguridad que eso le proporcionaría al niño. Pudo darse cuenta de todos los motivos «racionales» que encontraba para mantenerlo en la sillita durante la mayor parte del día, al mismo tiempo que colmaba su habitación de juguetes sofisticados para «estimularlo».

Trate de tomar distancia

Cuando un niño está pasando por un período difícil, la relación con él adquiere mayor intensidad: preocupación, sensación de fracaso, fastidio con relación al entorno, agresividad, cansancio, momentos de desaliento, probables tensiones en la pareja, surgimiento de emociones intensas o emergencia de un pasado doloroso, pero sin ser conscientes de ello. En esas ocasiones, a menudo, las actitudes inconscientes predominan sobre aquellas que habíamos decidido adoptar cuando estábamos tranquilos. A veces, incluso, *«ya no nos reconocemos».* Así pueden pasar semanas y meses y llegar a encontrarnos en un embrollo difícil de desatar. Si usted está pasando por un momento semejante, no espere, tome distancia ya que difícilmente encontrará una solución si permanece en la misma burbuja que ese crío que ya la tiene al trote. Aléjese, comparta un fin de semana en pareja, déjelo con alguien durante unos días si no es muy pequeño o solamente durante el día o haga venir a alguien a casa.[37] Llévelo a casa de algunos amigos que puedan ocuparse de él…

Usted podrá, entonces, observar lo que sucede como desde fuera: lo que no funciona y lo que está bien, lo que está buscando el niño y cómo él mismo puede resolverlo.

37. Tomando ciertas precauciones (véase capítulo 7, sobre las separaciones).

Usted recuperará así (parte de) sus propias capacidades y se reencontrará consigo misma. Respire, sienta su cuerpo, recupere el placer de vivir en plenitud. Él «descansará» de usted y, tal vez, pierda parte de esos automatismos que se están instalando.

Fíjese qué cambios puede hacer, qué puede poner en práctica. Confíe en usted, intente encontrar aquello que sea placentero para cada uno y para el conjunto. Y es posible que las cosas mejoren...Siga estando atento/a.

Una vez más, si eso no basta, no dude en comunicarse con alguien competente que dé en el clavo, permitiéndole resolver rápidamente la situación.

ENCONTRAR UN OÍDO ATENTO

Para esto sirven los psicólogos que conocen su oficio: acompañar con simpatía y empatía a alguien que expresa sentimientos que le provocan temor o que son dolorosos. El padre o la madre con dificultades puede percibir, entonces, que esos sentimientos no son tan peligrosos. El hecho de haber podido experimentarlos así hace que él (ella) se vea mucho más relajado/a y que –cosa tal vez asombrosa, pero muy real– mejoren sus relaciones con las personas que le despertaban esos sentimientos tan violentos.

Haber sido capaz de vivenciarlos otra vez, de poder comunicárselos a alguien neutro y afable hace que la persona se libere y no tenga tanta necesidad de luchar contra ellos. Se siente más cómodo en la vida y más libre de escoger sus propios comportamientos. Si usted tiene miedo de bañarse en el mar y quiere subsanarlo, primero aprenderá a nadar y a meter la cabeza bajo el agua con los ojos abiertos. Luego se bañará haciendo ciertos movimientos y su miedo irá disminuyendo con la ejercitación que poco a poco le va a permitir ganar confianza.

Lo mismo ocurre con todas las ideas de aplicación práctica que se ofrecen en este libro. A medida que vaya utilizándolas, le ayudarán, sin duda, a adquirir más confianza en sí mismo/a y más capacidad para asumir sus responsabilidades frente a su hijo.

Pero puede suceder que, a algunos, no les baste con tratar de aprender a nadar: siguen teniendo un miedo atroz. El miedo al agua parece ligado a una profunda angustia y si, realmente, quieren llegar a nadar mar adentro sin aprensión, deberán realizar un trabajo mucho más profundo. Eso no constituye ningún deshonor...

Ya no deberíamos tener tantas reticencias para ir a ver a un psicólogo o para participar en grupos de crecimiento personal (cuando podamos estar seguros de su seriedad). Aceptamos sin problema ir al otorrino o al oftalmólogo. Ninguno de ellos escapa a todos los mecanismos que hemos descrito y que forman parte de nuestro funcionamiento como seres humanos. Si, ante las dificultades de un niño, llegamos a poner un cierto orden, esto será una suerte, una energía ganada para el futuro aunque, por el momento, resulte un poco (o muy) desagradable.

También usted puede confiar en sí mismo, porque alberga toda la riqueza que le es propia. Tal vez se halle escondida, pero está presente, existe. Usted es capaz de reencontrarla, de hacerla surgir y, quizá, sea su hijo quien lo impulse a ello, ya sea a partir de alguna circunstancia precisa o a lo largo de toda la educación. Los niños consiguen hacernos madurar de una manera extraordinaria si logramos aprovechar aquello que despiertan en nosotros.

Pero tenga en cuenta que no basta con un acercamiento intelectual. Lo que logra realmente reconfortar es poder expresar las emociones que están ligadas al recuerdo de la situación. Por lo tanto, es necesario que usted alcance a hablar de tal acontecimiento importante con alguien que le merezca confianza y que le permita entregarse a la emoción, al llanto, a la angustia, a la ira... En cierto sentido es como drenar un absceso, eventualmente ante el bebé, si esa persona es capaz de ayudar a éste a vivir la ocasión junto a su madre mientras ella está expresando sus emociones.

Sabemos ahora que puede constituir una experiencia muy positiva y estructurante para un bebé, que, después de esto, se volverá más firme. Las dificultades, cuando se superan junto a otro, suelen ser constructivas.

> Una vida que no ofrece dificultades, a veces, es menos edificante verdaderamente para un niño. Los adultos que sólo han conocido situaciones fáciles suelen ser menos sólidos que aquellos que han tenido la ocasión de afrontar situaciones más complicadas, aunque hayan sido dolorosas.

Inversamente, dejar que las dificultades de un niño se enquisten puede ser peligroso para el futuro: adquirirá hábitos que luego le va a costar abandonar, mientras que, cuanto más pequeño sea, retomará su vida en mejores condiciones con alegría y plenitud.

Plantéese que un niño que puede expresar sus dificultades de esta manera es, a menudo, alguien con una extraordinaria riqueza y sensibilidad capaz de tomar una parte activa en su desarrollo y que, de este modo, está llamándola: el hecho de que usted lo oiga y que intente, junto a él, comprender lo que ocurre, es una prueba más de su amor, de la confianza que usted le brinda, puesto que cuando él le «habla», usted lo escucha.

Y cuando las viejas palabras expiran en la lengua, nuevas melodías brotan del corazón; y allí donde se han perdido las viejas pistas, se descubre un nuevo entorno con sus maravillas.

Rabindranath Tagore, *La ofrenda lírica*

Por medio de la adquisición de actitudes concretas que permiten ofrecerle al bebé libertad de movimientos y respetar sus emociones y su originalidad lo máximo posible, hemos avanzado en cierta concepción del ser humano y de la vida en general.

Llegamos a la convicción de que todo ser humano lleva en sí la riqueza que le permite vivir con plenitud (aunque se encuentre parcialmente oculta de manera provisional); la disponibilidad de esta riqueza, el hecho de poder funcionar con ella, brinda energía, placer y apertura a lo que se presenta, confianza en sí mismo y seguridad. El placer de vivir supera los bloqueos y libera la energía. El amor, con significado de respeto y de escucha del otro en su originalidad, se vuelve en tal caso posible.

El objetivo de la educación es, pues, ayudar al niño a desarrollarse, no para tratar de corresponder a ciertas normas, por más honrosas que sean, ni tampoco para adaptarse a nuestros deseos de padres, sino para tratar de corresponder a su propia esencia.

Nuestras sociedades ¿no serían acaso más generosas y menos tiránicas si los niños pequeños pudieran vivir así con una mayor seguridad y autonomía interior, condiciones que permiten desarrollar más tarde la tolerancia y un espíritu crítico que, al mismo tiempo, sea constructivo?

La actitud educativa que se desprende de esta concepción se convierte en una manera de ser que no se limita sólo a la relación con el bebé, sino que implica la escucha del otro, el respeto del valor que le es propio y la capacidad de situarse al margen para permitirle al otro vivir su vida...

Observar, al mismo tiempo, a un niño, actor de su desarrollo, portador de inmensas potencialidades y a sus padres, «madurando» en contacto con él, abre paso a otra evidencia: en todo ser humano existe una permanente capacidad de progreso y búsqueda, fuente que brota sin cesar cuando se vive en contacto con los niños.

A una joven practicante francesa, que había ido a trabajar a la India, le intrigaba que, cada mañana, la maestra se inclinara respetuosamente ante cada uno de los niños que entraban a su clase. «¿Qué significa ese gesto?», preguntó. Hubo un silencio y, a continuación, la respuesta: «Quiere decir: "Me inclino ante el dios que está en ti"».[38]

¿Qué dios? Algunos creen saberlo, otros lo ignoran. Pero yo sé que, en cada niño, está presente un algo infinitamente personal, original, que nos maravilla, algo que nos toma de la mano y nos conduce, así como nosotros lo tomamos a él de la mano.

Ojalá podamos ser conscientes de esto y concederles siempre el mayor de los respetos a los niños y a todas las personas que los ayudan a crecer.

Chantal de Truchis-Leneveu
Ollioules, enero de 2000

---

38. Citado por R. Lagier en el Congreso de Budapest, Hungría, en 1991.

Bibliografía

Bergeret-Amselek, C., *Le mystère des mères*, Desclée de Brouwer, 1996.

Chokler, M., *Los Organizadores del Desarrollo Psicomotor. Del mecanicismo a la Psicomotricidad Operativa*, Ediciones Cinco, Buenos Aires, 1988.

David, M., *El niño de 0 a 2 años* y *El niño de 2 a 6 años*, Marfil, 1979.

—, coord., *Le bébé, ses parents, leurs soignants*, Spirale, n° 5, Eres, 1997.

Dolto, F., *Lorsque l'enfant paraît*, 3 vols., Le Seuil, 1987.

Fraiberg, S. H., *Los años mágicos*, Marfil, 1969.

Gauvin-Picquard, A., y Meignier, M., *Maman, j'ai mal*, Presses Pocket, col. «Parents-enfants», n° 6618, 1994.

Leboyer, F., *Shantala*, Le Seuil, 1976.

Stern, D., *Diario de un bebé*, Paidós Ibérica, 2002.

—, y Brunschweiler-Stern, N., *El nacimiento de una madre*, Paidós Ibérica, 1999.

Thirion, M., *L'Allaitement*, Albin Michel, 1994.

—, *Les Compétences du nouveau-né*, Marie Thirion, Albin Michel, 1994.

—, y Challamel, M.-J., *Le Sommeil, le Rêve et l'Enfant*, Albin Michel, 1995.

Sobre instituciones para los niños

Athanassiou, C., y Jouvet, A., *L'Enfant et la crèche*, col. «L'enfant», Cesura, Lyon, 1987.

David, M., y Appell, G., *Lóczy ou le Maternage insolite*, CEMEA-Scarabée, 1973.

David, M., y De Truchis-Leneveu, C., «Accueil de jour pour les jeunes enfants», en *L'Enfant et sa santé*, obra colectiva, Doin, 1987.

Defrance, B., *La Violence à l'école*, Alternatives, 1992.

Jardiné, M., *L'Accueil des tout-petits*, Retz, 1992.

—, *Grandir ensemble, le club des bébés*, ATD-Quart-monde, 1993.

Les Maisons vertes, dossier de la Fondation de France, 40, avenue Hoche, 75008, Paris (allí se pueden encontrar direcciones).

Les Séparations de la naissance à la mort, obra colectiva, EPE, Privat, 1976.

Reflexiones generales

Bettelheim, B., *La fortaleza vacía*, Laia, 1987.

—, *Psicoanálisis de los cuentos de hadas*, Crítica, 1999.

Delaroche, P., *Parents, osez dire non!*, Albin Michel, 1996.

Dolto, F., *Tout est langage*, Carrère, 1987.

—, *La causa de los niños*, Paidós Ibérica, 1994.

Miller, A., *Por tu propio bien*, Tusquets, 1998.

Winnicott, D. W., *Los bebés y sus madres*, Paidós Ibérica, 1998.

Donde se habla de los padres

Bettelheim, B., *No hay padres perfectos*, Grijalbo Mondadori, 1997.

Dolto, F., *Cuando los padres se separan*, Paidós Ibérica, 1997.

Salomon, P., *La Sainte Folie du couple*, Albin Michel, 1994.

Escritos más técnicos pero accesibles

Dolto, F., *La imagen inconsciente del cuerpo*, Paidós Ibérica, 1997.

Miller, A., *El drama del niño dotado y la búsqueda del verdadero yo*, Tusquets, 1998.

Pikler, Emmi, *Moverse en libertad*, Narcea, 1985.

Direcciones útiles

Asociación Pikler-Lóczy de Francia, Por una reflexión sobre el niño, 20, rue de Dantzig, 75015, París, tel.: 01 53 68 93 50, fax: 01 53 68 93 56. Allí se encuentra documentación concerniente a los niños, informaciones sobre trabajos e investigaciones en curso, en Francia y en colaboración con el Instituto metodológico Emmi Pikler de Budapest, posibilidades de formación, la lista de videocasetes y artículos disponibles, direcciones útiles de París y del interior de Francia.

CEMEA, Centros de Entrenamiento en los Métodos de Educación Activa, 76, boulevard de la Villette, 75019, París, tel.: 01 40 40 43 43 y 103, rue de Linthout, BP, 2 1200 Bruselas, Bélgica.

FUNDARI, Fundación por los Derechos de la Infancia, Roberto Núñez 4394, 1138, Buenos Aires, Argentina. Teléfono/fax: 00 54 11 48 66 58 08 y 00 54 11 48 62 60 51, fundari@arnet.com.ar